HAYMON taschenbuch **44**

W0172504

Auflage:

9	8	7	6	5	4
2020	2019	2018	2017	2016	2015

HAYMON tb 44

Ungekürzte Taschenbuchausgabe
Haymon Taschenbuch, Innsbruck-Wien 2010
www.haymonverlag.at

© 2015 by Haymon Verlag
Taschenbuchausgabe der 2008 bei Amalthea Signum GmbH, Wien, unter dem Titel
„viribus unitis: Der Kaiser und sein Hof" erschienenen Originalausgabe.

ISBN 978-3-85218-844-7

Umschlag- und Buchgestaltung:
Kurt Höretzeder, Büro für Grafische Gestaltung, Scheffau/Tirol
Mitarbeit: Ines Graus
Umschlagabbildung: IMAGNO/Austrian Archives (Zeitungsholzstich
nach Zeichnung von Theo Zasche um 1890)
Autorenfoto: Amalthea

Gedruckt auf umweltfreundlichem,
chlor- und säurefrei gebleichtem Papier.

Martina Winkelhofer
Der Alltag des Kaisers
Franz Joseph und sein Hof

Martina Winkelhofer
Der Alltag des Kaisers

Inhalt

Einleitung

Dieses Buch will Geschichte erzählen. Die Geschichte einer Schicksalsgemeinschaft, die von einer Majestät von Gottes Gnaden bis zum niedrigsten Diener ungefähr 1.500–2.000 Menschen umfasste und in ihrer Traditionalität in Europa einzigartig war. Bei der Arbeit in den Archiven, der Grundlage historischen Forschens, war dabei immer die Frage nach dem „Wie" Ausgangspunkt und Richtschnur zugleich: Wie lebten die Menschen hinter den Mauern der Hofburg? Welche Erwartungen wurden an sie gestellt? Wie organisiert und führt man eine Wirtschaftseinheit, die nach heutigen Maßstäben als Großunternehmen gelten würde? Wie und woraus finanzierte sich dieser älteste aller europäischen Höfe?

Über den Hof von Kaiser Franz Joseph, dessen Aufbau und Ablauf, aber auch von den Menschen, die mit und unter dem Kaiser gelebt und gearbeitet haben und unmittelbare Zeitzeugen des längstregierenden Kaisers waren, den Österreich je hervorgebracht hat, weiß man heute fast nichts mehr. Fast hat es den Anschein, als gäbe es nichts, das von der kleinen Stadt innerhalb der Reichshaupt- und Residenzstadt Wien erzählen könnte. Es wurden keine Erinnerungen hinterlassen, weder von Mitgliedern der kaiserlichen Familie noch von Bediensteten, es gibt keine Fotografien, die den Hofalltag darstellen, vor allem aber verschwand nach 1918 die traditionell mündliche Weitergabe von Wissen, die eine Hofführung erst ermöglicht. Jahrhundertealte Kenntnis über Ablauf und Organisation eines Hofes, von Generation zu Generation weitergegeben, ging gemeinsam mit der Monarchie unter. Jene Menschen, die noch in den Hofalltag hineingeboren worden waren oder noch bei Hof gelernt hatten und etwas über den Hof hätten erzählen können, wurden nie nach ihren Erinnerungen gefragt und sind im 21. Jahrhundert alle längst verstorben.

Im Wiener Haus-, Hof- und Staatsarchiv aber lagert das historische Gedächtnis des Hofes und seiner Menschen. Verteilt auf über 3.500 Kartons schlummert nicht nur die gesamte Geschichte des kaiserlichen Hofes unter Franz Joseph – von den Kanzleiakten bis zu den Zeremoniellprotokollen –, sondern auch die Geschichten der Menschen, die Teil dieses Komplexes waren. Jeder einzelne Akt, so trocken er auch sein mag, die meisten von ihnen zum ersten Mal seit Ende der Monarchie wieder geöffnet, erzählt eine kleine Geschichte – von korrekten Hofbeamten, die den Akt fein säuberlich bearbeitet und abgelegt haben, von den Mühen der Verwaltung, von Problemen in der Kommunikation, von Auszeichnungen und Verwarnungen. Aber auch berührend Persönliches, die Sorgen und Probleme von Menschen einer vergangenen Epoche schildern die Quellen: Bitten an den Kaiser um Hilfe bei Schwierigkeiten, die Hoffnung auf Versorgung der Kinder durch den Hof, die Wünsche nach Aufstieg und Karrieremöglichkeit. Selbst das Ende des Hofes, die Auflösung einer 600-jährigen Institution und das Ende eines unausgesprochenen, aber stets allgegenwärtigen Paktes zwischen dem Herrscher und seiner Hausgemeinschaft ist minutiös festgehalten und gibt wieder, wie jene Menschen, die in nächster Nähe des Monarchen gelebt haben, den Systemwechsel erlebt haben.

Auch in diversen Privatarchiven haben bedeutende Quellen die Zeiten überlebt. Hier bietet sich im Unterschied zu den oftmals nüchternen Hofakten ein Blick auf den Hof aus ganz persönlicher Sicht, aus dem Blickwinkel jener, die – oftmals in bedeutenden Positionen – rund um den Kaiser gearbeitet und gelebt haben.

Erst durch die Verbindung von administrativen Hofquellen und persönlichen Nachlässen von Zeitgenossen des Kaisers lässt sich ein facettenreiches und umfassendes Bild des kaiserlichen Hofes rekonstruieren.

Eine nähere Betrachtung des Themas Hof bringt aber auch neue und bisher unbeachtet gebliebene Facetten der historischen Gestalt Kaiser Franz Josephs ans Licht, bietet auch viel Überraschendes: Wie ging der Kaiser mit den Schwächsten in seiner Umgebung um? Wo sah er die kulturpolitischen Aufgaben seines Hofes? Welche Erwartungshaltung hatte der Kaiser gegenüber den gesellschaftlichen Spitzen seines Hofes, der Elite? Wie manövrierte er seine Hausgemeinschaft durch die turbulenten und wechselhaften Zeiten seiner 68-jährigen Regentschaft?

Eine wissenschaftliche Untersuchung der Beziehung zwischen Kaiser und Hof zeigt ein anderes Bild von Kaiser Franz Joseph, jenseits des oft unwidersprochen übernommenen Klischees eines starren Herrschers zwischen zwei Aktendeckeln. Es zeigt, wie

Franz Joseph auf politische und gesellschaftliche Veränderungen reagiert hat beziehungsweise reagieren musste, welche neuen Strategien sich ein Herrscher zulegen musste, dem durch den Übergang Österreichs vom absoluten Staat zum Verfassungsstaat bedeutende Instrumente seiner Macht aus den Händen gerissen wurden, zeigt aber auch die Schwierigkeiten, die entstanden, wenn sich ein Herrscher, der Traditionalität und Kontinuität verkörperte, plötzlich den politischen, gesellschaftlichen, aber auch privaten Herausforderungen einer neuen Zeit stellen musste.

Eine Geschichte über den Hof unter Kaiser Franz Joseph bietet knapp 100 Jahre nach dem Ende der Monarchie nicht zuletzt den Beginn einer wissenschaftlichen Neubewertung von Österreichs längstgedientem Herrscher.

Wien, im Oktober 2008

I

Ein Tag am Hof des alten Kaisers

Täglich um halb vier Uhr morgens wurde Kaiser Franz Joseph
von seinem Ersten Leibkammerdiener geweckt. Nachdem er sein
Morgengebet verrichtet hatte, wurde die Gummibadewanne her-
ein geschoben, und „Seiner Majestät Erster Bademeister", von den
Höflingen nur respektlos „Badewaschl" genannt, trat seinen Dienst
an. Seine wenig anspruchsvolle Tätigkeit bestand darin, den Kaiser
einzuseifen und abzuspülen. Erschwert wurde diese Arbeit durch
die Tatsache, dass der Badewaschl stets betrunken zum Dienst
kam. Mehrfach wurde er von seinen Vorgesetzten schon verwarnt,
immer wieder beteuerte der Badewaschl, dass er ein Opfer seiner Dienstzeiten sei. Er müsse so früh zum Dienst antreten, dass
er nie aufkäme. Um dem vorzusorgen, bliebe er gleich immer im
Wirtshaus sitzen, um die Nacht durchzumachen, und um bis halb
vier Uhr früh munter zu bleiben, müsse er halt ein paar Glaserl
Wein trinken. Nur deshalb würde er torkelnd und nach Alkohol
riechend seine Arbeit beim Monarchen verrichten.

Der Kaiser war mit seinem Badewaschl stets nachsichtig. Hin
und wieder bemerkte Franz Joseph, dass der Bademeister heute
aber wieder sehr nach Alkohol gestunken habe – einer Entlassung widersetzte er sich aber stets. Erst als der Badewaschl einmal so betrunken war, dass er nicht mehr gerade stehen konnte,
sondern sich mit aller Kraft beim – bereits eingeseiften – Kaiser
festhielt, um nicht umzufallen, und ihn somit fast mit samt seiner
Badewanne umwarf, reichte es Franz Joseph: Der Bademeister

musste von seinem schwierigen Amt erlöst werden. Er wurde aber nicht entlassen, sondern lediglich versetzt, an eine andere Stelle bei Hof, wo er nicht so früh aufstehen musste.[1]

Die Geschichte von Kaiser Franz Joseph und seinem Bademeister steht symptomatisch für die Beziehung zwischen dem Kaiser und seinen Hofbediensteten. Franz Joseph war nachsichtig, scheute scharfe Bestrafungen, vor allem aber weigerte er sich – zur Verzweiflung seiner leitenden Beamten – Entlassungen vorzunehmen. Er lebte noch immer ganz im Sinne einer patriarchalischen Versorgungstradition und betrachtete sich als Vater seiner Hofbediensteten. Sie waren seine Kinder, um die er sich kümmerte, und die man auch nicht entließ, wenn sie ihre Arbeit schlecht verrichteten.

Nach dem Bad half der Leibkammerdiener Eugen Ketterl seinem Kaiser in die Uniform. Danach wurde ihm das Frühstück auf seinem Schreibtisch serviert, das sich in nichts von dem seiner Hofbeamten und Diener unterschied. Neben Kaffee und Milch gab es Semmeln, Butter und Schinken. Mittlerweile erwachte auch der Hof zum Leben. Spätestens um fünf Uhr früh herrschte geschäftiges Treiben in den Höfen der Wiener Hofburg. Die ersten Kutschen lieferten Holz, Lebensmittel und Kanzleibedarf. Die Holzträger ächzten unter der Last ihrer Butten und begannen sämtliche Stiegen der Burg abzugehen, damit jede Wohn- und Arbeitseinheit das nötige Brennmaterial für den beginnenden langen Tag erhielt. Das Putzpersonal rannte mit vollen Eimern über den Inneren Burghof, um die tägliche Putzarbeit zu beginnen, in der Hofküche bereitete man sich auf die Ausgabe von mehr als 500 Frühstücksportionen vor, denn bis jetzt hatten lediglich jene Diener ihre Frühstückstabletts erhalten, deren Schicht schon um halb fünf Uhr morgens begonnen hatte. Die riesigen Öfen der Hofküche wurden angeheizt und das Küchenpersonal begann, die Zutaten für die Menüs des heutigen Tages zu waschen, putzen und schneiden. Wie jeden Tag mussten auch heute wieder Hunderte Frühstücke, Mittag- und Abendessen fertiggestellt werden. Heerscharen an Livreedienern, Saaltürhütern und Kammerpersonal wanderten über die Höfe, um an ihre Arbeitsstätte zu gelangen, während Nachtwächter und Aufsichtspersonal nach einem langen Dienst zu ihren Zimmern trotteten und sich endlich niederlegen konnten.

Gegen halb acht Uhr morgens war der Hof endgültig erwacht: Die Hofbeamten begannen ihren Dienst. Sie hatten ihre Ehefrauen verabschiedet und verließen ihre Hofwohnungen, fein gekleidet in ihre Beamtenuniformen, auf die sie so stolz waren und die sie von den einfachen Livreedienern deutlich unterschied, und begaben sich in die Kanzleien und Schreibstuben des Hofes. Ein Tag voll Aktenstudium und Korrespondenz begann aufs Neue.

Waren die Beamten an ihren Schreibtischen, hatte der Kaiser bereits dreieinhalb Stunden Aktenstudium hinter sich. Franz Joseph begann sein Tagwerk mit den ersten Arbeitern bei Hof und beendete es erst, wenn auch die letzte Schicht der Hofbediensteten bereits wieder in ihren Wohnungen war. Dazwischen lief das Leben bei Hof nach einem präzisen Uhrwerk ab, tagein tagaus der gleiche Ablauf, ein Räderwerk, in dem mehr als 1.500 Menschen ihren fixen Platz hatten, deren Tätigkeiten vielfältig ineinander liefen. Nicht einmal zeremonielle Großereignisse wie Hofbälle oder Staatsbesuche konnten den perfekten Ablauf aus den Fugen bringen – der Mikrokosmos Hof basierte schließlich auf 600 Jahren Erfahrung.

Geht man heute durch die Höfe der kaiserlichen Residenz, strahlt die Hofburg eine kühle Ruhe aus. Die Fenster sind geschlossen und man vermutet bis auf die Prunkräume wenig Aktivität hinter den alten Gemäuern. Die Mansardenzimmer scheinen seit mehr als 100 Jahren unbewohnt. Nichts an der ruhigen, getragenen Stille der Hofburg erinnert an die kleine quirlige Stadt innerhalb Wiens, die sie einmal war. Zu Kaiser Franz Josephs Zeiten war der Hof wie ein lebhafter Bienenstock. Die Hofburg war von oben bis unten gesteckt voll. Wer bei Hof arbeitete, lebte auch hier. In den verschiedenen Trakten waren alle Wohneinheiten, von den Kellerzimmern bis zu den Mansarden, belegt. Je nach sozialem Rang lebten Hofdamen, Beamte oder Diener in den unzähligen Wohnungen und verbrachten nicht nur ihre Arbeitszeit, sondern ihre Lebenszeit bei Hof. Menschen wurden hier geboren, arbeiteten, dienten ihrem Kaiser und starben bei Hof. Für ganze Generationen war der Hof nicht nur glanzvoller Mittelpunkt des Habsburgerreiches, sondern Lebensraum, Heimat und Herkunft. Ein Großteil der Beamten und Diener wohnte mit samt Familie in den unzähligen Bedienstetenwohnungen, Ehepartner und Kinder lebten oft nur durch einige 100 Meter getrennt unter demselben Dach mit der kaiserlichen Familie. Eine größere soziale Vermischung war wohl in der ganzen Monarchie nicht zu finden.

Die Hofburg war ein lebhaftes Pflaster und schon zu Kaisers Zeiten von der Außenwelt nicht abgesperrt. Die Burgtore versperrten nicht, sondern markierten Durchzugswege für die Wiener. Jedes Kind wusste, hinter welchen Fenstern der Kaiser arbeitete und schlief. Wer untertags durch die Höfe ging, geriet in einen Strudel an Betriebsamkeit. Beamte liefen mit Akten unter dem Arm von einer Kanzlei zur nächsten, Livreediener eilten mit Eimern oder Tabletts beladen über die Höfe, Kutschen hielten und fuhren ab, Lieferwägen fuhren zu, versperrten Durchfahrten und führten bei Fußgängern und Leibkutschern zu wildem Geschimpfe. Bei Hof kam und ging der gesamte gesellschaftliche Querschnitt der Habsburgermonarchie. Der Ministerpräsident und seine Regierungsmitglieder fuhren wöchentlich vor, die k. u. k. Hoflieferanten waren täglich auf den Burghöfen zu finden. Aristokratische Gentlemen ritten auf ihrem täglichen Weg zu den Rennbahnen im Prater über den Burghof, die Kindermädchen der reichen Bürger schoben die Kinderwägen quer durch den Burggarten, die Mägde und Knechte der benachbarten Palais trugen ihre Einkäufe vom Naschmarkt oder Fischmarkt heim zu ihren Herrschaften.

Inmitten all dieses geschäftigen Treibens saß das Herz des Reiches. Kaiser Franz Joseph hielt von hier aus die Fäden seines 50-Millionen Reiches in der Hand. Der Hof war nicht nur seine repräsentative Bühne, wenn er etwa die Angelobung der neuen Botschafter oder Regierungsmitglieder in den Prunksälen der Hofburg vornahm, der Hof war auch sein unmittelbarer Lebensraum, sein Zuhause. Ob der Kaiser in der Hofburg, Schloss Schönbrunn oder Budapest weilte – wo er war, war auch sein Hof. Der Mikrokosmos Hof war ohne Franz Joseph nicht vorstellbar, doch der Kaiser konnte keinen Hof halten, ohne die Menschen, die diese Hofhaltung garantierten. Franz Joseph und seine Hofbeamten und Diener waren eine Schicksalsgemeinschaft. Sie lebten mit- und durcheinander, und obwohl sie soziale Welten trennten, waren sie doch eng verbunden. Die Eigenständigkeit des Hofes zeigte sich auch im Loyalitätsverständnis seiner Mitglieder. Die Hofbediensteten waren Diener des Kaisers, und nicht des Staates (obwohl de jure der Kaiser lediglich als Staatsoberhaupt Anspruch auf eine Hofhaltung hatte). Alles Recht, aber auch jede Garantie auf ein sicheres Leben ging für die Hofstaatsdiener von Franz Joseph aus. Er allein garantierte die Einhaltung der jahrhundertealten Rechte der Hofbediensteten. So lange der Kaiser an seinem Platz war, waren auch Arbeit und Absicherung jener Menschen garantiert, die bei Hof lebten.

Nach dem Frühstück klingelte Kaiser Franz Joseph nach seinem diensthabenden Flügeladjutanten Graf Heinrich Hoyos, der in seinem Dienstzimmer vor den kaiserlichen Appartements seit drei Uhr morgens in voller Montur an seinem Schreibtisch saß und mit dem Kopf in den Händen versuchte, noch ein bisschen Schlaf zu bekommen. Beim Ertönen der kaiserlichen Glocke sprang er blitzartig von seiner halben Schlafstellung auf, richtete seine Frisur, nahm die Aktentasche und stürzte zum Kaiser. Wenn die Adjutanten ihren Dienst begannen, schlief selbst der Kaiser noch. So ehrenhaft die Aufgabe war, so schwer war es doch für die meisten, diese frühen Dienste anzutreten. Im Dunkeln schlichen sie zu ihrem Adjutantenzimmer, begegneten höchstens verschlafenen oder übernächtigen Saaltürhütern und warteten, bis ihr Herr nach ihnen klingelte. Das erste halbe Jahr war immer besonders hart. Graf Hoyos, der beim alten Kaiser seinen Dienst versah, schrieb in den ersten Monaten seines Dienstes täglich Briefe an seine Frau, in denen er von der großen Müdigkeit berichtete, von den Qualen um halb drei Uhr morgens aufzustehen und im eiskalten Vorraum zu sitzen, wenn noch nicht einmal die Zimmerheizer aufgestanden waren.[2]

Traditionell absolvierten die Adjutanten, deren Zahl jeweils zwischen drei und sechs schwankte, ihren Dienst beim Monarchen als Turnusdienst. Aus den verschiedenen Waffengattungen des kaiserlichen Heeres wurden in Frage kommende fleißige Militärs ausgewählt und dem Kaiser zur Wahl gegeben. Nachdem sich Franz Joseph für vier entschieden hatte, traten sie ihren zwei- bis dreijährigen Dienst an und waren nun für die Dauer ihres Dienstes stets um den Kaiser. Die Adjutanten bildeten nicht nur die ständige Begleitung des Kaisers, sie waren auch für den persönlichen Aktenlauf zwischen Kriegsministerium und Kaiser verantwortlich. Wenn der Kaiser klingelte, brachte der Flügeladjutant die Aktenmappe mit den neuen Papieren, die am Vorabend noch vom Ministerium geschickt worden waren, zum Monarchen und bekam die von Franz Joseph bereits erledigten Akten, die nun wieder ins Ministerium retourniert wurden.

Danach setzte sich der Flügeladjutant wieder an seinen Schreibtisch, sah die Audienzliste durch und wartete auf den ersten Vorsprechenden. Der Erste war meist der kaiserliche Leibarzt, der zum täglichen Plausch kam. Da der Kaiser eine eiserne Gesundheit besaß, gab es statt einer Untersuchung meist ein kurzes Gespräch.

Nach dem Leibarzt kam der Erste Generaladjutant an die Reihe: Graf Eduard Paar, der dem Kaiser schon seit Jahrzehnten diente. Er war der Vorgesetzte seiner Flügeladjutanten, hatte aber eher die Rolle eines persönlichen Vertrauten des Kaisers. Er unterstand als aktiver General zwar dem Kriegsministerium, war also de jure kein Mitglied des Hofstaates, gehörte aber zum Alltagsbild des Hofes. Obwohl Graf Paar keine wesentlichen Aufgaben hatte, außer für einen reibungslosen Ablauf des Adjutantendienstes zu sorgen, wollte der Kaiser keinesfalls auf seine ständige Gegenwart verzichten.

Graf Paar war ein ruhiger, ausgeglichener Mann. Er begleitete den Kaiser auf seinen Reisen, bei den täglichen Ausfahrten und zu allen Festlichkeiten. Franz Joseph hatte die Achse seines Lebens gebildet, er alterte mit seinem Herrn und war väterlicher Vertrauter der jungen Militärs bei Hof. Graf Paar war einer der wenigen bei Hof, über den seine Zeitgenossen kein einziges schlechtes Wort verloren. Er war ruhig und nachsichtig im Urteil, verbreitete eine stoische Ruhe um sich und war auch dem Kaiser gegenüber völlig unbefangen. Stets pfiff Paar vor sich hin, was an sich strengstens verpönt war in der Nähe des Kaisers, doch Franz Joseph war so sehr an ihn gewöhnt, dass ihm das Pfeifen nicht einmal mehr auffiel. Der Generaladjutant rauchte auch ungewöhnlich viel in der Nähe des Kaisers. Bei Bahnfahrten nebelte er den Kaiser im gemeinsamen Abteil regelrecht ein und nicht wenige Höflinge erzählten, dass man im rauchverhangenen Abteil oft gar nicht wusste, wo der Kaiser saß und wo Paar. Dem Kaiser machte das wenig aus. Solange er nicht auf die Anwesenheit seines alten Paar verzichten musste, störten ihn weder Gepfeife noch Rauch. Die tägliche Aufwartung Paars in der Früh dauerte nur kurz. Gleich danach kam der Erste Obersthofmeister zu Franz Joseph. Fürst Alfred Montenuovo betrat in seiner reich bestickten Uniform eines obersten Hofwürdenträgers die Appartements des Kaisers.

Der Obersthofmeister war die Eminenz, der Verwalter des Hofes. Er war Herr über das Zeremoniell, den glanzvollen Außenauftritt des Kaiserhofs sowie oberster Manager. Er überwachte mit Argusaugen die Kosten des Hofes, hatte das Personal unter sich, war für die Sicherheit bei Hof zuständig und durfte als Einziger den Kaiser offiziell vertreten. Nur Abkömmlinge aus Fürstenhäusern konnten diese Stelle einnehmen, denn der Obersthofmeister führte den ersten Rang bei Hof, jeder Aristokrat musste nach ihm im Gefolge des Kaisers auftreten, ein weniger hoher Adelige hätte das komplizierte Rangsystem durcheinandergebracht und Kaiser Franz Joseph liebte nichts weniger als Komplikationen in bewährten Systemen.

Fürst Montenuovo blieb nur kurz bei Franz Joseph, denn er musste nicht sämtliche Tagespunkte in seiner kurzen Morgenaudienz abklären. Er hatte das Recht auf unangemeldeten Zutritt beim Kaiser, ein Recht, das nur dem Obersthofmeister zustand. Wenn er mit dem Kaiser Rücksprache halten wollte, musste er sich nur bei den Kammertürhütern melden, was außer ihm nur die engsten Familienmitglieder Franz Josephs durften, und selbst diese trauten sich nur in dringenden Fällen ohne Aufforderung zu kommen, meistens ließen sie selbst bei Fürst Montenuovo anfragen, ob sie vorbeikommen dürften.

Obersthofmeister Montenuovo war bereits der vierte Obersthofmeister unter Franz Joseph, ein Umstand der auf die lange Lebens- und Regierungszeit des Kaisers zurückzuführen ist, denn die Stelle des Obersthofmeisters war auf Lebenszeit. Drei seiner Obersthofmeister hatte der Kaiser schon überlebt, obwohl zwei von ihnen sogar jünger waren als er selbst. Bei einer reinen Regierungszeit von 68 Jahren überlebte Franz Joseph den Großteil seiner Hofwürdenträger. Der Kaiser gewöhnte sich zwar schnell an Veränderungen, mancher Verlust an Vertrauten traf ihn aber schwer. Seinen ersten Obersthofmeister Fürst Karl Liechtenstein musste er schon vor mehr als 50 Jahren in den Ruhestand verabschieden. Liechtenstein war sein väterlichster Obersthofmeister. Er hatte in seiner Amtszeit zwar keine Glanzleistungen vollbracht, aber zumindest als wichtige Integrationsfigur gegolten, der zwischen den Bedürfnissen der einfachen Hofdiener und strikten Sparprogrammen stets ein Mittelmaß durchsetzte.

Sein Nachfolger Prinz Konstantin zu Hohenlohe-Schillingsfürst war der Bedeutendste unter allen Obersthofmeistern. Niemand wusste, wieso die Wahl des Kaisers auf diesen kleinen Adjutanten gefallen war, der keine Erfahrung bei Hof hatte und außerdem kein österreichischer, sondern ein deutscher Aristokrat war, und gerade nach der Niederlage gegen Preußen zum ersten Mann bei Hof ernannt wurde. Wollte der Kaiser damals ein politisches Zeichen setzen? Österreich wurde nach Königgrätz auf Drängen Preußens aus dem Deutschen Bund ausgeschlossen, einer der eifrigsten Befürworter war Hohenlohes Bruder, damals bayrischer Ministerpräsident, der heftig gegen Österreich votierte. Ob der Kaiser nun mit der Ernennung eines deutschen Fürsten demonstrieren wollte, dass er sich immer noch in der Tradition des Heiligen Römischen Reiches Deutscher Nation sah oder ob er einfach instinktiv die Fähigkeiten Hohenlohes erkannte – der neue Obersthofmeister war jedenfalls der größte Gewinn für den Hof in der gesamten Ära Franz Joseph.

Hohenlohe führte den Hof in eine neue Zeit. Er modernisierte, stellte den Hof auf eine gesunde finanzielle Grundlage und brach mit überkommenen Traditionen. Wer unter ihm bei Hof Karriere machen wollte, musste gute Arbeit leisten. Alte, hochdekorierte Beamte, die wenig Engagement zeigten, schickte er in Pension oder überging sie ungerührt bei Beförderungen, dafür holte er einfache, aber gut ausgebildete und fleißige Kräfte an den Hof. Unter Hohenlohe konnten zum ersten Mal einfache Bauernsöhne an Schlüsselstellen des Hofes gelangen. Er warb bei seinen aristokratischen Freunden wie den Familien Schwarzenberg, Liechtenstein oder Wilczek junge Kanzleikräfte ab, denen die Herrschaft aufgrund ihrer Begabung Ausbildungen finanzierte und deren Eltern nicht selten noch auf den Feldern arbeiteten. Hohenlohe sorgte für frisches Blut bei Hof, erstmals galten persönlicher Einsatz und Leistung mehr als Protektion. Auch sonst war Hohenlohe kompromisslos, seine Sparpakete mussten ohne Wenn und Aber umgesetzt werden, die Beschwerden der anderen Hofwürdenträger, die daraufhin beim Kaiser über ihn einliefen, ließen ihn völlig kalt. Er wollte nicht beliebt sein, sondern den Hof zu einem gesunden Wirtschaftsapparat machen.

Hohenlohe war mehr als 30 Jahre die Stütze des Kaisers. Franz Joseph vertraute ihm blind. Er übergab ihm die alleinige Verantwortung über die Ausschreibung der Prachtbauten der neuen Ringstraße und ließ ihm auch bei der Besetzung der wichtigsten Posten, vom Burgtheaterdirektor bis zum Vorsteher der kaiserlichen Privatkassa, völlig freie Hand. Die größte Leistung vollbrachte Hohenlohe aber nach der Tragödie von Mayerling – kein Wort über die Vorgänge bei Hof drang nach außen, keine Hofinterna wurden den Zeitungen zugespielt. Was über Mayerling schon zu Lebzeiten des Kaisers kolportiert wurde, kam nicht von Hofmitgliedern. Der Kaiser überschüttete Hohenlohe mit seiner Gunst, zeichnete ihn aus und war völlig erschüttert, als Hohenlohes schwere Herzkrankheit ihn zwang, die Hofleitung seinem Nachfolger zu übergeben.

Obersthofmeister Hohenlohes schwere Krankheit und sein kurz darauf folgender Tod stürzten den Hof in eine Krise. Nun zeigte sich, wie straff er die Zügel in seinen Händen gehalten hatte. Korruptionsvorwürfe wurden laut, im Hofwirtschaftsamt, das auch die teuren Einkäufe leitete, wurden Verschwendung und Misswirtschaft festgestellt. Der Oberstküchenmeister Graf Wolkenstein wurde abgesetzt – die Schande schien ihm so groß, dass er sich erhängte. Der Skandal war perfekt. Dass ein Würdenträger in Zusammenhang mit Korruptionsvorwürfen Selbstmord beging, war noch nie vorgekommen. Doch auch bei der Generalintendanz der kaiserlichen Theater begann die Moral zu bröckeln, der Generalintendant wurde wegen Körperverletzung rechtskräftig verurteilt, die Gerüchte um eine reine Freunderlwirtschaft bei der Besetzung flammten plötzlich auf, und auch bei den übrigen Hofstäben begann es zu rumoren. Das Interregnum hatte zu lange gedauert, die starke Hand Hohenlohes fehlte.

Sein Nachfolger Prinz Rudolf Liechtenstein konnte mit Hohenlohes Vertrauensbeamten zwar den Hof wieder auf gerade Bahnen bringen, doch die Hochblüte an Genauigkeit bei Hof war vorbei. Die Ernennung Liechtensteins war ein reiner Freundschaftsdienst. Der „schöne Rudi" war der Liebling der verstorbenen Kaiserin, er war dem Kaiserpaar tief ergeben, galt auch als großer Vertrauter des Monarchen und war vor allem wegen seiner aufheiternden Art beliebt. Wirtschaftliche Fähigkeiten hatte er gar keine, selbst das Zeremoniell interessierte ihn kaum und die Aristokratie jammerte: *„Nein, Fürst Rudolf ist aber gar kein guter Obersthofmeister!"* [3]

Doch auch seinen lieben Rudi, wie ihn das Kaiserpaar nannte, überlebte der alte Kaiser, nun war Fürst Alfred Montenuovo, sein Großneffe und Enkel von Marie Louise, ehemalige Kaiserin der Franzosen, sein Obersthofmeister. Montenuovo war nicht so brillant wie Hohenlohe, aber durchsetzungsstark und unbeeinflussbar. Er übte sein Amt gewissenhaft aus, war aber absolut unbeliebt bei Hof. Die Aristokraten, denen er aufgrund seiner eigenen

Obersthofmeister Prinz Rudolf Liechtensteins
Morgenvisite beim Kaiser

hohen Abstammung aus dem Hause Habsburg skeptisch gegenüberstand, lehnten seinen scharfen Zynismus ab und Thronfolger
Franz Ferdinand hasste den Obersthofmeister abgrundtief. Zu sehr
ließ ihn Montenuovo spüren, dass seine Zeit der Herrschaft noch
nicht gekommen war. Jeden Versuch Franz Ferdinands, bei Hof
mitzusprechen, schmetterte Montenuovo kühl ab.

Nachdem der Obersthofmeister gegangen war, bereitete
sich Franz Joseph auf seine täglichen Audienzen vor. Mehrmals
wöchentlich durften Staatsbürger bei ihm vorsprechen. Meist wollten sich Menschen für eine Ernennung oder Auszeichnung persönlich bedanken, Überraschungen gab es bei den Audienzen nie,
denn schließlich wurde jede Angelegenheit, egal ob Ansuchen
oder Hilfebitten, vorab in den Ministerien geregelt und dem Kaiser zur Begutachtung vorgelegt.

Wer bei Hof erscheinen durfte, musste sich zu einer angegebenen Zeit in den Vorräumen der Repräsentationsräume einfinden. Die Kleidungsvorschriften waren strikt einzuhalten. Militärs kamen in ihren Uniformen, Zivile in Frack, Orden durften angelegt werden, es galt Handschuhpflicht. Die Damen mussten in geschlossenen Kleidern in gedeckten Farben erscheinen. Großes Dekolleté war nur bei Hofbällen erlaubt, Schmuck musste dezent sein, allfällige Hoftrauer musste eingehalten werden. Zu Zeiten „tiefer Trauer" (bis drei Monate nach dem Tod eines ranghohen Erzherzogs) musste schwarz getragen werden, bei „minderer Trauer" durften in den darauffolgenden Wochen gedeckte Farben getragen werden, allerdings mussten eventuelle Spitzen oder Federn an Kleid und Hut schwarz sein. Staatsbürger, die kein Geld hatten, um in Frack und Kostüm zu erscheinen, durften in ihrer Landestracht zur Audienz kommen – niemand sollte aus monetären Gründen um sein Recht auf eine Audienz kommen.

Die Besucher wurden von einem Mitarbeiter des Obersthofmeisteramtes auf das Nötigste vorbereitet: niemals den Kaiser von sich aus anreden, noch ihm den Rücken zuwenden. Nach Aufrufen des Namens begab man sich zu einem Vorraum, wo der Adjutant bereits wartete und den Namen mit seiner Liste verglich. Der Name wurde von einem Kammeransager nochmals laut verlesen, so dass der Kaiser wusste, wer nun kommen würde. Jetzt erst durfte der Audienzbesucher eintreten. Nach Eintritt mussten die Damen sofort in den großen Hofknicks versinken, die Herren die tiefste Verbeugung machen. Erst auf Aufforderung des Kaisers durfte man sich erheben. Die Audienz selbst dauerte maximal drei Minuten. Der Kaiser stand vor seinem Pult, auf dem das Audienzbuch lag, und las dem Besucher den Grund seines Besuches vor. Daraufhin sagte ihm der Kaiser das (bereits bekannte) Ergebnis seiner Angelegenheit. Der Besucher bedankte sich aus tiefstem Herzen und näherte sich in Verbeugung rückwärts der Tür. Meist war die Audienz schneller vorbei, als den Besuchern überhaupt bewusst war – nur so kam der Kaiser im Laufe eines Monats auf mehrere hundert Audienzen. Längere Audienzen mit Ministern, Abgeordneten oder Statthaltern wurden nicht im Zuge der allgemeinen Audienzen abgehalten, sondern erfolgten durch persönliche Einladung des Kaisers und fanden meist unter vier Augen statt.

Die Audienzbesucher warten, bis sie aufgerufen werden

Der Kaiser bezog sein Wissen über die Abläufe im Staat aus den Akten und den persönlichen Gesprächen mit seinen Politikern. Die Berichte ehemaliger Ressortleiter decken sich in einem Punkt: Jeder Einzelne erinnerte sich, dass sich der Kaiser stets nur sehr kurz vortragen ließ und danach lange und gezielt Sachfragen stellte. Die Politiker hatten über jene Gebiete, die sie vorbringen mussten, extrem gut Bescheid zu wissen, Franz Joseph fragte von allen Seiten und verglich die verschiedenen Antworten seiner Politiker, um zu einem Gesamtbild zu kommen. Meist befragte er mehrere Regierungsmitglieder zum selben Thema, um eventuellen Widersprüchlichkeiten auf die Spur zu kommen.

Wenn Franz Joseph keine Audienzen gab, diente der Vormittag dem Aktenstudium. Hin und wieder ließ der Kaiser Hofrat Franz von Hawerda-Wehrlandt, den Generaldirektor seiner persönlichen Vermögensverwaltung, die strikt von der Hofverwaltung getrennt war und deren Angestellte auch aus der Privatkassa Franz Josephs bezahlt wurden, zu sich kommen. Der Hofrat musste dann stets über den Vermögensstand des Kaisers berichten, über Aktientransaktionen, Ankäufe und Erträge aus Verpachtungen, aber auch über Auslagen und Zuschüsse für die Töchter und Enkelkinder des Kaisers. Solange die Kaiserin noch lebte, erhielt sie den Großteil aller finanziellen Privatzuwendungen Franz Josephs, vor allem Elisabeths Reise- und Bautätigkeit sprengten jeden Rahmen. Nach ihrem Tod bedachte der Kaiser vor allem die immer größer werdende Enkelschar mit Apanagen, Sparbriefen und wertvollen Geschenken.

Zwei- bis dreimal wöchentlich empfing der Kaiser auch Oberstkämmerer Graf Leopold Gudenus – den bereits sechsten Inhaber dieses Postens; fünf Oberstkämmerer hatte Franz Joseph bereits überlebt. Der Oberstkämmerer war die zweithöchste Persönlichkeit bei Hof, er rangierte direkt nach dem Obersthofmeister. Graf Gudenus war für die kunsthistorischen Sammlungen (das heutige Kunsthistorische Museum), die Schatzkammer, die Waffensammlung, die naturwissenschaftlichen Sammlungen (das heutige Naturwissenschaftliche Museum) und Schloss Ambras in Tirol verantwortlich. Er entschied über die Ankäufe neuer Kunstwerke; lediglich bei Beträgen, die das übliche Ankaufsetat sprengten, musste er die Erlaubnis des Kaisers einholen, was allerdings nicht allzu oft vorkam, denn Franz Joseph war auf Mehrausgaben seiner Hofstäbe immer schlecht zu sprechen.

Den Großteil seines Lebens verbrachte der Kaiser
hinter seinem Schreibtisch

Entgegen der landläufigen Meinung, dass sich Kaiser Franz
Josephs Interesse ausschließlich auf das Militär beschränkte, hatte
der Kaiser eine große Neigung zur Kunst, vor allem angewand-
ter Kunst stand er sehr offen gegenüber. Ausstellungseröffnungen
und die großen Wiener Gewerbeausstellungen waren nicht nur
Pflichtprogramme für den Kaiser. So oft es ging, ließ er Besuchs-
programme in seinen Kalender eintragen, meist mussten wegen
Zeitdruck sämtliche Ausstellungen, die keinem größeren Auftritt
dienten, zugunsten anderer Termine aber wieder herausgestrichen
werden. Damit der Kaiser trotz seines Arbeitspensums überhaupt
manche Ausstellungen sehen konnte, versuchte Obersthofmeister
Hohenlohe in späteren Jahren die Heimfahrtsroute des Kaisers
von auswärtigen Terminen jeweils so zu legen, dass Franz Joseph
wenigstens für zehn Minuten durch eine Ausstellung wandern
konnte. Die Museums- oder Galeriedirektoren wurden oft nur kurzfristig informiert, um die Hauptstücke der Ausstellungen zusam-
menzutragen, damit der Kaiser innerhalb einer Viertelstunde die
Highlights begutachten konnte.

Wenn der Obersthofmarschall, der den dritthöchsten Rang bei Hof bekleidete, öfter als alle zwei Monate erschien, wussten die Hofbediensteten, dass es wieder Schwierigkeiten innerhalb der kaiserlichen Familie gab und der Kaiser mit Graf Bela Cziraky wieder einmal um eine Lösung für einen weiteren Familienskandal rang. Als Obersthofmarschall war der Ungar Graf Cziraky der Rechtsbeistand der kaiserlichen Familie, sein Obersthofmarschallamt war die exklusive Gerichtsbehörde der Habsburger. Üblicherweise war der Obersthofmarschall nur selten bei Hof anzutreffen, er war lediglich für Verlassenschaften, Heiratsverträge, Renunziationen, Beglaubigungen oder für Disziplinarangelegenheiten zuständig. Um die Jahrhundertwende waren aber plötzlich mehr juristisches Wissen und eine häufigere Anwesenheit von Graf Cziraky gefragt, als die Zahl der unebenbürtigen und morganatischen Eheschließungen der jungen Erzherzöge zunahm, einzelne Mitglieder aus dem Erzhaus austraten und einige junge Habsburger europaweit bekannte Skandale auslösten.

Der vierte und letzte der vier höchsten Hofwürdenträger war Oberststallmeister Prinz Ferdinand Kinsky, der extrem gut aussehende Dandy des Hofes. Ferdinand Kinsky, der Neffe des verstorbenen Obersthofmeisters Liechtenstein, war durch reine Protektion an den Hof gekommen – was eifrig beklatscht wurde –, aber nichtsdestotrotz ein versierter Kenner auf seinem Gebiet. Als Oberststallmeister unterstanden ihm der kaiserliche Marstall, der mehrere hundert Pferde zählte, die Wagenburg, das Fouragemagazin, die Fuhrwerke, die Hofreitschule und die Gestüte Lipizza und Kladrub. Der Oberststallmeisterstab war extrem kostspielig und deshalb eng mit der Zentralstelle des Hofes, dem Obersthofmeisteramt, verbunden. Prinz Kinsky musste sich täglich bei Hof einfinden. Die Verwaltung des kaiserlichen Marstalles erforderte eine vollzeitliche Tätigkeit bei Hof.

Täglich zwischen halb zwölf und zwölf brachten die Diener das Mittagessen des Kaisers. Franz Joseph aß stets alleine und nahm das Essen an seinem Schreibtisch ein. Das Essen wurde aus der Hofküche geholt, im Vorraum der kaiserlichen Appartements mittels eines Rechauds noch einmal aufgewärmt und dann neben den Akten serviert. Es gab täglich dasselbe: Suppe, ein Stück Fleisch mit Beilagen, Bier oder Wein und als Nachtisch eine klassische Wiener Mehlspeise.

Das Mittagessen des Kaisers wird im Vorraum angerichtet

Während der Kaiser aß, lief der Betrieb in der Hofküche auf Hochtouren. Hunderte Personen mussten innerhalb von zwei Stunden verköstigt werden. Es gab bei Hof weder eine Kantine noch einen großen Speisesaal, deshalb wurde das Essen am Arbeitsplatz oder in den unzähligen Winkeln des Hofes eingenommen. Den Beamten wurde das Mittagessen wie dem Kaiser an ihren Schreibtischen serviert, geschützt von metallenen Hauben, die über die Teller gestülpt wurden, die Hausoffiziere und Diener mussten sich ihre Tabletts selbst aus der Küche holen und suchten sich einen ruhigen Treppenaufgang oder ein stilles Eck, wo sie in Ruhe ihre Hauptmahlzeit einnehmen konnten.

Hofbedienstete konnten sich ein Abonnement auf die Hofküche nehmen, sie bekamen dann zum Selbstkostenpreis Frühstück, Mittagessen und Abendessen – einer der vielen finanziellen Vorteile einer Beschäftigung bei Hof. Zur Wahl standen drei Kategorien, wobei die teuerste dem täglichen Menü des Kaisers mit Suppe, Hauptspeise und Nachspeise entsprach, die beiden billigeren waren um nichts weniger gut, sondern unterschieden sich nur in der Aufbereitung von der teuersten Variante. Jeder Hofbedienstete konnte frei wählen, welche Variante er wünschte. Die Beamten entschieden sich meist für das „kaiserliche Menue", während die Diener die billigeren Mittag- und Abendessen bestellten. Die Küche war einfach, aber gehaltvoll in der Zubereitung, die Speisen mehr als reichlich. Ein Besucherin bei Hof, die eines der einfachen Menüs serviert bekam, erinnert sich: *„Das Menü war da ziemlich einfach, es gab zb. Schnitzel mit Beilagen und Schmarren mit Apfelbrei, aber in höchster Vollendung zubereitet."*[4] Die Portionen waren so groß, dass bei den „Menüs I. Klasse" (also den teuren) meist eine zweite Person mitverköstigt wurde. So mancher hohe Hofbeamte schickte die Hälfte seines Menüs seinem Diener, und viele niedere Beamte teilten sich ein Mittagessen mit ihren Gattinnen, die ihre Hälften von einem Diener in ihren Hofwohnungen serviert bekamen.[5]

Bei einer derart großzügigen Verköstigung gab es auch enormen Missbrauch. Viele einfache Hofdiener besserten sich ihr Gehalt durch den heimlichen Verkauf ihrer Hofabonnements auf. Fürstin Nora Fugger erinnert sich: *„Halb Wien lebte eingestandenermaßen von der Hofküche und vom Hofkeller. Der Aufwand war ein enormer. Anfängliche Eigenmächtigkeiten, auch manche Betrügereien wurden mit der Zeit zu gewohnheitsmäßigen Ansprüchen, zu Deputaten ... Manches hat sich im Laufe der Zeit geändert; doch der Unfug in der Hofwirtschaft hat sich bis zuletzt erhalten."*[6]

Nach dem Mittagessen zeigte sich der Kaiser täglich am Fenster, um die Wachablöse auf dem Burghof zu beobachten. Außer der Burgwache gab es bei Hof noch die kaiserlichen Leibgarden, die seit jeher für die Bewachung und Begleitung der kaiserlichen Familie verantwortlich waren. Ihre Verwaltung unterstand zwar dem Obersthofmeister als Oberst aller Garden, bezahlt wurden sie allerdings nicht vom Hof, sondern vom Kriegsministerium, da sie aktive Militärpersonen des Heeres waren. Bei Hof dienten sechs verschiedene Garden, vier davon waren für den Wach-, Sicherheits- und Ordnungsdienst zuständig und aktive Militärs. Bei jenen zwei Garden, die als reine Ehren- und Sicherheitswachen fungierten, dienten Offiziere, die bereits in den Ruhestand getreten, für den Gardedienst aber noch geeignet waren. Die pensionierten Offiziere erhielten für ihre Dienste vom Hof eine Aufzahlung auf ihre Pension.[7]

Die Nachmittage des Kaisers gehörten wieder dem Aktenstudium, unterbrochen von einzelnen individuellen Audienzen. Am späten Nachmittag gönnte sich der Kaiser einen Spaziergang in Schönbrunn oder – wenn der Terminplan nicht zu eng war – im Schlosspark von Laxenburg. Auf dem Weg zu seiner Kutsche begegnete der Kaiser auch jenen Hofbeamten und Dienern, die nicht seine unmittelbare Umgebung bildeten. Sobald der Kaiser die Appartements und den Hof durchquerte, versanken die Dienerinnen in einen Knicks und die Beamten und Livreediener, aber auch die Holzträger, die seinen Weg kreuzten, in ihren tiefsten Bückling. Der alte Kaiser wurde wegen seiner persönlichen Bescheidenheit und seinem Pflichtgefühl, das schon zu seinen Lebzeiten sprichwörtlich war, hoch verehrt. Jeder bei Hof wusste, dass sein Leben nach den unzähligen Schicksalsschlägen, die ihn getroffen hatten, nur mehr dem Erhalt der Dynastie gewidmet war.

Franz Joseph war ein vollendeter Vorgesetzter, Untergebenen gegenüber gütig und höflich und frei von jedem Sarkasmus und verbaler Geringschätzung. Jede Kritik an der Institution Hof, an einzelnen Entscheidungsträgern oder an Maßnahmen machte stets vor der Person des Kaisers Halt. Alle, die in seiner unmittelbaren Umgebung arbeiteten, schwärmten von ihm. Sein berühmter Leibkammerdiener Eugen Ketterl berichtet von der bescheidenen, überhöflichen Art des Kaisers: *„Der Kaiser war zu uns allen sehr gütig und von eigenartiger Höflichkeit. Niemals befahl er, immer bat er um eine Dienstleistung und bedankte sich, wenn ihm zum Beispiel ein Glas Wasser gereicht wurde."*[8] Sein Adjutant Graf Hoyos staunte regelmäßig über seine immer mit großer Geduld ertragenen anstrengenden zeremoniellen Verpflichtungen, zum Beispiel anlässlich des Kaiserjubiläums-Huldigungsfestzuges 1908: *„Ich bin totmüde, meine Augen fallen mir zu. S. M. aber ist früher aufgestanden als ich, hat alle feierlichen Reden über sich ergehen lassen, mußte allen durch Tat und Rede tätig sein. Und ich war nur Zuseher. Welche Geduld und Liebe hat er fort entwickelt? Er, der fast 80jährige und von seinen Völkern so oft enttäuschte, ich hätte diese Geduld nicht ..."*[9] Ein andermal, als die Hofwürdenträger anlässlich eines Galaempfangs bei enormer Hitze in voller Montur stundenlang stehen mussten: *„Seine Majestät zum Küssen und Niederknien. Bei der Hitze in Pelzattila fort (3 Stunden) stehend und conversierend. Erzherzog Franz sagte jemandem neben mir: ‚Ich war zweimal am Äquator, aber so heiß habe ich es noch nie gehabt.'"*[10] Wenn der Kaiser von seinem Spaziergang zurückkam, wurden die letzten Akten dem Adjutanten übergeben und die Vorbereitungen für die letzte und anstrengendste Verpflichtung des Tages getroffen. Die Abende gehörten nur in Ausnahmefällen dem Kaiser, dreimal pro Woche gab es offizielle Diners, die so genannten „Seriendiners", zu denen jeweils knapp 30 Personen geladen waren. Es gab militärische Diners mit vorwiegend hohen Militärs und ausländischen Attachés, diplomatische Diners, die der Vertiefung der auswärtigen Beziehungen dienten, und Diners, bei denen Minister, Landeshauptmänner, Statthalter und verdiente Persönlichkeiten des öffentlichen Lebens zu Gast waren. Zu jedem der abgehaltenen Diners wurde auch regelmäßig der hoffähige Adel eingeladen – abwechselnd, damit niemand benachteiligt wurde. Damen waren zu den Seriendiners nur selten geladen, die Einladungen ergingen in erster Linie an Männer aus Adel, Militär und Wirtschaft und dienten nicht der Unterhaltung, sondern staatspolitischen Aufgaben.

Die Einladungslisten wurden vom Obersthofmeisteramt vorgeschrieben und dem Kaiser vorgelegt, der dann regelmäßig mit Rotstift Namen austauschte und die Sitzordnung eigenhändig ausbesserte. Der Kaiser war über jeden höheren ausländischen Besucher informiert und gestaltete dementsprechend seine Einladungen. Mitglieder ausländischer Herrschaftsfamilien, die in Wien weilten, wurden als Ehrengäste geladen, bürgerliche Abgeordnete, die ausgezeichnet wurden, waren ebenso Gäste wie verdiente Wissenschafter. Für die rangmäßige Sitzordnung und die schriftlichen Einladungen war das Zeremonielldepartement zuständig, das dem Obersthofmeister unterstand. Die Diners fanden stets in den Alexanderappartements in der Hofburg statt, stieg die Zahl der Einladungen auf über 30, musste in die Geheime Ratsstube ausgewichen werden.

Der Menüvorschlag des Oberstküchenmeisters wurde Kaiser Franz Joseph zur Begutachtung vorgelegt. Der Kaiser studierte das vorgeschlagene Menü genau, was ihm nicht gefiel, wurde mit rotem Buntstift durchgestrichen und durch ein anderes Gericht ersetzt. Wenn der Kaiser seine letzte Einwilligung gegeben hatte, wurden die Einladungen im Obersthofmeisteramt auf hofamtlichen Papier geschrieben und den Geladenen überbracht. Höchste Persönlichkeiten und ausländische Herrscherhausmitglieder erhielten eine „mündliche Ansage", das heißt ein Hoffourier fuhr vor und überbrachte dem Hofmeister eines hohen Gastes mündlich die aller-

Diner du 13 Janvier 1877

Huîtres d'Ostende

Potage.
Potage à la régence

Hors d'Oeuvre.
Croquettes de volaille
Truffes à la serviette

Relevés.
Fogoch, sauce d'anchois
Pièce et filet de boeuf

Entrées.
Filets de faisans à la purée de champignons
Terrine de foies gras

Sorbet

Rôts.
Rein de chevreuil, Salade

Entremets.
Asperges en branches
Soufflé à la Dauphine
Meringues à la Chantilly

Fromage.
Fromage de Brachino

Glaces.
Glaces aux ananas et au chocolat

Ein vom Kaiser eigenhändig ausgebesserter Menüvorschlag.
Links oben hat Kaiser Franz Joseph das von ihm gewünschte Gericht
dazugeschrieben

Kaiser Franz Joseph begrüßt seine Gäste. Links neben ihm
Obersthofmeister Rudolf Liechtenstein

höchste Einladung. Die offiziellen Diners begannen um sechs Uhr
abends. Wenn der Kaiser seine letzte große Aufgabe des Tages vor
sich hatte, war der Großteil seiner Hofbeamten und Diener längst
in ihren Hofwohnungen innerhalb der Hofburg. Sie erhielten ihr
Abendessen wieder aus der Hofküche, es gab abends meist nur
kaltes Fleisch mit Brot, Butter und Gemüse sowie Wein oder Bier.

Für den Kaiser war der Arbeitstag noch lange nicht vorbei.
Nachdem sich die Gäste eingefunden hatten, erhielt der Kaiser die
Meldung, dass alle versammelt waren. Pünktlichst gab der Zere-
monienmeister durch dreimaliges Aufschlagen mit dem Stock das
Zeichen, dass der Kaiser erscheint. Alle Geladenen standen dem
Rang nach. Der Kaiser trat ein, begrüßte die Gäste und schritt in
den Saal, wo er in der Mitte der Tafel Platz nahm.

War kein Ehrengast anwesend, saß dem Kaiser vis-à-vis der
Obersthofmeister. Auch Generaladjutant Paar war bei den Diners
oft anwesend, wie auch einige der höchsten Würdenträger. Das
Service lief flott und geräuschlos ab. In der Regel wurden sieben
Gänge serviert. Jedes Diner bei Hof begann mit klarer Suppe,
danach wurden Austern serviert, es folgten Salat, Fisch, Fleisch-
speise und zuletzt Dessert und Käse. Zu trinken gab es Champagner

Die kaiserliche Hoftafel

und exquisite Weine. Für je zwei Personen war ein Lakai bestimmt, für den Kaiser wurde allein serviert. Dem Kaiser wurde immer als Erstem serviert, kurz danach erhielten alle Gäste gleichzeitig ihre Speisen. Die Unterhaltung beschränkte sich ausschließlich auf den Nachbar. Die Speisezeit betrug 40–45 Minuten. Die Anekdoten, dass die meisten Gäste hungrig die Hoftafel verließen, weil die Tafel sofort aufgehoben wurde, nachdem der schnell essende Kaiser fertig war, entbehren jeder Grundlage. Der ritterliche Kaiser hätte nie zugelassen, dass die Tafel aufgehoben wurde, bevor allen Gästen serviert worden war. Kein einziger Zeitzeuge, der jemals zu Hof geladen wurde, berichtet über eine derartige Sitte. Nach dem Diner gab es im Nebenraum stehend einen kurzen Cercle, das heißt der Kaiser zeichnete die einzelnen Geladenen durch eine kurze persönliche Ansprache aus, kurz darauf zog sich Franz Joseph zurück. Die Gäste durften als Abschiedsgeschenk die wertvolle Schmuckbonboniere mit den berühmten Hofzuckerln, die neben jedem Gedeck lag, mitnehmen.[11]

Für den alten Kaiser waren die Seriendiners extrem anstrengend, erschwert noch durch die Tatsache, dass er täglich um vier Uhr früh aufstand. Doch die Diners boten für den Monarchen auch stets eine Möglichkeit für den Austausch mit Personen, mit denen er sonst nicht in Berührung kam, denn er hatte durch diese gemischten Diners auch Kontakt mit der Außenwelt.

Wenn Kaiser Franz Joseph zwischen acht und halb neun Uhr abends in seine Appartements zurückkam, überflog er noch die wichtigsten Akten, die der letzte Bote des Tages gebracht hatte, schrieb noch einige Privatbriefe und ließ sich dann von seinem Leibkammerdiener für die Nacht zurechtmachen. Täglich gegen neun Uhr abends, wenn sich der alte Kaiser auf sein spartanisches Feldbett zur Ruhe begab, begannen die Nachtarbeiter wieder bei Hof ihren Dienst. Das Wachpersonal rückte aus. Ein Teil der Nachtwärter postierte sich an den Hoftoren, der andere drehte seine Runden über die Höfe. Die Saaltürhüter rüsteten sich für eine lange Nacht. Laternenanzünder wie in der Jugend des Kaisers gab es nur mehr wenige, die Gasbeleuchtung hatte auch in der Hofburg Einzug gehalten. Wenn Kaiser Franz Joseph schlief, versank auch der Hof in eine tiefe Stille, bis zum nächsten Tag, wenn nach sieben Stunden Ruhe der Kaiser und sein Hof gegen vier Uhr früh wieder erwachten.

II
Ein junger Kaiser
übernimmt einen alten Hof

Kaiser Franz Joseph übernimmt den Hof – Ein Hofburg-
brand führt beinahe zur Katastrophe – Graf Karl Grünne –
Der Finanzminister warnt vor einem Bankrott des Hofes –
Eine Untersuchungskommission schockiert den Kaiser –
Die große Hofstaatsreform – Der Kaiser duldet keine Entlas-
sungen – Heimliche Reisen nach Prag zum Exkaiser – Fürst
Franz Liechtenstein wird Obersthofmeister – 17 Jahre Heirats-
verbot für die Diener – Unzählige uneheliche Kinder am Hof
des christlichen Kaisers – Die Hofburg soll abgesperrt werden

Der wohlgeordnete, gut funktionierende Hof des alten Kaisers glich
in nichts dem Hof, den der junge Franz Joseph am 2. Dezember
1848 übernahm, als er die politische Bühne betrat. Als er den Hof
übernahm, herrschte noch der Geist des Ancien Régime. Auch der
Kaiser selbst wurde noch in einem völlig anderen Verständnis auf
seine Aufgaben als Herrscher vorbereitet. Und doch sollte er es
sein, der wie kein anderer seiner Vorgänger auf die Anforderungen der neuen Zeit reagieren musste. Franz Joseph hatte mit dem
Verlust der italienischen Provinzen, der Autonomie Ungarns, dem
Verlust der Führungsrolle Österreichs im Deutschen Bund, der
Mitbestimmung eines Parlaments und nicht zuletzt auch großen
persönlichen Veränderungen innerhalb der Dynastie zurechtzu-
kommen.

Jahrzehnte und viele persönliche und politische Niederla-
gen später war Franz Joseph ein Herrscher, der sich ganz den
Anforderungen der modernen Zeit gebeugt hatte. Wie kaum ein
anderer Herrscher verfügte Kaiser Franz Joseph über eine geradezu erstaunliche Anpassungsfähigkeit. Was unausweichlich sein
musste, wurde akzeptiert, mochte es auch noch so sehr gegen
die persönliche Einstellung sein – ein wehmütiger Blick zurück
passte nicht zu Franz Joseph. Prinzessin Marie Hohenlohe, die
Witwe seines bedeutendsten Obersthofmeisters, die den Kaiser
über mehr als 50 Jahre aus nächster Nähe beobachten konnte,
schrieb 1913 über ihn: *„Er hat zu viele Katastrophen erlebt, die ihn*

zum modernen Menschen umgestempelt haben. Seine Kindheit und Jugenderinnerungen müssen tief eingesargt in seinem Gedächtnis ruhen, als wäre es ein anderer gewesen, der zum kindlichen Handkuss bei Kaiser Franz sich einfand, und unter Radetzky die Feuertaufe empfing." [12]

Dass Kaiser Franz Joseph seine Hofgebäude zur Gänze übernehmen konnte, grenzt an ein Wunder, denn zwei Monate vor seiner Thronübernahme war ein Brand in der Hofburg ausgebrochen, der nur durch den mutigen Einsatz kaisertreuer Wiener gelöscht werden konnte. Im Lauf des 31. Oktober 1848, dem Tag der Einnahme Wiens durch Feldmarschall Alfred Windisch-Graetz, brach in der Hofbibliothek ein Feuer aus. Ob es sich um einen Sabotageakt oder Unachtsamkeit gehandelt hatte, konnte nicht geklärt werden. Anton Thiel, anwesender Rechnungsrat der Hofbuchhaltung, schrieb für den Kaiser nachträglich einen Bericht über die Löschmaßnahmen, der zeigt, dass der Hof weder irgendwelche Notfallpläne für derartige Katastrophen bereit hatte, noch dass das Hofpersonal im Stande war, in Extremsituationen gemeinsam an einem Strang zu ziehen. Die Höflinge sahen völlig hilflos dem Brand zu und scheiterten – ohne Führung durch einen kompetenten Vorgesetzten – an der Koordination der Löscharbeiten. Die zahlreichen neugierigen Wiener, die zur Brandstelle liefen, sahen kopflose überforderte Höflinge, die bis auf einen nicht auf die Idee kamen, die herumliegenden Wasserspritzer zu benutzen. Erst das beherzte Eingreifen eines Passanten, der dem Treiben nicht mehr zusehen konnte, änderte die Situation. Ein dem Bericht nach einfacher Mann rief plötzlich in die Menge: *„Wer es gut mit dem Hause Österreich meint, kommt mit mir, wir können die Burg retten."* [13] Die helfenden Bürger rissen die Leitung der Löscharbeiten an sich, wiesen die Höflinge an, Eimer herbeizuschaffen, formierten herbeigerufene Passanten zu Löschtrupps und rannten mit ihren Helfern zwischen Hof und zweitem Stock, wo sich der Feuerherd befand, mit abwechselnd vollen und leeren Eimern rauf und runter, weil immer noch zu wenig Menschen anwesend waren, um eine Schlange zu bilden. Wo sich zu diesem Zeitpunkt die sonst unzähligen Diener und Beamten befanden, die in der Burg wohnten, konnte auch im Nachhinein nicht geklärt werden. Erschwert wurde die Arbeit der kompetenten Freiwilligen dadurch, dass sich unter den höfischen Hilfskräften auch *„Individuen aus Ständen darunter befanden, wel-*

che derlei Arbeiten ungewohnt sind."[14] Gegen zehn Uhr abends war das Feuer gelöscht – was ausschließlich den herbeigeeilten und beherzten Wienern zu verdanken war.

Der Hofburgbrand zeigte deutlich, dass der Hof, den der junge Kaiser übernahm, Extremsituationen nicht gewachsen war. Fehlende Notfallpläne, mangelnde Eigeninitiative, vor allem aber eine lähmende Laschheit bestätigten die Vorurteile des Volkes gegen den Hof. Für die meisten Wiener waren Hofstellen reine Versorgungsposten. Leistung zählte weniger als Treue zum Kaiserhaus, und die Umständlichkeit der Hofbehörden war in Wien berüchtigt.

Der Hof von Kaiser Franz Josephs Vorgänger, Kaiser Ferdinand I., war ein Relikt aus dem 18. Jahrhundert. Reformen waren überfällig. Die Verwaltung war völlig überaltert, die Administration ineffizient. Einen Überblick über die wesentlichsten Abläufe hatte nicht einmal das Obersthofmeisteramt. Die lange Liste der Beschwerden und Verwarnungen zeigt, wie sehr eine straffe, vor allem aber achtsame Führung fehlte. Standen zwar schon unter Kaiser Franz I. (II.) (1792–1835) Nachlässigkeiten auf der Tagesordnung, kippten während der Herrschaft Kaiser Ferdinands (1835–1848) Arbeitsmoral und Personalaufsicht völlig. Hofbedienstete, die ihren Dienst überhaupt nicht mehr oder unter grober Missachtung jeglicher Vorschriften verrichteten, mussten entlassen werden – was nicht nur ein schlechtes Bild auf die Entlassenen warf, sondern auch auf deren Vorgesetzte. Ihnen entgingen Missstände, sie griffen erst bei massiven Problemen ein und konnten dann nur mehr Entlassungen vornehmen – an sich ein Tabu am Kaiserhof. Gerade Entlassungen, die in Zusammenhang mit mangelnder Kontrolle durch Vorgesetzte standen, konnten nicht alleine dem niederen Personal zugerechnet werden, hier vernachlässigten die höheren Beamten massiv ihre Aufsichtspflicht, denn das heute übliche Prinzip der Eigenverantwortlichkeit konnte gerade bei einem patriarchalischen Hof, der selbst in das Privatleben seiner Hausmitglieder durch Vorschriften eingriff, nicht vorausgesetzt werden. Dass am ferdinandeischen Hof die linke Hand nicht wusste, was die rechte tat, zeigt eine Instruktion aus dem Jahre 1842: *„Wegen Verbrechen, Vergehen oder Vernachlässigung entlassene Individuen dürfen auch nicht als Diurnist (tageweise angestellte Person, Anm.) verwendet werden.*"[15] Wer entlassen wurde, konnte ohne Wissen der Hauptstelle bei einer anderen Hofstelle als Hilfsarbeiter wieder aufgenommen werden. Fehlender Überblick machte Entlassungen und Strafen wirkungslos.

Kaiser Franz Joseph übernahm von seinem Onkel Kaiser Ferdinand („der Gütige"), dem in breiten Teilen der Bevölkerung beliebten, relativ aufgeschlossenen, aufgrund seiner schweren Epilepsie aber eingeschränkten Herrscher, zu einem Zeitpunkt den Thron, als neben der permanenten Gefahr einer weiteren Revolution das Reich auch immer knapp vor einem Staatsbankrott stand. Franz Joseph musste erleben, dass seine Familie vor den Wiener Aufständen nach Tirol floh, und sehen, wie das Volk das Gottesgnadentum der Habsburger in Frage stellte. Fernab der Residenzstadt in Olmütz wurde er zum neuen Kaiser proklamiert. Von Beratern hielt der junge Monarch wenig. Er hatte gesehen, wohin die politische Bevormundung seinen Vorgänger gebracht hatte, und verbat sich schon als Achtzehnjähriger jegliche ungefragte Meinung.

Franz Joseph vertraute in seinen ersten zehn Jahren nur zwei Männern: Fürst Felix Schwarzenberg, seinem bereits 1852 verstorbenen Ministerpräsidenten, der seinem Reich einen straffen Zentralismus verordnete, und Graf Karl Grünne, seinem früheren Kammervorsteher, dem späteren allmächtigen Chef seiner Militärkanzlei, dem gefürchtetsten und meist gehassten Mann am Hof des jungen Kaisers.

Graf Grünne war die widersprüchlichste Gestalt, die jemals in der Umgebung des Kaisers zu finden war. Er war ganz Militär, roh, rücksichtslos in seinem persönlichen Ehrgeiz, direkt bis zur Unhöflichkeit, intrigant und falsch, gleichzeitig aber schonungslos offen, wenig konfliktscheu, kein aalglatter Höfling, der sich mit dem Wind drehte. Seinem jungen Kaiser war er bedingungslos ergeben. Seine Freunde rühmten seine direkte Art und schonungslose Offenheit, der Rest des Hofes hielt ihn für machtbesessen, ungebildet und ungehobelt. Die Hofdame Therese Fürstenberg erinnert sich: *„Er war in höchstem Grade ungebildet wie so viele Offiziere seiner Zeit, aber ein Pfiffikus ohnegleichen, ein wahrer Fuchs. Schlau im Verkehr am Hofe, grob und rücksichtslos dagegen Leuten gegenüber, die er nicht zu schonen brauchte. Seine Freunde nannten ihn deshalb einen ungeschliffenen Diamanten."* [16]

Graf Grünne stieß während des Tiroler Exils zur Kaiserfamilie. Er war zu diesem Zeitpunkt 40 Jahre alt, bereits bei Hof tätig und bisher durch nichts außer durch einen eiskalten Loyalitätsbruch aufgefallen. Bevor Grünne zum jungen Franz Joseph stieß, war er Obersthofmeister des Palatins von Ungarn, Erzherzog Stephan, der bei Ausbruch der Revolution zwischen die Fronten geriet. Die Ungarn forderten Unabhängigkeit von Wien, der Wiener Hof aber eine strikte Beibehaltung des Status quo. Als Erzherzog Stephan den Aufständischen Zugeständnisse machte, quittierte Graf Grünne theatralisch seinen Dienst und begab sich zur kaiserlichen Familie ins Innere Exil – wohl wissend, dass hier künftig die Macht liegen würde, vorausgesetzt freilich die Revolution würde niedergeschlagen werden.

Nicht nur die Mutter Franz Josephs, auch die konservativen Militärs im Umkreis der kaiserlichen Familie waren von Grünnes demonstrativer Ablehnung jeglicher Zugeständnisse an Revolutionäre begeistert und sollten von nun an seine größten Unterstützer bei Hof werden. Dass er seinen bisherigen Herrn eiskalt im Stich gelassen und bloßgestellt hatte, darüber wurde hinweggesehen. Graf Grünne, der flugs zum Kammervorsteher Franz Josephs ernannt wurde, spann im Hintergrund eifrig die Fäden für seinen neuen jungen Herrn.

Kaiser Ferdinand, der entgegen später einsetzenden Negativberichten alles andere als debil war, verzichtete nur unwillig auf seinen Thron, sein berühmter Sager „Hab' ich gern g'macht" darf der späteren Mythenbildung zugerechnet werden. Gegen die Überzeugungskraft seiner engsten Familie und seiner Umgebung kam der nachgiebige Kaiser nicht an, er überließ seinem Neffen den Habsburgerthron.

Als neuer Kaiser war Franz Joseph nun auch Herr über den Wiener Hof. Doch nicht nur der Staat, auch der Hof steckte in einer tiefen Krise. Die erste Schreckensmeldung für den Kaiser kam von seinem Finanzminister Freiherr von Krauss. Der Staatshaushalt war derart miserabel, dass dringend Neueinnahmen nötig waren. Das Militärbudget verschlang den Großteil der Steuern, ein Staatsbankrott hing der Luft. Auch Graf Grünne, der interimistisch den Hof leitete, bis Franz Joseph einen Obersthofmeister zu ernennen gedachte, erhielt ein Schreiben vom Finanzminister. Der Inhalt war kurz und bündig: Wenn der Hof nicht sofort auf ein zeitgemäßes Maß zurückgestutzt würde, könne eine Aufrechterhaltung des Betriebes nicht gewährleistet werden, denn der marode Staatshaushalt verbiete jegliche Extrazuschüsse an den Hof.

Graf Grünne handelte sofort. Der energische Brief des Finanzministers gab ihm den Anlass, beim Kaiser eine Untersuchungskommission durchzusetzen. Grünne hatte schon lange ein kritisches Auge auf die Höflinge. Das Selbstverständnis manch alter Hofwürdenträger, die umständliche Erledigung der Administration und die althergebrachten Rechte und Genüsse der Hofbeamten waren dem spartanischen und direkten Militär ein Dorn im Auge.

Der Kaiser beauftragte Graf Grünne, den Hof einer intensiven Prüfung zu unterziehen. Nicht nur die Ausgaben sollten gründlichst überprüft werden, auch über die Arbeitsweise innerhalb der Hofadministration wünschte der Kaiser auf das Genaueste unterrichtet zu werden.

Vier Wochen vertieften sich Grünne und die von ihm ausgewählten Hofbeamten der Kommission in den Ablauf der Hofadministration. Sie verfolgten Aktenläufe, lasen sich in die Korrespondenzen sämtlicher Hofstäbe ein, prüften die Verwaltungsabläufe, von den Erlässen der Direktoren bis zu den Ergebnissen erlassener Vorschriften auf den untersten Ebenen, auf ihre Effizienz. Grünne selbst beobachtete aufmerksam die Leiter der obersten Hofbehörden und versuchte sich ein Bild ihrer Eignung für die von ihnen besetzten Positionen zu machen. Kein Wort drang während dieser Zeit aus dem Kreis der Prüfer, nicht einmal der Kaiser erhielt einen Zwischenbericht.

Im April 1849 präsentierte Graf Grünne dem Kaiser ein ehrliches, scharf geschriebenes Memorandum über den Zustand seines Hofes, das den Kaiser erschaudern ließ und die tiefgreifendste Reform der letzten 200 Jahre des Wiener Hofes nach sich zog.[17] Durch die Ergebnisse der Untersuchungskommission wurden Abgründe in der Hofverwaltung sichtbar, die zeigten, dass nicht nur Einsparungen nötig waren, sondern auch die gesamte Form des damaligen Administrationsablaufes in Frage zu stellen war.

Die Hofverwaltung hatte keinerlei einheitliche Struktur, die einzelnen Stäbe arbeiteten nicht nur gegeneinander, sondern waren so verfeindet, dass just jene Entscheidungen getroffen wurden, die anderen Abteilungen Probleme verursachten. Die Vorstände vieler

Abteilungen bekämpften sich bis aufs Blut und scheuten auch vor drastischen Mitteln nicht zurück. Schon unter Kaiser Ferdinand hatten sich die Abteilungsleiter mit Anzeigen überschüttet – denen die Wiener Polizei hilflos gegenüberstand, da ihre Befugnis beim Kaiserhof endete und die Hofführung keine Skandale wünschte. Grünne warf den verantwortlichen Beamten vor, durch leichtsinnige und vor allem sehr kurzsichtige Führung das ohnehin knappe Budget weiter geschmälert zu haben. Er konnte systematische Bereicherungen einzelner Stäbe nachweisen und schimpfte über die Dummheit mancher Beamter – ihre wenig durchdachten Anordnungen wären die Ursache für Verschwendung. Doppelt- und Dreifachkorrespondenz der Stäbe untereinander, so schrieb er, verhinderten eine effiziente Arbeitserledigung.

Karl Graf Grünne war bekannt für seinen rohen Umgang. Er beließ es nicht bei der Administration. Er ging auch mit den obersten Hofchargen, Männer von höchstem Adel, hart ins Gericht, die *„da sie in ihrer Sache nicht immer sehr gewändig bewandert, oft aber auch mit anderen Ämtern überhäuft sind – sich zuweilen verleiten lassen, Manches zu thun und mit dem Gewicht ihres Namens zu vertreten, was besser unterblieben wäre."*[18]

Die Geldverschwendung war enorm, die kostspieligsten Abteilungen agierten am leichtsinnigsten, das Hofquartieramt, das die hofeigenen Wohnungen der Hofgesellschaft und der Bediensteten vergab, arbeitete mit großem Minus, da jedes Jahr ohne Grund aufs Neue Wohnungen getauscht wurden – die vor jeder Neuvergabe teuer renoviert wurden. Das Hofbauamt wiederum begann häufig ohne erkennbaren Grund an der Hofburg zu bauen und hielt sich unzähliges Baupersonal, nur um bei Bedarf genügend Männer bei der Hand zu haben. Kostbare Möbel verschwanden auf wundersame Weise, sobald sie in ein anderes Schloss gebracht werden sollten, weil die Kostbarkeiten ohne Quittungen ausgegeben wurden, wie Grünne erbost schrieb. Die unzähligen Hofparteien, die im Sommer zu Kurzwecken ein Quartier in den Hofgebäuden in Laxenburg und Baden erhielten, hinterließen nach Ende der Sommermonate stets devastierte Wohnungen, die das zuständige Hofamt jedes Jahr um viel Geld wieder renovieren musste, ohne dass sich jemals ein Verantwortlicher bereitfand, diese Zerstörungen zu ahnden – stattdessen ließen sie das Hofzahlamt die Rechnungen bezahlen.

Im Zusammenhang mit der gründlichen Überprüfung des Hofquartieramtes erlebten Grünne und sein Untersuchungsteam eine Überraschung: In den entlegeneren Hofgebäuden wie Schönbrunn, Laxenburg und Augarten lebten zum Großteil Menschen, die niemals bei Hof beschäftigt waren oder in einem Verwandtschaftsverhältnis zu Hofbediensteten standen. Wie diese „Schwarzmieter" zu ihren Wohnungen kamen, war schnell geklärt: Die unzähligen Beamtenwitwen hatten sich in ihre großen Wohnungen oft Untermieter genommen, die nicht nur ihre karge Pension aufbesserten, sondern auch für Ansprache sorgten – gemeldet wurden diese Mieter in den seltensten Fällen, und wenn, dann als Neffen oder Nichten. Meist kontrollierten die zuständigen Beamten nicht einmal die Verwandtschaftsverhältnisse. Über die Jahre und Jahrzehnte fanden sich nun ganze Familien ein, die nicht zum Hof gehörten – die Wohnungen waren nach dem Tod der wirklichen Mieter einfach weiter bewohnt worden. Das zuständige Hofquartiersamt fühlte sich nie bemüßigt zu kontrollieren. Der Hof, der permanent mit Wohnraummangel kämpfte und manche seiner Hofbediensteten rund um die Burg einmieten musste, hatte hofferne Mieter, die aufgrund der fehlenden Kontrolle gratis wohnten.[19]

Auch mit der Organisation des Sicherheitspersonals des Hofes und der Hofburgwache, war Grünne unzufrieden. Auf viele verschiedene Hofstellen verstreut unterstanden sie nicht einem einzigen Vorgesetzten, sondern gleich mehreren. Das machte eine einheitliche Disziplinierung unmöglich – was umso wichtiger gewesen wäre, als gerade nach der Revolution die Absicherung der Hofburg oberste Prämisse war. Das Wachpersonal hatte aber auch eine weitere wichtige Aufgabe. Es musste dafür sorgen, dass es nicht zu „Verschleppungen" von hofeigenen Dingen kam – denn die Verluste durch Diebstahl waren enorm. Vor allem teures Brennholz und tägliche Bedarfsmittel wurden in großen Mengen aus dem Hof geschafft und in der Stadt verkauft. Auch die Garden, die für die äußere Sicherheit zuständig waren, wurden effizienter gestaltet. Eine neue, vor allem aber wirksame Alarmvorschrift wurde unverzüglich ausgeordnet – das Letzte, was der Hof brauchen konnte, waren Gardisten, die bei einem weiteren Ernstfall den Hof nicht vernünftig schützen konnten.[20]

Das größte Problem des Hofes aber war die Personalfrage – sowohl die Personalkosten als auch die Arbeitsmoral waren die wesentlichsten Schwachstellen der Verwaltung. Schon damals waren Gehälter und Pensionen der Hofbediensteten der größte Posten der Kosten des Hofbetriebes. Dabei waren nicht die Löhne das Problem, denn die waren sehr niedrig, wurden aber durch Zusatzleistungen des Hofes abgefedert. Das wahre Problem war die übergroße Zahl der Beschäftigten. Der Hof hatte zu viele Angestellte, vor allem aber schlecht qualifiziertes Personal – eine Folge des übermäßigen Nepotismus der letzten Jahrzehnte. Bei Neuanstellungen wurden Personen bevorzugt, die auf Empfehlung eines einflussreichen Gönners kamen, oder Verwandte von Hofbeamten und Dienern. Eventuelle Qualifikationen wurden nicht überprüft. So waren unzählige Personen in den Hofdienst aufgenommen worden, die weder die erforderlichen Kenntnisse für ihre Arbeit hatten, noch – sobald sie aufgenommen worden waren – ein angemessenes Verhalten im Dienst an den Tag legten. Am schlimmsten fand Grünne jedoch die Tatsache, dass es eine – wenn auch nie festgeschriebene – automatische Dienstvorrückung gab und damit auch ein Aufstieg der nicht fähigen Beamten gang und gäbe war. Dadurch fand man nun auf wichtigen Plätzen unzulängliche und, wie Grünne schrieb, *„wenig vertrauenswürdige Individuen"*.

Vor allem mit der Praxis der Pensionierung als disziplinarischer Maßnahme bei arbeitsunwilligen Dienern sollte nun endgültig gebrochen werden. Es war bei Hof üblich, jene Hofbeamten, die aufgrund ihrer mangelnden Arbeitsleistung untragbar schienen, nach mehrmaligem Verweis als Strafe in Pension zu schicken. Da der Pensionsantritt bei sämtlichen Hofangestellten mit einem radikalen Einkommensverlust verbunden war – in der Regel betrug die Pension nur ein Drittel des Einkommens, was vor allem bei den extrem niedrigen Löhnen vieler Diener und Knechte kaum zum Überleben reichte –, war dies eine gefürchtete Maßnahme. Zur Mitte des 19. Jahrhunderts, als der Hof noch nicht über jene Sozialsysteme verfügte, die seine letzten 40 Jahre kennzeichneten, wurde eine Pensionierung nicht freudig erwartet, sondern im Gegenteil so lange wie möglich hinausgezögert. Folgte der Hof nun weiterhin dem Grundsatz, faule Arbeiter als Strafe zu pensionieren, so würde auch in Zukunft diese Maßnahme das Hofbudget weiterhin doppelt belasten. Denn einerseits bekämen diese Personen ja eine kleine Pension, Kosten verursachten sie also weiterhin, und andererseits würden sie sich, da sie von so wenig kaum leben konnten, in die zahlreichen Gnadengesuche an den Kaiser einreihen und dadurch wiederum das Hofbudget belasten – denn Gnadengesuche aufgrund einer sozialen Notlage wurden niemals abgelehnt.

Grünne forderte eine administrative Totalreform des Hofes. Nur mehr ein Stab sollte die gesamte Organisation des Hofes führen dürfen, das Obersthofmeisteramt sollte zur Zentralstelle des Hofes werden und sämtliche Verwaltungsangelegenheiten eigenständig und umfassend verwalten. Überzähliges Personal sollte umgehend abgebaut, die Arbeitsmoral gestärkt werden. Um der Verschwendung Herr zu werden, mussten sämtliche Rechnungsbewilligungen an eine Stelle wandern. Keine Abteilung außer der Direktion des Obersthofmeisteramtes würde mehr selbstständig Rechnungen in Auftrag geben dürfen.

Grünne verlangte auch einen Abschied von jahrhundertealten Administrationseinteilungen und ein starkes Durchgreifen in den Verwaltungsmängeln. Kein Hofwürdenträger hatte jemals so deutliche Worte über die Unfähigkeit der Hofverwaltung einem Kaiser gegenüber gebraucht wie dieser erste Vertraute des Kaisers. Er war Franz Joseph gegenüber ernüchternd ehrlich und schonte in seiner Kritik auch seine Standesgenossen nicht. Wie wenn er ein Zögern des Kaisers befürchtet, den jahrhundertealten Hof seiner Vorfahren zu verändern, schloss Graf Grünne seinen schriftlichen Vortrag an den Kaiser mit den Worten: *„Die jetzigen Zeitverhältnisse sind aber so ernst und dringend, dass die bloße Rücksicht für das Alter einer Form nicht mehr hinreichen dürfte, deren Fortbestand, wenn sie offenbar schädlich ist, zu schützen."* [21]

Der junge Kaiser reagierte auf den alarmierenden Bericht seines Vertrauten sofort. Er ließ unverzüglich eine Neueinteilung der wesentlichsten Hofagenden einleiten. Die mehr als 600-jährige Grundeinteilung des Hofes in vier Stäbe – Obersthofmeisterstab, Oberstkämmererstab, Obersthofmarschallstab und Oberststallmeisterstab – wurde beibehalten, jedoch wanderten nun alle kostspieligen, mit der Verwaltung und Finanzierung des Hofes auch nur im Entferntesten im Zusammenhang stehenden Agenden unverzüglich zum Obersthofmeisterstab, der nun mit Abstand wichtigsten und mächtigsten Stelle des Hofes. Die gesamte Personalverwaltung, die vorher auf vier Stäbe aufgeteilt war, die Finanzverwaltung, vor allem aber die nun erteilte Oberaufsicht über die Geldgebarung und Budgetzuteilung der restlichen drei Stäbe, diese wichtigsten Agenden machten aus dem Obersthofmeisterstab eine Megabehörde des Hofes. Der Hof wurde von nun an streng zentralistisch verwaltet, die Gleichwertigkeit der vier Stäbe in Personalangelegenheiten und ihre Souveränität in ihrer Finanzgebarung gehörten nun der Vergangenheit an. Der Obersthofmeister als Chef dieses Stabes erhielt mit Amtsantritt Kaiser Franz Josephs eine Machtfülle wie nie zuvor. Nach Abschluss der Reform durften die anderen Stäbe nur mehr ihre Spezialagenden behalten – der Oberstkämmererstab war nun nur mehr für die Kunstagenden und den Hofzutritt zuständig, der Obersthofmarschall, der davor auch große Teile des Wachpersonals administriert hatte, wurde zur reinen Rechtsbehörde. Der Oberststallmeister war für die kaiserlichen Gestüte, die Pferdehaltung und die Wagenburg zuständig, durfte aber zumindest sein Stallpersonal selbst verwalten.

Gleichzeitig mit der Ankündigung einer umfassenden Hofreform erließ Graf Grünne auch eine ganze Reihe von Verboten, aus denen man auf die Zustände bei Hof schließen kann. Grünne erinnerte mittels allgemeinen „Circularien", Weisungen, die an alle Hofstellen geschickt wurden und allen Bediensteten nachgebracht werden mussten, daran, dass zum Beispiel Hoffahrzeuge nicht für Privatfahrten verwendet werden durften. Ganze Familien und Freundeskreise waren mit Hofwagen in Wien und Umgebung herumkutschiert. Dienstreisen wurden verwendet, um sich gleich mit der gesamten Familie auf Reisen zu begeben. Manche Beamte, die regelmäßige Fahrten unternehmen mussten, hatten regelrechte Fahrtuntermieter, die Hofwagen fungierten widerrechtlich als Taxis. Um derartiges Fehlverhalten gar nicht erst weiter zu forcieren, befahl Grünne, dass für Dienstfahrten der Beamten nur mehr einsitzige Wagen verwendet werden durften – wo kein weiterer Platz war, konnte auch niemand mitgenommen werden.

Ein großes Problem hatte der Hof mit seinem Außenauftritt. Schlecht bezahltes Personal, vor allem Kutscher, Türhüter und Diener, bettelte um Trinkgelder. Durch die extrem niedrigen Löhne, die der Hof seinen Dienern zahlte, hatte es sich eingebürgert, dass das Personal für Aufgaben, die völlig innerhalb seines Aufgabengebiets waren, regelmäßig Trinkgelder erhielt. Vor allem die kaiserliche Familie steckte jenen Dienern und Kutschern, die ihnen behilflich waren, regelmäßig einige Kreutzer zu. Das niedrige Personal, das durch diesen freigiebigen Umgang mit der kaiserlichen Familie verwöhnt war, hatte begonnen, Trinkgelder als fixe Gehaltszulage zu verstehen, und hielt nun bei jedem Besucher, ob beim Kaufmann, der einen Termin bei der Hofverwaltung hatte, oder beim höchsten Besucher auf penetrante Weise die Hand auf. Die Beschwerden der Hofbesucher bei der Hofverwaltung häuften sich – eine peinliche Situation für den Hof. Der erste Eindruck, den ein Besucher erhielt, waren bettelnde Höflinge. Bis ein Besucher zu seiner gewünschten Stelle durchdrang, hatten sich ihm mindestens acht Hände entgegengestreckt. Vom Kutscher bis zum Türhüter, vom Diener, der ihn zu der Abteilung brachte, wo er hin wollte, bis zum Amtsdiener – alle hielten die Hand auf. Eine mit Kleingeld gut gefüllte Börse schien für einen Hofbesuch unabdingbar zu sein. Graf Grünne stellte unmissverständlich klar, dass Bettelei auf keinen Fall mehr geduldet wurde und mit harten Strafen zu rechnen war.

Bei den Auswüchsen einer anderen Aufdringlichkeit war die kaiserliche Familie nicht ganz unschuldig. Für die persönlichen Belange und Probleme der engsten Dienerschaft hatten die hohen Herrschaften meist ein offenes Ohr. Hofbedienstete, die ihre Kinder mit Stellen versorgt wissen wollten, kranke Verwandte, die Geld brauchten, Wintermäntel für kinderreiche Familien, um alles wurden die Erzherzöge und Erzherzoginnen gebeten. Da sie zu den Bittstellern einen persönlichen Bezug hatten, aus christlicher Überzeugung heraus auch wirklich helfen wollten, versuchten sie stets den Bitten nachzukommen Bei kleineren Beträgen oder Sachspenden halfen sie sofort, wenn es um Versorgungsposten oder Versetzungswünsche ging, mussten sie sich an die höheren Beamten des Obersthofmeisters wenden, die dadurch in Gewissenskonflikte getrieben wurden. Ein Beamter wollte einer kaiserlichen Hoheit gegenüber natürlich nicht ablehnend sein, man konnte ja nie wissen, gleichzeitig hatten sie ihre strikten Vorgaben. Selbst wenn ein Beamter mutig einen Protektionswunsch ablehnte, konnte er sicher sein, dass sein Vorgesetzter freudig einem Verwandten des Kaisers einen Wunsch erfüllen würde – der Protektion, wie sie Grünne anprangerte, war durch diese Mischung aus gutmütiger Hilfeleistung und persönlichem Eingreifen in die Besetzungspolitik Tür und Tor geöffnet. Grünne ermahnte alle Hofbediensteten sofort aufzuhören, Bittgesuche an die hohe Familie persönlich zu richten, und ließ auch bei persönlichen Vorsprachen der Erzherzöge höflich, aber bestimmt wissen, dass nur auf dem üblichen Amtsweg um eine Stelle angesucht werden könne. Selbst die Kaiserinmutter, die sich für einen jungen Militär einsetzte, ließ er abblitzen.[22] Er machte sich mit diesen Maßnahmen noch unbeliebter, als er bereits war, erhielt vom Kaiser aber volle Rückendeckung. Nur in Ausnahmefällen, wenn sich etwa Erzherzogin Sophie eine bestimmte Zofe wünschte, also im privatesten Umfeld, ließ er Personalwünsche zu. Bei administrativen Stellen durften keine Stellengesuche, die nicht auf dem üblichen schriftlichen Weg bei der zuständigen Stelle eintrafen, in Betracht gezogen werden. Auch durfte dem Kaiser kein Bittgesuch mehr persönlich in die Hand gedrückt werden. Jeder Kutscher, jeder Saaltürhüter, dem der Kaiser begegnete, hatte dem neuen Monarchen eine Bittschrift in die Hand gedrückt. Die Hofbediensteten wurden ermahnt, Gesuche ausschließlich dem Obersthofmeisteramt zu übergeben, auf keinen Fall mehr jedoch dem Kaiser direkt.[23]

Dass auch hochgestellte Persönlichkeiten aus Adel und Bürokratie versuchten, sich mit dem Gewicht ihres Namens Versorgungsstellen mittels Protektion zu schaffen beziehungsweise ihre Schützlinge versorgen wollten, sollte es freilich bis zum Ende der Monarchie geben, doch zumindest eine Stellenbesetzung, die ausschließlich auf Beziehungen zurückzuführen war, hörte mit Franz Josephs Herrschaftsantritt auf.

Mit einer Forderung stieß Graf Grünne beim Kaiser allerdings auf taube Ohren. Franz Joseph weigerte sich Entlassungen vorzunehmen. Er konnte sich gerade noch dazu durchringen, alte Kanzleivorstände, die den nun einsetzenden Reformen nicht mehr gewachsen waren, in frühzeitigen Ruhestand zu schicken – natürlich in allen Ehren und mit Verleihung eines Adelsprädikates, man wollte den treuen Beamten ja schließlich eine schlechte Nachrede ersparen. Diese soziale und moralische Verpflichtung Kaiser Franz Josephs gegenüber seinen Hofbediensteten, seiner Hausgemeinschaft wog stärker als alles andere. Wenn gespart werden musste, so sollte man damit eher heute als morgen beginnen, doch ein christlicher Herrscher verstieß in Kaiser Franz Josephs Ehrenkodex niemals Mitglieder seines Hofes. Den Spruch Kaiser Josephs II. über seine Hofdiener: *„Ich brauche sie nicht, aber sie brauchen mich"*, hatte auch der junge Franz Joseph verinnerlicht.

Um die Finanzen des Hofes stand es auch nach der großen Hofreform schlecht. Die Hofstaatsdotation reichte in den ersten zehn Jahren der Regierung Kaiser Franz Josephs nicht aus. Regelmäßig musste der Finanzminister Zwischenzahlungen anweisen, oftmals schon drei Monate, nachdem das Jahresbudget überwiesen worden war. Exkaiser Ferdinand erhielt den Großteil jenes Hofbudgetpostens, der für die Apanagen der kaiserlichen Familie festgesetzt worden war. Als gekröntem Herrscher standen ihm 500.000 Gulden jährlich zu – auch nach seinem Rückzug nach Prag dachte Ferdinand nicht daran, zugunsten seines Neffen auf seine Apanage zu verzichten.

Stärker noch als die Apanage wog die Tatsache, dass Kaiser Ferdinand den größten Teil des Privatvermögens Kaiser Franz I. weiterhin in seiner Obhut hatte. Als Exkaiser musste er seinem Nachfolger zwar die Kontrolle über das Hofvermögen und den Familienversorgungsfonds überlassen, da nur der regierende Herrscher darüber die alleinige Verfügungsgewalt hatte, das riesige Privatvermögen Kaiser Franz I. (II.), das auch sonst immer der nächste Herrscher erhielt (nur eben nach dem Tod des Vorgängers, was bei Ferdinand und Franz Joseph wegen des Thronverzichts nicht gegeben war – bei einer Abdankung musste der ehemalige Kaiser aber keinesfalls sein Privatvermögen abgeben), behielt Ferdinand jedoch.

Der reichste Mann der Familie war in diesem Fall nicht wie sonst der Kaiser, sondern sein Onkel, der Exkaiser. Es gab immer Vermutungen, dass es zwischen Franz Joseph und Ferdinand einen regeren Kontakt gab, als nach außen signalisiert wurde – angebliche geheime Blitzreisen des Kaisers zu seinem Onkel nach Prag in den ersten Regierungsjahren wurden zwar häufig angedeutet, belegbare Quellen ließen sich jedoch nie finden. Diese vor allem von tschechischen Forschern stets vermuteten Reisen [24] können keinem anderen Zweck gedient haben, als dem reichen Ferdinand finanzielle Unterstützungen abzuschmeicheln. Die Protokolle des Hofes haben jeden noch so kleinen Schritt des Kaisers in den 68 Jahren seiner Herrschaft dokumentiert, nur für die angeblichen Reisen Franz Josephs nach Prag lassen sich keine Aufzeichnungen finden. In der Handschriftensammlung der Wiener Stadtbibliothek findet sich jedoch ein verräterischer Brief Graf Grünnes an Feldzeugmeister Graf Khevenhüller: *„Sr. Majestät kommen mor-*

gen den *7.ten* um 12:0 Mittags nach Prag und befehlen 4 vierspän-
nige Postzüge am Bahnhof bereit zu halten um ohne Aufenthalt den
Weg nach Töplitz fortsetzen zu können. Ebenso sind sogleich nach
Erhalt dieses Briefes durch einen eigenen Courier die Postpferde auf
der Route bis Töplitz zu stellen und im Gasthof zur Stadt London
daselbst Quartier zu bestellen. Alles in strengstem incognito – jedwe-
ger Empfang ist daher verboten!"[25] In Auftrag gegeben wurden die
Anweisungen erst am Vortag, Grünne hatte extra dazugeschrieben
„in chiffre", er ließ den Brief also verschlüsseln, damit niemand,
dem er in die Hände fiel, Information erhalten konnte.

Der Kaiser ist also im Kurort Teplitz, wo sich Ferdinand oft auf-
hielt, mit seinem Onkel und Vorgänger heimlich zusammengetrof-
fen und stieg auch noch in einem einfachen Landgasthof ab – ob
Ferdinand eine offene Börse für seinen Neffen hatte, darüber kann
nur spekuliert werden, noch 17 Jahre später, anlässlich des großen
Sparpakets des Kaisers, zierte sich Ferdinand, auf seine Apanage
kurzfristig zu verzichten. Von selbstloser Hilfe für den Neffen, der
auf Ferdinands Thron saß, kann also nicht ausgegangen werden.

Im Frühjahr 1849 ernannte Kaiser Franz Joseph seinen ersten
Obersthofmeister, bisher hatte sein Generaladjutant Graf Karl
Grünne diese Stelle interimistisch geführt. Grünne wollte sich,
nachdem er die Weichen für eine große Reform gestellte hatte,
wieder auf sein eigens für ihn geschaffenes Amt als Vorstand der
Militärzentralkanzlei zurückziehen – eine Stelle, die mehr seinem
übergroßen Ehrgeiz entsprach. Selbst wenn er es sich gewünscht
hätte, Grünne hätte schon rein aus formalen Gründen nicht Obersthofmeister werden können, musste dieser doch immer von fürstli-
chem Geblüt sein. Der Obersthofmeister hatte den ersten Rang bei
Hofe inne, er durfte als Einziger den Kaiser offiziell vertreten. Nur
ein Mann, dessen Abstammung so hoch war, dass er über der gesamten österreichischen Aristokratie stand, konnte die ranghöchste
Stelle bei Hof einnehmen – ein Mann niedrigeren Adels hätte
das komplizierte Rangsystem des Hofes durcheinandergebracht.

Die große Ehre, Obersthofmeister und damit mächtigster Mann
bei Hof zu werden, wurde Fürst Franz Liechtenstein aus der nicht-
regierenden Nebenlinie des Hauses zuteil. Liechtenstein war wie
Grünne stolzer Militär, hatte sein Netzwerk ebenfalls in den Militärs in und um die kaiserliche Familie, unterschied sich in seiner

Persönlichkeit jedoch grundlegend vom ehrgeizigen, kalten und zynischen Grünne. Liechtenstein war ein ruhiger, sanfter Charakter, Vater zweier Söhne, die etwas jünger waren als der Kaiser, und einer der beliebtesten Männer der damaligen Gesellschaft. Der jeweilige Obersthofmeister des kaiserlichen Hofes war nicht nur eine feste Größe in der aristokratischen Gesellschaft, sein Bekanntheitsgrad in Wien war vergleichbar mit jenem eines Bürgermeisters. Jeder Wiener kannte die Namen der Obersthofmeister und wusste von ihnen zu erzählen.

Im Laufe seiner Jahre als Obersthofmeister avancierte Liechtenstein zur populärsten Persönlichkeit des Wiener Lebens, zum *„höflichsten Grandseigneurs in ganz Österreich".* So berichtete der russische Gesandte bei Hof: *„Es gab weder bei Hofe, noch in der Gesellschaft einen liebenswürdigeren und aufmerksameren Menschen als den Fürsten Karl Liechtenstein ... Der Fürst Liechtenstein genoss bei allen Schichten der Wiener Bevölkerung eine seltene Popularität: Es gab, wie ich glaube, weder eine Verkäuferin noch einen Verkäufer in Wien, die ihn nicht kannten und nicht den Hut vor ihm zogen."* [26]

Fürst Liechtenstein war zum Zeitpunkt seines Amtsantritts 59 Jahre alt, durch sein großes Vermögen finanziell versorgt und lebte außer für seine höfischen Pflichten nur für zwei Dinge: für seine Kinder, die er über alles liebte, und den Reitsport nach englischem Vorbild, dessen Förderung in der Monarchie ihm am Herzen lag. Seine vier Töchter und zwei Söhne waren sein Ein und Alles. Selbst schon als Fünfjähriger zum Waisen gemacht, kompensierte er die in seiner Kindheit erfahrene mangelnde Fürsorge damit, dass er seine sechs Kinder mit Liebe überschüttete. Er förderte sie über das damals übliche Maß hinaus und ließ sie, und zwar Mädchen und Jungen, von den besten Lehrern in allen Sparten ausbilden – von Naturwissenschaft bis Kunst. Für seine Töchter kamen nur die höchsten Aristokraten als Heiratsbewerber in Frage. Jede seiner Töchter wurde mit dem Majoratserben eines fürstlichen Hauses verheiratet, für die Söhne wurden hohe Stellen bei Armee und Hof anvisiert. Die Folge dieser Mischung aus väterlicher Protektion, guter Heiratspolitik und eigener Spitzenherkunft und Spitzenstellung war ein einflussreicher und exzellent vernetzter Familienzirkel, um den 40 Jahre später niemand herumkam, der bei Hof Karriere machen wollte – und der später für viel Klatsch und Tratsch sorgen sollte. [27]

Bei Liechtensteins Amtsantritt waren die Weichen für die Umsetzung der großen Hofreform bereits gestellt, er selbst sorgte nur mehr für deren Umsetzung. Ein noch zu lösendes Problem erbte er aber von Graf Grünne: die übergroße Anzahl der Hofdiener, die reduziert werden musste, aber – als strikte Vorgabe des Kaisers – ohne Entlassungen. Um die immensen Kosten, die die riesige Menge an Livreedienern verursachte, in den Griff zu bekommen, griff Liechtenstein zum einzigen Mittel, das ihm zur Verfügung stand. Er überzeugte den Kaiser von einem mehrjährigen Heiratsverbot für die Livreedienerschaft. Diese auf den ersten Blick seltsam anmutende Maßnahme war bei genauerer Betrachtung die einzige Möglichkeit, eine langfristige Senkung der Personalkosten zu erreichen. Jeder verheiratete Hofbeamte und Diener hatte Anspruch auf Versorgung seiner Angehörigen, wenn er selbst dazu nicht mehr in der Lage war. Das bedeutete nicht nur, dass im Falle des Todes des Familienernährers die Witwen und Waisen Pensionen erhielten, sondern auch, dass bei geringer Besoldung der Kaiser bei den kinderreichen Familien mit Unterstützungsgeldern helfend eingreifen musste – und in der Regel hatte gerade das niedrige Personal weit mehr als drei Kinder. Wegen der niedrigen Löhne mussten fast alle Familien der Hofdienerschaft finanziell gestützt werden. Um zumindest diese Zusatzkosten der Hofdiener zu vermeiden, wurde ein allgemeines Heiratsverbot ausgesprochen, das so lange gelten sollte, bis sich die gewünschte Zahl an Hofdienern eingependelt hatte.[28]

Durch natürliche Abgänge wie Pension oder Tod sollte die Zahl der Dienerschaft reduziert werden, gleichzeitig aber nicht durch zahlreiche Familiengründungen der Unterstützungsfonds des Hofes geleert werden, was nur eine Verschiebung der Kosten bedeutet hätte. Dieses Heiratsverbot, das erst 1867[29] wieder aufgehoben wurde, war für die niederen Hofbediensteten sehr hart und führte nach neun Monaten zu einem Problem, mit dem nicht nur niemand gerechnet hatte, sondern das auch unsagbar peinlich war für den Hof: Man sah sich nämlich innerhalb eines Jahres mit einer großen Anzahl an unehelichen Kindern konfrontiert – und das an einem katholischen Hof! Das Obersthofmeisteramt machte eine sofortige Kehrtwendung. Wegen „dringender Gründe" durften Hofdiener heiraten, sie mussten allerdings einen Verzichtsrevers unterschreiben.[30]

Da man aber nicht zulassen konnte, dass ganze Familien in Armut fielen oder Witwen und Waisen ohne Versorgung am Kaiserhof lebten, wurden den Hofdienern und ihren Verwandten trotz aller Verzichtserklärungen weiterhin Gnadenpensionen bewilligt, die man abwechselnd aus dem Reservefonds des Hofes oder der Privatschatulle des Kaiser beglich. Auch zu allen Anlässen bezahlte man immer wieder Prämiengelder für Witwen und Waisen. Wirklich behoben wurden die Finanz- und Disziplinarprobleme auf diese Weise nicht, erst eine umfassende Besoldungsreform unter dem nächsten Obersthofmeister Konstantin Hohenlohe sollte das Problem endgültig lösen. In den 1850er Jahren konnte sich der Hof – auch aufgrund der schlechten Staatsfinanzen – nie zu einer kostspieligen Lohnreform durchringen und hatte dadurch für die nächsten 25 Jahre eine schwere Hypothek zu tragen, die ihm im Endeffekt genauso teuer zu stehen kam wie eine einmalige Reform gekostet hätte.

Der blutjunge Franz Joseph brauchte noch etwas Zeit, um in seine neue Rolle als Kaiser hineinzuwachsen – er konnte noch nicht mit der Liebe seiner Untertanen rechnen. Franz Joseph war noch lange nicht Gegenstand einer geradezu mythischen Verehrung durch seine Untertanen, die später so sprichwörtlich wurde. Er wurde wegen seines harten Vorgehens gegen die Aufständischen, aber auch aufgrund der Tatsache, dass er nicht müde wurde, die alleinige Rolle des Militärs als Stütze seines Thrones zu betonen, von vielen Untertanen abgelehnt. Die Ungarn, deren Land seit dem Aufstand von 1849 unter strenger Militärverwaltung stand, hassten den jungen, reaktionären Kaiser – ein Attentatsversuch durch einen Ungarn vier Jahre später konnte nur knapp verhindert werden. Dass Franz Joseph selbst ein halbes Jahr nach seinem Regierungsantritt der wieder eingekehrten Ruhe in Wien nicht ganz traute, vielleicht sogar einen neuen Aufstand des Volkes fürchtete, zeigt eine vertrauliche Mitteilung seines Obersthofmeisters. Liechtenstein sollte ohne jedes Aufsehen herausfinden, wie man die Hofburg sichern konnte. Er berichtete seinem Herrn, dass sämtliche Keller- und Erdgeschossfenster mit Eisen gesichert werden konnten, die öffentlichen Hauptdurchfahrten der Burg jedoch *„mit Einlagstangen, Spanitzen, Gittern oder eisenbeschlagenen Balken versehen, oder aber ganz vermauert werden* *müssen"*. Nicht nur die Unmöglichkeit, die Hofburg, das Herz der Residenzstadt und Durchfahrt der wichtigsten Verkehrsadern des alten Wien derart von der Außenwelt abzusperren, ließen den Kaiser den Plan ad acta legen – es war auch schlicht und einfach kein Geld da, um derart kostspielige Umbau- und Schmiedearbeiten in Auftrag zu geben.[31] Der Kaiser sparte nicht nur bei seinen Hofbediensteten, auch er selbst musste auf Wünsche verzichten – und war der Preis auch die Unsicherheit, dass jederzeit wieder eine revolutionärer Funke in die Burg fallen konnte.

III
Der Aufbau des Hofes

Der administrative Aufbau des Hofes ist während der 600 Jahre seines Bestehens in den Grundzügen bis zum Ende der Monarchie gleich geblieben und hat sich im Großen und Ganzen für die Verwaltung des riesigen Komplexes Hof auch stets bewährt. Vereinzelte Änderungen wie die Zusammenlegung kleinerer Abteilungen oder die Verschiebung mancher Zuständigkeiten hatten kaum Einfluss auf die grundlegenden Arbeits- und Verwaltungsläufe des Kaiserhofes.[32]

Die althergebrachte Aufteilung des Hofes in folgende vier voneinander – relativ – unabhängige Stäbe behielt auch Kaiser Franz Joseph bei: „Obersthofmeisterstab", „Oberstkämmererstab", „Obersthofmarschallstab" und „Oberststallmeisterstab". An der Spitze dieser vier Stäbe standen die vier „obersten Hofbeamten" oder auch „oberste Hofchargen" genannt – vom Kaiser persönlich ausgewählte Aristokraten, die das offizielle und einzige Verbindungsglied zwischen dem Monarchen und seiner Hofverwaltung waren, denn der Kaiser griff weder selbstständig in den Geschäftslauf des Hofes ein, noch erteilte er den Verwaltungseinheiten direkte Befehle. Die obersten Hofbeamten waren die Einzigen, die dem Kaiser persönlich Bericht abstatteten und persönliche Befehle vom Monarchen erhielten. Durch diese Pufferzone zwischen Monarch und Administration wurde die gewünschte Unnahbarkeit des Herrschers erreicht – ein Nimbus, der sowohl dem althergebrachten Herrschaftsverständnis als auch Kaiser Franz Josephs eigener Intention entsprach. Wünschte der Kaiser eine Änderung in der Administration, informierte er seine obersten Hofbeamten. Diese hatten dann dafür zu sorgen, dass der Wunsch des Kaisers umgesetzt wurde.

Der Obersthofmeisterstab

Der größte und wichtigste Stab war seit jeher der *„Obersthofmeisterstab"*, die eigentliche Zentralbehörde des Hofes, die alle administrativen, personellen und finanziellen Agenden verwaltete. An der Spitze dieses größten Stabes stand der Obersthofmeister, die mächtigste und einflussreichste Persönlichkeit des Hofes. Die Berufung zum Obersthofmeister war eine der größten Auszeichnungen für einen Aristokraten, denn sie besagte nicht nur, dem Betreffenden die Führung eines derart riesigen Komplexes zugetraut wurde, sondern vor allem, dass der Erwählte in höchster Gnade beim Monarchen stand. Die Ernennung zum Obersthofmeister bedeutete nichts weniger, als dass der Kaiser in diese Hände die absolute Verantwortung für seinen Hof, die ihm anvertrauten Hofbediensteten, das Hofvermögen und nicht zuletzt das eigene Vermögen legte. Die jeweiligen Obersthofmeister gehörten zu den einflussreichsten Männern der Residenzstadt, sie hatten nicht nur das Ohr des Kaisers, sondern auch als Einzige lebenslangen Zugang zum Kaiser, denn ihr Dienst endete erst mit ihrem Tod (oder dem des Monarchen).

Der riesige Obersthofmeisterstab setzte sich aus vier Hauptgruppen zusammen, die ihrerseits wiederum unzählige Abteilungen umfassten: *„Obersthofmeisteramt"*, *„Departements"*, *„Hofadministrationen"*, *„Hofdienste"*. Die individuelle Zusammensetzung der vier Hofabteilungen erscheint dem heutigen Betrachter nicht immer schlüssig und erklärt sich in erster Linie aus ihrer Geschichte. Über Jahrhunderte langsam angewachsen, beließ man in den meisten Fällen die einzelnen Abteilungen bei ihrer ursprünglichen Oberbehörde.

Die erste der vier Hauptabteilungen des Obersthofmeisterstabes war das *„Obersthofmeisteramt"*, das administrative Herz des gesamten Stabes. Im Obersthofmeisteramt liefen alle Verwaltungsabläufe gebündelt zusammen, von hier aus wurde gelenkt und gesteuert. Das Obersthofmeisteramt war die eigentliche Arbeitsstelle des Obersthofmeisters, hier befand sich sein repräsentatives Büro, vor allem aber seine *„Kanzleidirektion"*, die schlagkräftige Spitzeneinheit des Hofes, die jede Anweisung des Obersthofmeisters an die dafür zuständigen Abteilungen weiterleitete.

An der Spitze der Kanzlei stand der jeweilige Kanzleidirektor, die höchste Beamtenposition, die der Hof zu vergeben hatte, gleichzeitig auch die höchste Position, die ein Bürgerlicher einnehmen konnte. Der Kanzleidirektor führte als Einziger den Hofrats-Titel, hatte meist eine mehr als 20-jährige Karriere im Obersthofmeisteramt hinter sich und führte in Abwesenheit des Obersthofmeisters die Geschäfte des Hofes. Die Kanzleidirektoren durften die ihnen unterstehenden Beamten selbstständig einteilen und (wenn ein grundsätzliches Einverständnis mit ihrem jeweiligen Obersthofmeister bestand) bei Problemen selbstständig in den Verwaltungslauf eingreifen. Als gegen Ende des 19. Jahrhunderts die Obersthofmeister mehr und mehr persönliches Engagement vermissen ließen, verstärkten sich Einfluss und Macht der Kanzleidirektoren, denn sie waren nunmehr die Einzigen, die sämtliche Abläufe, Besonderheiten, aber auch Gefahren in der Verwaltung kannten. Dementsprechend selbstbewusst war ihr Auftreten, wussten sie doch, dass ihr Wissen für den Hof unverzichtbar war.

Gleich neben der Kanzleidirektion und in permanentem Austausch mit dieser befand sich das *„Hofzeremoniell-Departement"* mit seinem eigenen Hofzeremonielldirektor. Hier wurden sämtliche Zeremoniellprotokolle erarbeitet und weitergeleitet. Für jedes offizielle Ereignis bei Hof, jeden Empfang, jeden Auftritt des Kaisers trat der Zeremonielldirektor in Aktion und gab eine individuelle Zeremoniellvorschrift heraus. Jeder Schritt einer Veranstaltung war ganz genau im Vorhinein festgelegt, es wurde vorab geklärt, wer den Kaiser begleiten durfte, wie die Aufstellung aller Teilnehmer war und wer wann vortreten durfte. Bei der Ausfertigung des Zeremoniells musste natürlich auch ganz genau darauf geachtet werden, dass die Rangfolge der Hofgesellschaft eingehalten wurde und niemand der hohen Herrschaften vor den Kopf gestoßen wurden, indem man etwa einen rangniedrigeren Aristokraten bevorzugt platzierte. Die Arbeit als verantwortlicher Beamter des Zeremoniells setzte genaue Kenntnis über die jahrhundertealten Bestimmungen bei Hof voraus, außerdem ein exaktes Wissen um die komplizierte Rangfolge bei Hof. Erst nach jahrelanger Einschulung zum Zeremoniellmitarbeiter war man in der Lage, Protokolle zu erstellen, die nicht zu Kollisionen und Streitigkeiten führten. Zusammen mit den *„Hofkommissären"* zählten die Kanzleidirektion und das Hofzeremoniell-Departement in der Regel um die 30 Mitarbeiter, alles ausschließlich Absolventen der Rechtswissenschaften sowie Sekretäre.

In der Abteilung *„Hof-Hilfsämter"* wurden die für einen reibungslosen Aktenlauf und den Postversand wichtigen Abteilungen *„Registratur", „Expedit"* und *„Protokollführung"* zusammengefasst mit insgesamt 40 Mitarbeitern. Die Registratur verwaltete
das gesamte Schriftgut des Hofes, versah sämtliche Schriftsätze
mit Aktenzeichen und führte die enorm wichtigen Hauptbücher,
in denen jedes einzelne Schriftstück, das das Obersthofmeisteramt
verließ oder im Obersthofmeisteramt einlief, nach Stichwort oder
Namen verzeichnet wurde. Die Anzahl der Schriftsätze, die während der franzisko-josephinischen Ära produziert wurde, sprengt
jeden vorstellbaren Rahmen und entwickelte sich im Vergleich
zu den Jahrhunderten davor geradezu exponentiell. Dass heutige Historiker überhaupt gezielt nach Akten suchen können, ist
ausschließlich auf das perfekte Rubrikensystem zurückzuführen,
das eingeführt wurde, um diese Massen an Akten so ablegen zu
können, dass sie wieder gefunden werden konnten.[33] Das Expedit
war die Versandabteilung des Hofes, der externe Postausgang. Der
kaiserliche Hof hatte das Sonderrecht auf portofreien Versand –
nur für Briefe, die Bargeld beinhalteten, musste Postgebühr ver-
rechnet werden.[34]

Die zweite Hauptabteilung waren *die „Departements":* Das
wichtigste Kontrollorgan des Obersthofmeisteramtes war das *„Hof-
Rechnungsdepartement",* nach heutiger Diktion die Controlling-
Stelle des gesamten Hofes, die erst 1867 im Zuge der Neugestal-
tung des Hofes nach Einführung der Verfassung gegründet wurde.
Unter der Aufsicht des Hof-Rechnungsdirektors arbeiteten gegen
Ende der Monarchie mehr als 60 Rechnungsräte in der Finanzverwaltung des Hofes. Das Rechnungsdepartement kontrollierte
das *„k. u. k. Hofzahlamt".* Diese mit zwölf Zahlmeistern und Kas-
sieren ausgestattete Kassa des Hofes zahlte die Löhne der Hofbediensteten aus, beglich die Rechnungen des Hofes, unterstand
aber völlig dem Rechnungsdepartement, das für die zweckmäßige Verwendung des Hofbudgets verantwortlich war. Das Rechnungsdepartement achtete darauf, dass keine Unregelmäßigkeiten greifen konnten und war der Augapfel des Obersthofmeisteramtes. Nur mit seiner Hilfe konnte eine zweckmäßige Budgetver-
waltung garantiert werden. Wenn diese Abteilung den Überblick
verlor, konnten Missstände bis in die kleinsten Verästelungen des
Hofes greifen. Es ist erstaunlich, dass erst unter Franz Joseph, dem

vorletzten Kaiser der Donaumonarchie, dieses interne Sicherheitssystem eingeführt wurde.

Das relativ kleine *„Departement für Reise-Angelegenheiten"* hatte nur einen Vorstand und einen Sekretär und war für sämtliche Reiseangelegenheiten des Hofes zuständig, in erster Linie aber für die administrative Abwicklung der privaten oder höfischen Reisen, worunter auch die Organisation der Séjours, der Umzüge des Hofes nach Budapest oder Ischl fiel. Diese Abteilung hatte außerdem die Ankündigung von Reisen sämtlicher Mitglieder der kaiserlichen Familie sowie die Bekanntgabe von Ankunftszeiten zu organisieren und zu verlautbaren. Auch die Korrespondenz mit dem Ankunftsort fiel in die Verantwortung dieser Abteilung, so dass sichergestellt war, dass alles für die Ankunft des Kaisers oder seiner Familie rechtzeitig bereitgestellt wurde. Das Departement für Reise-Angelegenheiten fungierte als Drehscheibe der verschiedenen Stellen, die mit einer Reise zu tun hatten, wie die Leibkammer, die Hofküche, die zum Teil mit auf Reisen war, die Ärzte, der Obersthofmeister, der die Reisegesellschaft zusammenstellte, und viele mehr, war jedoch nur zuständig, wenn es sich um private Reisen des Kaisers handelte oder um einen Residenzwechsel. Reisen, die der Kaiser als Staatsoberhaupt absolvierte, durfte nur die Kabinettskanzlei organisieren. Besuchte der Kaiser die jährlichen Manöverübungen, war die Militärkanzlei zuständig.

Der Vorstand des *„Departement für Uniformierungs-Angelegenheiten"* hatte nur wenige Mitarbeiter und kümmerte sich um die Ausfolgung, Verwaltung und Neubestellung sämtlicher Uniformen für die Hofstaatsbediensteten. Jeder Angestellte des Hofes hatte Anspruch auf eine Arbeitsuniform und eine Galauniform für besondere Anlässe. Für den Zustand der Uniformen waren die Beamten und Diener selbst verantwortlich, mindestens zwei Jahre mussten sie tadellos in Schuss gehalten werden, erst dann konnte um neue Teile angesucht werden. War eine neue Uniform schon nach kurzer Zeit völlig untragbar (was oft genug vorkam), so dass davon ausgegangen werden konnte, dass die Träger mutwillig die Uniformen ruiniert hatten, konnte das Uniformierungsdepartement den Schaden vom Lohn abziehen. In der zweiten Hälfte des 19. Jahrhunderts ging der Hof zu einem positiven Anreiz über: Wer seine Uniform eine bestimmte Zeit getragen hatte, ohne sie ausgetauscht zu haben, erhielt als Belohnung ein Extrageld.[35]

Das „Hofbaudepartement" unter der Leitung des Hof-Ober-
baurates beschäftigte um die zehn Ingenieure, die für die bautech-
nische Sicherheit innerhalb der Hofburg verantwortlich waren.
Dem Obersthofmeisteramt selbst unterstanden noch die „k. u. k.
Telegraphenämter" mit 20 Postoffizialen in Wien und Budapest, an
die 40 Pfarrer, Prediger und Kapläne der „k. u. k. geistlichen Hof-
kapelle" und um die zehn „Hofärzte". Hinzu kam noch die „Verwaltung des Saaldienstes", die an die 50 Saaltürhüter und Hofan-
sager unter sich hatte. Die Saaltürhüter waren rund um die Appartements der kaiserlichen Familie postiert und vor jedem Zimmer
der repräsentativen offiziellen Appartements.

Alleine das Obersthofmeisteramt beschäftigte somit an die 250
Mitarbeiter, wobei noch nicht einmal die stetig wechselnde Zahl der
Angestellten, der unzähligen Diener und Lakaien, der Amtsdiener
und Aktenträger eingerechnet ist, ohne deren Hilfe der Ablauf nicht
gewährleistet war, die aber der Hofverwaltung zu unbedeutend
schienen, um sie überhaupt in die Hofhandbücher aufzunehmen.

Die dritte große Hauptabteilung unter der Aufsicht des Obersthofmeisters waren die so genannten „Hofadministrationen", die
verschiedenste Abteilungen umfassten: Die „k. u. k. Hofmusik-
kapelle" beschäftigte stets um die 50 Dirigenten, Sänger und Musiker, alle fix angestellt und mit allen Vorteilen einer Beschäftigung
bei Hof ausgestattet. Die „k. u. k. Hofapotheke" mit ihren circa
20 Mitarbeitern war keine exklusive Apotheke des Hofes, auch
hoffremde Kunden konnten hier ihre Medikamente kaufen oder
individuelle Bestellungen aufgeben. Die Hofapotheke hatte einen
exzellenten Ruf und war vor allem bei finanzkräftigen Wienern
sehr beliebt. Durch diesen exklusiven Kundenstock war die Hofapotheke die einzige Abteilung des Hofes, die sich selbst finanzie-
ren und auch noch Gewinn abwerfen konnte. Sie kam erst 1797 in
den Besitz des Hofes, als Kaiser Franz I. sie der Hofapothekers-
witwe Elisabeth von Czerny um 30.000 Gulden abkaufte. Die Apotheke war bis dahin in Privatbesitz und durfte sich lediglich mit dem
Hoftitel schmücken. Für 40 Jahre gehörte die Apotheke zum Privatvermögen des Kaisers und wurde erst 1837 gegen einen Schätzwert dem Hofärar übergeben.

Die „k. u. k. Praterinspektion" verwaltete das beliebteste Nah-
erholungsziel der Wiener. Der Prater gehörte zum Hofvermögen,
war aber bereits seit Kaiser Joseph II. der Allgemeinheit zugäng-

lich. Die Verwaltung, die Forstwirtschaft und die Organisation der Jagden sowie die Lizenzerteilung für die Kaffeehäuser behielt sich der Hof weiterhin vor. Die *„Menagerie in Schönbrunn"*, der heutige Tiergarten Schönbrunn, wurde vom Menagerie-Direktor geführt, der nicht nur die Verantwortung für die Tierärzte und Tierpfleger trug, sondern auch für die vielen Exoten, die gehalten wurden und für rege Besucherströme sorgten. Die Abteilung *„Hofbauverwaltungen"* umfasste die Burghauptmannschaften in Wien und Budapest, die Schlosshauptmannschaften Schönbrunn, Belvedere, Hetzendorf, Laxenburg, Baden, Prag, Salzburg, Hellbrunn, Innsbruck, Ambras und Miramar, das Wiener Augartenpalais, die so genannten „Hofgebäude vor dem Äußeren Burgtor" und die Gebäudeverwaltungen der Hoftheater, der Hofoper und des Hoftheaterdepots. Insgesamt beschäftigte die Abteilung Hofbauverwaltungen um die 80 Mitarbeiter, wobei es sich bei dieser Abteilung nur um die administrative Hauptverwaltung handelte. Vor Ort agierten die jeweiligen Schlosshauptmänner, die die Oberaufsicht hatten und eigenmächtig handeln durften. Die *„Hofgartenverwaltung"* beaufsichtigte die Gärten und Grünflächen sämtlicher Schlösser, die unter der Verwaltung des Wiener Hofes standen, koordinierte den Einsatz der unzähligen Gärtner und war für die Verkaufsabwicklung zuständig. Denn neben der Hofapotheke hatten auch die Hofgärten Einnahmen. Durch den Verkauf und Versand von Schnittblumen und Blumenzwiebeln hatte die Hofgärtenverwaltung ein zusätzliches Einkommen,[36] konnte sich aber wegen der großen Anzahl an Beschäftigten im Gegensatz zur Hofapotheke nicht selbst erhalten. Die Verwaltung des *„k. u. k. Hofjagdamts Gödöllo"* und die *„Weinbergverwaltung in Tarczal"*, die dem Wiener Hofkeller einen Großteil seiner Weine sicherte, wurde auch von Wien aus geleitet, umfasste aber nicht mehr als 20 Mitarbeiter. Der Verkauf der Hofweine war eine weitere Zusatzeinnahme des Hofes.

Die vierte Hauptabteilung waren die *„Hofdienste"*, die nicht nur sämtliche nichtadministrativen Abteilungen umfasste, sondern auch die kostenintensivsten Abteilungen verwaltete, an deren Spitze Hofwürdenträger standen – Aristokraten, die in den Genuss einer der begehrten Hofdienstleitungen kamen. Für den Dienst an der Spitze einer der Hofdienste musste man gräflicher Abstammung sein und in der besonderen Gunst des Kaisers stehen.

Die Hofwäschekammer

Die mit Abstand teuerste aller Abteilungen war die *„Hofwirtschaft"*, an deren Spitze der Oberstküchenmeister stand. Der Oberstküchenmeister nahm nach den vier obersten Hofbeamten den fünften Rang bei Hof ein und hatte die Oberaufsicht über den einwandfreien Ablauf der Hofdiners. Er musste bei allen Diners anwesend sein und hatte bei Abwesenheit des Obersthofmeisters den Ehrenplatz vis-à-vis des Kaisers inne. Auch für die ordentliche Finanzgebarung der Hofwirtschaft, einer der kostspieligsten Abteilungen des Hofes, war der Oberstküchenmeister zuständig.

Dem Oberstküchenmeister unterstanden im Hofwirtschaftsamt 120 bis 150 Beschäftigte. Zum Hofwirtschaftsamt gehörten die *„Hofküche"*, der *„Zehrgaden"* (die kaiserliche Speisekammer), der *„Hofkeller"*, die *„Hofzuckerbäckerei"*, das *„Brennholz- und Kohlemagazin"*, die *„Hoflichtkammer"*, wo Zehntausende Kerzen für den Hof gelagert waren, sowie die *„Hofwäschekammer"*. Die Wäschekammer verwaltete 70.000 Stück Wäsche – von Tischwäsche, über Küchenwäsche bis zur Leibwäsche des Kaisers. Die Reinigung der Wäsche erfolgte nicht in der Hofburg oder Schönbrunn, sondern im Prater, wo der Hof ein Waschhaus besaß. Die Wäsche wurde in eigenen Transportwägen in den Prater geführt, wurde dort gewaschen und geplättet und kam frisch an den Hof zurück, wo sie wie-

Der Hofwäschetransportwagen auf dem Weg ins Waschhaus im Wiener Prater

der inventarisiert und verwahrt wurde. Die Wäscherinnen (ausschließlich Frauen) pendelten also regelmäßig zwischen Burg und Prater. Die *„Hofsilber- und Tafelkammer"* verwaltete das wertvolle Tafelsilber und die kostbarste Tischwäsche.

Der Hof war der größte Lebensmittelabnehmer Wiens und für die Lieferanten ein begehrter Kunde, weil immer liquid. Dementsprechend buhlten die Verkäufer um einen Auftrag aus der größten Küche Wiens. Damit sparsam und ohne jede Verschwendung in der Hofwirtschaft gearbeitet wurde, gab es eine interne Kontrollabteilung, das *„Hofcontrollor-Amt"*, dessen Chef, der Hofcontrollor, vom Oberstküchenmeister unabhängig und nur dem Obersthofmeister verpflichtet war. Gemeinsam mit seinen Rechnungsinspektoren und den Hoftafelinspektoren, den *„Hof-Wirtschafts-Officien"*, hatte er ein scharfes Auge auf jede Verschwendung, Bereicherung und Diebstahl. Dem Hofcontrollor mussten alle Einkäufe vorab angekündigt werden, jede Rechnung musste von ihm gegengezeichnet werden, er überwachte die Bestände der Vorratskammern und hatte neben dem Chefkoch und den Kontrolleuren der Speisekammer und des Weinkellers als Einziger die Schlüssel zu allen Lagern. (Hoffremde Personen erhielten aus Sicherheitsgründen keinen Zugang zu den Hofoffizien.)

Eine Hofwäscherin

Für die Einkäufe trat einmal im Monat die so genannte „Preisbehandlungskommission" zusammen. Unter dem Vorsitz des Oberstküchenmeisters und des Hofcontrollors wurden die monatlich abgegebenen Angebote der Lieferanten gesichtet. Blieb ein Bieter bei seinem Vormonatspreis, notierte die Preisbehandlungskommission dazu *„erbittet sich die gleichen Preise wie im Vormonat"* [37]. Der Hof entschied sich nicht ausschließlich für die billigsten Angebote, sondern war um ein ausgewogenes Verhältnis von Preis und Qualität bemüht. Jene Lieferanten, die in der Vergangenheit stets gute Ware geliefert hatten, wurden bevorzugt behandelt, trotzdem wollte man sich nicht von einem einzigen Anbieter abhängig machen und ließ sich auch von neuen Anbietern stets Warenproben zusenden. Lieferten mehrere Geschäfte Waren von gleicher Qualität, wurden sie alternierend beauftragt. Bei Händlern, deren Waren von der Qualität her jene der Konkurrenz übertrafen, beauftragte der Hof durchaus auch den teuersten Anbieter, wenn *„die ausgezeichnete Qualität die Preise rechtfertigt"* [38].

Der Oberstküchenmeister musste stets darauf achten, den Überblick über die Finanzen und den Bestand zu haben. Gegen Ende des Jahrhunderts geriet das Hofwirtschaftsamt in einen Korruptionsskandal, der nicht zuletzt darauf zurückzuführen war, dass

Ein Blick in die Hofküche

der amtierende Oberstküchenmeister keinen Überblick mehr über die wesentlichsten Bestände hatte.

An zweiter Stelle der Hofdienste stand der Oberstjägermeister, der Vorstand des „*k. u. k. Oberstjägermeisteramtes*". Wie der Oberstküchenmeister musste auch der Oberstjägermeister gräflicher Abstammung sein. Er verwaltete die hofeigenen Jagdverwaltungen Lainz, Laxenburg, Aspern, Hütteldorf und Auhof. Dazu gehörten die Hege der Reviere, die Verpachtung von Jagden und die Organisation von Hofjagden, die für hohe Besucher und ausländische Diplomaten abgehalten wurden. Das forstwirtschaftliche und das Jagdpersonal standen unter der Leitung des Oberstjägermeisters, der fundierte Jagdkenntnisse haben musste, um diese Position auszufüllen. Bis zu Kaiser Franz Joseph gab es noch die Stelle eines Oberstsilberkämmerers, in dessen Aufsicht die „*Silberkammer*" stand, doch diese Stelle wurde stets nur äußerst sporadisch besetzt, 1910 wurde diese Position dann endgültig aufgehoben.[39]

Zu den Hofdiensten gehörte außerdem die „*k. u. k. Generalintendanz der Hoftheater*" (Burgtheater und Oper), die jedoch keinen aristokratischen Vorstand hatte, sondern vom Generalintendanten geführt wurde, der jedoch wieder unter der persönlichen Aufsicht des Obersthofmeisters stand. Dadurch sicherte sich der

Die diensthabenden Garden in ihrem Wachzimmer

Obersthofmeister ein direktes Durchgriffsrecht auf den Spielplan der Bühnen, da er auch Letztverantwortlicher für die Hofzensur war. Die Generalintendanz hatte vom Direktor abwärts zu den Schauspielern und Bühnenarbeitern um die 250 Mitarbeiter und war stets das Sorgenkind des Obersthofmeisters. Endlose Streitereien, schwierige Künstler, kulturpolitische Aufgaben, die im Gegensatz zu den Forderungen des Publikums nach gefälligen und spektakulären Aufführungen standen, und gleichzeitig ein stetes Defizit machten die Leitung der kaiserlichen Bühnen alles andere als einfach.

Eine Sonderstellung des Obersthofmeisteramtes nahmen die *Garden* ein.

Die 150 bis 200 Gardisten waren für die Sicherheit nach Außen zuständig, hatten eine eigene Verwaltung und unterstanden ausschließlich dem Obersthofmeister, der traditionell der Oberst aller Garden war.

Der Oberstkämmererstab

An der Spitze des *„Oberstkämmererstabes"* stand der Oberstkämmerer, der nach dem Obersthofmeister den zweiten Rang bei Hof einnahm. Der Oberstkämmerer hatte zwei große Aufgabenbereiche: die Verwaltung der kaiserlichen Kunstsammlungen und die Aufsicht über den Hofzutritt. Das Herzstück des Oberstkämmererstabes war das *„Oberstkämmereramt"*, an dessen Spitze wie auch beim Obersthofmeisteramt ein Kanzleidirektor stand, in dessen Händen sämtliche Fäden des gesamten Stabes zusammenliefen. In der Kanzlei arbeiteten Konzipisten und Sekretäre sowie die berühmt-berüchtigten *„Ahnenprobenexaminatoren"* – Spezialisten der Ahnenforschung, die jeden Stammbaum und alle Heiratsurkunden sorgfältigst prüften und nur dann den Nachweis auf Hoffähigkeit erteilten, wenn die 16 hochadeligen Ahnen auch wirklich hochadelig waren.

Unter der Verantwortung der Oberstkämmerers standen sämtliche Sammlungen des Hauses Habsburg. Die Sammlung des *„Habsburg Lothringischen Hausschatzes"*, zu der die Schmucksammlungen und die Kronen gehörten, beschäftigte einen Schatzmeister und vier bis fünf Juweliere. Ihre Aufgabe war die sichere Verwahrung und Pflege der enorm wertvollen alten Schätze, deren symbolische Bedeutung für die Habsburger unermesslich war. Die diamantenen Diademe und Colliers wurden nur für die Hofbälle und Repräsentationsveranstaltungen aus der sicheren Verwahrung genommen, in erster Linie wurden sie von der Kaiserin getragen, doch auch Erzherzoginnen wurden zu besonderen Anlässen damit ausgestattet. Die Ausfolgung der wertvollen Schmuckstücke durfte nur unter Aufsicht des Oberstkämmerers erfolgen. Doch auch der Oberstkämmerer alleine konnte den Schmuck nicht ausfolgen. Neben ihm hatte der Schatzmeister einen Schlüssel für die Vitrinen, und nur die beiden gemeinsam konnten die Vitrinen öffnen – eine interne Sicherheitsmaßnahme.

Eine kulturpolitisch wichtige Verantwortung hatte der Oberstkämmerer mit den *„kunsthistorischen Sammlungen des Kaiserhauses"*, die seit 1891 im heutigen Kunsthistorischen Museum untergebracht sind. Dazu gehörten die *„Gemäldegalerie"*, die *„Antikensammlung"*, das *„Münzen- und Medaillenkabinett"*, die *„Waffen- und kunstindustrielle Sammlung"* und die *„Hofbibliothek"*. Die Hofbibliothek war nicht für jedermann zugänglich. Werke ausleihen durften nur Beamte des Hofstaates, Mitglieder des Reichsrates, diplomatische Vertreter, Professoren der Universität und Privatdozenten sowie Mitarbeiter der öffentlichen Bibliotheken, Archive und Museen.[40] Die circa 30 Kustoden und Konzipisten, die bei den kunsthistorischen Sammlungen beschäftigt waren, unterstanden dem Direktor der Administrationskanzlei. Zum „*k. u. k. naturhistorischen Hof-Museum*" gehörten die zoologische, botanische sowie die geologisch-paläontologische Abteilung, die ebenfalls an die 30 Mitarbeiter zählte. Der Hof förderte die wissenschaftliche Bearbeitung der Sammlungen, auch von externen Institutionen. In den kunst- und naturwissenschaftlichen Sammlungen durften wissenschaftliche Vorträge gehalten werden, jedoch wurde stets ein Mitarbeiter des Oberstkämmereramtes extra zur Beaufsichtigung abgestellt.[41]

Der Obersthofmarschallstab

An der Spitze des „*Obersthofmarschallstabes*" stand der Obersthofmarschall, der Rechtsbeauftragte des kaiserlichen Hofes. Bis ins 18. Jahrhundert hatte er noch die Gerichtsbarkeit über die Hofbediensteten, zur Zeit Kaiser Franz Josephs war der Obersthofmarschallstab aber nur mehr eine exklusive Gerichtsbehörde, die der kaiserlichen Familie vorbehalten war. Kaiser Franz Josephs große Zivilrechtsreform von 1895 wurde vom Obersthofmarschall nicht umgesetzt, er operierte bis zum Ende der Monarchie immer noch nach der Josephinischen Reform, die zwar wesentlich komplizierter war, dem Hof aber einen der wesentlichsten Bereiche ersparte: das Prinzip der Öffentlichkeit, das seit 1895 für alle Verfahren galt und den Hof davor schützte, die manchmal peinlichen Verfahren gegen Mitglieder des Erzhauses der Öffentlichkeit preisgeben zu müssen.[42]

Der Obersthofmarschall musste wie der Oberstkämmerer gräflicher Abstammung sein und über eine juristische Ausbildung verfügen. Der Obersthofmarschallstab war der kleinste aller Hofstäbe und kostete praktisch nichts. Der Personalstand umfasste knapp 30 Personen, an deren Spitze der Direktor des „*Obersthofmarschallamtes*" stand, und beschäftigte vorwiegend Konzipisten, Übersetzer, Schätzleute (Güterschätzer sowie Münz- und Antikenschätzer). Der „*gerichtliche Senat für Streitsachen*" war der kaiserlichen Familie vorbehalten. Hofbedienstete kamen mit dem Obersthof-

Einblick in die kaiserlichen Stallungen

marschall nur in Kontakt, wenn gegen sie ein Disziplinarverfahren lief, denn der Obersthofmeister saß dann an der Spitze der mehrköpfigen Disziplinarkommission, die nach dreimaliger Dienstverwarnung und Androhung auf Entlassung einberufen wurde.

Der Oberststallmeisterstab

Der „Oberststallmeisterstab" war nach dem Obersthofmeisterstab die teuerste Abteilung des Hofes. Erhalt, Pflege und Wartung der kaiserlichen Stallungen, der Gestüte und der Wagenburg waren enorm teuer. Auch die Versorgung der Pferde (deren Anzahl zeitweise in die Hunderte ging) war äußerst kostspielig. Was den Personalstand betraf, stand der kaiserliche Marstall an zweiter Stelle – die meisten, vor allem das niedere Personal, fanden sich hier.

Der Oberststallmeister, der vierte und rangletzte der obersten Hofbeamten, musste ein ausgewiesener Pferdekenner sein. Für einen reinen Ehrendienst erforderte die Verwaltung des kaiserlichen Marstalls zu viel an Fachwissen. Kaiser Franz Joseph berief stets nur Männer in dieses Amt, die ausgezeichnete Kenntnisse der Pferdehaltung und Zucht hatten. Sie stammten meist aus aristokratischen Familien, die in der Monarchie einen großen Ruf als Pferdekenner und Züchter hatten, wie zum Beispiel die Familien Kinsky, Liechtenstein und die böhmische Linie der Familie Thurn und Taxis.

An der Spitze dieses Stabes stand das *„Oberststallmeisteramt"* mit seinem Kanzleidirektor, den Sekretären und Adjunkten, insgesamt an die zehn Personen. Die Einteilung der *„Edelknaben"* – aristokratischen Burschen, die bei höfischen Veranstaltungen als Pagen fungierten – oblag ebenfalls dem Stallmeisteramt. Zum *„k. u. k. Hofmarstall"* gehörten die „hoftierärztliche Abteilung", die „Hofreitschulen", die *„Hof-Zugställe"* mit Leibkutschern, Futtermeistern und Fahrmeistern, die *„Wagenburg"*, das *„Hof-Fouragemagazin"* sowie die k. u. k. Büchsenspanner und Leiblakaien, insgesamt an die 200 Personen. Außerdem verwaltete der Oberststallmeisterstab noch die *„Hofgestüte"* in Kladrub und Franzenshof in Böhmen sowie Lipizza.

Der ungarische Hofmarschall

Erst ab 1895 gab es die Stelle eines *„Hofmarschalls in Ungarn"*. Der Hofmarschall verwaltete das ungarische Hofmarschallamt, die Hof und Burgpfarre Budapest, die Burghauptmannschaft Budapest (die gleichzeitig auch Schlossverwaltung von Gödöllö war), die Hofgärtenverwaltung von Budapest und Gödöllö sowie das Hofjagdamt Gödöllö. Der ungarische Hofmarschall unterstand jedoch dem Obersthofmeister in Wien.

Teil des Hofes, genauer gesagt innerhalb der Hofburg angesiedelt, aber außerhalb der höfischen Verwaltung stehend, waren außerdem die *„Militärkanzlei"*, die *„Kabinettskanzlei"* und die *„General-Direktion"* der allerhöchsten Privat und Familien-Fonde.

Die *„Militärkanzlei"* des Kaisers wurde nicht vom Hofstaatsbudget, sondern vom Heeresbudget finanziert und stand dem Kaiser in seiner Eigenschaft als Oberbefehlshaber der Armee zu. Sämtliche Korrespondenz zwischen Kaiser und Armee wurde direkt und ohne Umweg über die Regierung über die Militärkanzlei geregelt. Die Militärkanzlei hatte eine eigene Kanzleidirektion, eine Registratur, ein Expedit sowie diverse Sekretäre. Auch der Generaladjutant und die Flügeladjutanten waren der Militärkanzlei zugerechnet, ihre Gehälter wurden vom Kriegsministerium bezahlt.

Die „*Kabinettskanzlei*" wiederum stellte die offizielle Verbindung zwischen dem Kaiser und seiner Regierung her. Sämtliche Vorträge seiner Minister liefen in der Kabinettskanzlei ein. Die Kabinettskanzlei hatte aber auch die Aufgabe, den „Verkehr mit dem Volk" zu organisieren. Sämtliche Audienzen wurden über die Kabinettskanzlei abgewickelt. Sie wurde ab Einführung der Verfassung 1867 über einen direkten Budgetposten vom Gesamtstaatsbudget finanziert und war ebenfalls strikt vom Hofbudget getrennt. Auch die Kabinettsdirektion hatte eine eigene Direktion samt Kabinettsdirektor, eine eigene Registratur sowie Konzipisten, Adjunkten, Sekretäre, Diener und eigene Boten.

Die „*Generaldirektion der allerhöchsten Privat- und Familienfonde*" verwaltete das persönliche Vermögen des Kaiserhauses und war ebenfalls getrennt von der Hofverwaltung. Die Mitarbeiter der Familien-Fonde wurden ausschließlich aus der Privatkasse des Kaisers bezahlt.

Der kaiserliche Hof wahrte auch im Verfassungszeitalter seine Sonderstellung innerhalb des Staates und hielt deshalb hartnäckig an seiner strikten Trennung von der staatlichen Verwaltung fest. Der Hof durfte weder Gegenstand öffentlicher Diskussionen sein, noch mit politischen oder militärischen Entscheidungen in Verbindung gebracht werden. Aus diesem Grund durfte der Hof nicht mit den Ministerien direkt korrespondieren. Jegliche Korrespondenz nach außen, aber auch jede Verlautbarung des Hofes lief ausschließlich über den Außenminister, der gleichzeitig „*Minister des Kaiserlichen Hauses*" war.[43]

Der Hof stand auch außerhalb der territorialen Rechtspraxis. Gemäß Artikel 1 des Reichsgemeindegesetzes vom 5. März 1862 waren alle zur Wohnung oder zum vorübergehenden Aufenthalt des Kaisers und des Allerhöchsten Hofes bestimmten Residenzen, Schlösser und anderen Gebäude, selbst die Parkanlagen „*vom Verband einer Ortsgemeinde ausgenommen*". Selbst die Polizei hatte innerhalb des Hofterritoriums keine Handhabe auf Mitglieder oder Angestellte des Hofes. Nur die Sicherheitsorgane des Hofes hatten das Durchgriffsrecht innerhalb des Hofterritoriums.

Obersthofmeisterstab
Obersthofmeister

Obersthof-meisteramt	Departe-ments	Hofadminis-trationen	Hofdienste	Garden
Kanzlei-direktion	Hofrechnungs-departement	Hofmusik-kapelle	*Vorstand Oberstküchen-meister*	Eigene Verwaltung, aber unter Bef[...] des Obersthof-meisters
Hof-zeremoniell-Departement	Hofzahlamt	Hofapotheke	Hofwirtschaft	
	Departement für Reise-Angelegen-heiten	Prater-inspektion	Hofcontrolloramt	k.k. Arcieren-Leibgarde
Hof-Hilfsämter			Hofküche	k.ung. Leibgarde
Registratur	Hofbau-departement	Menagerie Schönbrunn	Zehrgaden	k.k. Trabanten Leibgarde
Expedit	Telegrafen-ämter	Hofbau-verwaltung	Hofkeller	k.k. Leibgarde-Reiter-Escadron
Protokoll-führung	Hofkapelle	Hofburg	Hofzucker-bäckerei	
	Hofärzte	Schönbrunn	Brennholz und Kohle-magazin	k.k. Hof-Burgwache
	Saaldienst	Belvedere	Hoflicht-kammer	
		Laxenburg	Hofwäsche-kammer	
		Prag etc.	Hofsilber- und Tafelkammer	
		Hofgarten-verwaltung	*Vorstand Oberst-jägermeister*	
		Hofjagdamt Gödöllö	Oberstjäger-meisteramt	
		Weinberg-verwaltung Tarczal	Jagdverwaltung	
sowie ab 1895: **Hofmarschallamt in Ungarn**			General-intendanz der Hoftheater	
unterstellt Obersthofmeister			Hofburgtheater	
			Hofoper	

finanziert durch Kriegsministerium

Militärkanzlei

Minister des kaiserlich[...]

... ist das ausschließliche Verbindungs[...]

Oberst- kämmmererstab		Obersthof- marschallstab		Oberststall- meisterstab		
Oberstkämmerer		Obersthofmarschall		Oberststallmeister		
rst- imerer-	Kaiserliche Sammlungen	Obersthof- marschall- amt	Gerichtlicher Senat für Streitsachen	Oberst- stallmeister- amt	Hofmar- stall	Hof- gestüte
izlei- ktion ien-)en- :nina- en	Habsburg- Lothring. Haus- schatz	Kanzlei- direktion Güter- schätzer	*kaiserl. Familie vorbe- halten*	Kanzlei- direktion Edel- knaben	Hofreit- schulen Zugställe	Kladrub Franzens- hof
	Kunst- historische Sammlungen				Tier- ärztliche Abteilung	Lipizza
	Gemälde- galerien				Wagen- burg	
	Antiken- sammlung				Fourage- magazin	
	Münzen- und Medail- lenkabinett					
	Waffen- und kunst- industrielle Sammlung					
	Hof- bibliothek					
	Natur- historische Sammlungen					
	Zoologische Sammlungen					
	Botanische Sammlung					
	Geologisch- paläontolog. Sammlung					

—————————————— *außerhalb der Hofstäbe stehende Abteilungen* ——————————————

finanziert durch Staatsbudget   *finanziert durch kaiserliches Privatvermögen*

Kabinettskanzlei   **Generaldirektion der Familienfonde**

ises (= Außenminister)

hen Hof, Ministerium und Außenwelt

IV
Beamte, Hausoffiziere und Diener – Leben und Arbeit bei Hof

*Der Hoflaternenanzünder muss zur Strafe den Bratspieß
drehen – Kaiser Franz Josephs Selbstverständnis als Herr des
Hofes – Eine Anstellung bei Hof – Hofbeamte – Hausoffiziere
– Livreediener – Kaiser Franz Joseph schafft die Hoftaxe
ab – Aufnahmebedingungen für den Hof – Der Diensteid –
Die Hofwohnungen – Soziale Zusatzleistungen für Hofbe-
dienstete – Nicht jeder erhält eine Heiratserlaubnis –
Disziplinarverfahren*

*„Was den als wenig fleißig, leichtsinnig und dem Trunke ergebenen
geschilderten, wegen Unverlässlichkeit wiederholt angestraften extra
Hoflaternenanzünder Franz Fuchs betrifft, so ist auf denselben ein
besonders wachsames Auge zu richten, da man fest entschlossen
ist gegen unordentliche und unverbesserliche Individuen mit aller
Strenge zu verfahren!"* [44]

Was auf den ersten Blick wie die bevorstehende Androhung
einer Kündigung klingt, war in Wirklichkeit die für den Hof übliche,
sich gebetsmühlenartig wiederholende Ankündigung einer nicht
eintretenden Entlassung. Kaiser und Hof mögen ihren Bediensteten gegenüber alles gewesen sein – aber sicherlich nicht streng.
Sie wurden zwar regelmäßigen Beurteilungen durch ihre Vorgesetzten unterzogen, Konsequenzen wurden jedoch kaum gezogen.

Auf den Hoflaternenanzünder, der wegen seines Alkoholkon-
sums entweder gar nicht in der Lage war, bei Einbruch der Dun-
kelheit für Beleuchtung zu sorgen, oder aber die Gebäude fast abfa-
ckelte, wurde lange ein *„besonders wachsames Auge"* gerichtet –
bis wirklich klar war, dass eine Verbesserung der Arbeitsleistung
nicht mehr zu erwarten war. Er wurde aber nicht entlassen, sondern in die Hofküche geschickt – an einen Arbeitsplatz, der zwar
auch mit Feuer zu tun hatte, aber längst nicht so gefährlich für
andere war, wenn er wieder einmal schlecht arbeitete. Er wurde
„Spießtreiber" und musste von nun an die Braten und Fleisch-
stücke über dem offenen Herd drehen, immer unter der Aufsicht
der vielen Hofköche, die darauf aufpassten, dass nichts geschah.

Will man Kaiser Franz Josephs Selbstverständnis als Herrscher und Herr über den Hof begreifen, muss man sein Verhalten gegenüber seinen Hofbediensteten betrachten. Der Dienst bei Hof wurde in der Regel langsam, ohne besonderen Eifer, oftmals nachlässig, manchmal sogar mehr als fahrlässig erbracht. Verbote und Ermahnungen wurden gebetsmühlenartig wiederholt, Verwarnungen über Verwarnungen ausgesprochen – Konsequenzen jedoch nur in seltenen Ausnahmefällen ausgesprochen. Nach heutigen Maßstäben – und auch nach jenen der damaligen freien Wirtschaft – war die Arbeitsleistung bei Hof geradezu schwach, trotzdem wurde weder hart durchgegriffen, noch waren Entlassungen vorgesehen. Wer einmal bei Hof untergekommen war, konnte damit rechnen, bis an sein Lebensende auch hier zu bleiben. Schlechte Arbeitsleistung wurde zwar beklagt, nicht jedoch geahndet. Vor allem den unteren sozialen Schichten wurde in der Regel mit erstaunlich viel Nachsicht und Verständnis begegnet – gedankt wurde es Kaiser und Hof nicht immer.

Was also hielt Kaiser und Hofbedienstete zusammen, wenn nicht gegenseitige Erfüllung einer Arbeitsübereinkunft? Die Antwort liegt im althergebrachten Herrschaftsverständnis Franz Josephs. So sehr er sich auch in politischen Dingen den Erfordernissen der neuen Zeit anpassen musste, was die Verantwortung für seinen Hof, seine Hausgemeinschaft im ursprünglichsten Sinn betraf, blieb der Kaiser bis an sein Ende ein altmodischer Monarch, im wahrsten Sinn des Wortes ein Patriarch. Franz Josephs Aufgabe als Herr über den Hof bedeutete für ihn nicht nur, dass er mit dem Gehorsam seiner Hofbediensteten rechnen konnte, es bedeutete in erster Linie, dass die Menschen bei Hof auf den Schutz durch ihren Hausherrn zählen konnten, und zwar in finanzieller, sozialer und moralischer Hinsicht. Wer krank, schwach oder arbeitsunfähig wurde, konnte weiterhin bei Hof bleiben und erhielt Unterstützung. In Notlagen wandten sich die Hofdiener an den Kaiser mit der Bitte um Unterstützung – gewährt wurde sie immer. Wer seine Arbeit schlecht verrichtete, wurde ermahnt, zurechtgewiesen oder versetzt. Entlassungen wurden nur in den seltensten Fällen ausgesprochen und nur bei schwerwiegenden Verstößen wie Diebstahl oder Betrug, und selbst dann legte man dem Betreffenden keine Steine in den Weg, sondern ließ ihn ohne Hinweis auf seine schlechte Leistung ziehen, so dass er eine neue Chance finden konnte.

Eine Anstellung am kaiserlichen Hof bedeutete im 19. Jahrhundert eine enorme soziale Sicherheit. Wer bei Hof unterkam, hatte nicht nur sichere Arbeit, sondern fand sich vor allem in einem sozialen Netz wieder, das im Vergleich zu den damals üblichen Arbeits- und Lebensbedingungen vor allem für die einfachsten Arbeiter geradezu paradiesisch war. Denn die Lebensumstände in der Residenzstadt waren bei Kaiser Franz Josephs Regierungsantritt zur Mitte des Jahrhunderts für die arbeitende Bevölkerung katastrophal. Wer nicht über eine höhere Ausbildung verfügte und gezwungen war, sich als einfacher Arbeiter oder als Hauspersonal zu verdingen, konnte – sofern er überhaupt Arbeit fand – froh sein, wenn zur Arbeitsstelle auch noch ein Nachtlager angeboten wurde.

Jene Arbeiter, die für sich und ihre Familien auch noch ein Zimmer mieten mussten, konnten von ihrem kargen Lohn gar nicht mehr leben. Die Mieten in Wien stiegen in den ersten 15 Jahren unter Kaiser Franz Joseph um mehr als 50 Prozent, bis Ende des Jahrhunderts versiebenfachten sich die Mietkosten in Wien sogar. 1857 kostete eine Einzimmerwohnung um die 230 Gulden – mehr als das Jahreseinkommen eines Dieners. Verschärfend wirkte noch, dass die kleinsten Wohnungen, die sich einfache Arbeiter gerade noch leisten konnten, aufgrund der großen Nachfrage im Vergleich teurer waren als größere Wohnungen, was zu einer fatalen Abwärtsspirale führte: je niedriger das Einkommen, desto höher die Lebenshaltungskosten.[45] Die Folge war, dass sich nicht nur immer mehr Menschen eine Wohnung teilen mussten, sondern auch immer weniger von ihrem Lohn ihre Familien erhalten konnten. Außerhalb der alten Stadtmauern (der heutigen Ringstraße) begannen sich Elendsviertel zu bilden: „... *wenn man die unteren Teile von Erdberg ... besucht, so kann man hundertmal dasselbe Bild des Elends wiedersehen. In einem Raum, der kaum sechs Quadratklafter misst, wohnen zwei bis vier Familien, ja nach der Kopfzahl oft zehn, zwölf, fünfzehn in derselben Kammer zusammengedrängt ...*"[46]

Doch auch jene Bevölkerungsteile, deren Einkommen als ausreichend galt, drohten in den Strudel aus Inflation und kaum mehr bestreitbaren Grundkosten abzuleiten. Die niederen Beamten formulierten immer deutlicher, dass ihre Löhne, die seit mehr als 50 Jahren nur mehr minimal angeglichen worden waren, nicht mehr reichten, um eine Familie ordentlich zu ernähren. Sie formierten sich zu einer Interessensgruppe und kämpften für eine zeitgemäße Entlohnung (die sie erst 1873 erhalten sollten).[47] Wer hingegen das Glück hatte, bei Hof arbeiten und leben zu können, war sozial abgesichert. Zwar war der Dienst bei Hof nicht übermäßig gut bezahlt, die sozialen Absicherungen hoben aber alles auf.

Am kaiserlichen Hof konnte man als *„Beamter"*, *„Hausoffizier"* oder *„Livreediener"* arbeiten. Die Beamten als ranghöchste Hofbedienstete grenzten sich scharf nach unten ab und wollten keinesfalls mit den Hausoffizieren oder Livreedienern auf eine Stufe gestellt werden. Die Hofbeamten arbeiteten in den Kanzleien und Schreibstuben der vier Hofstäbe, der Militär- oder Kabinettskanzlei oder der Generaldirektion der Familienfonde. Ihre Arbeit war rein administrativ – körperliche Arbeit galt für einen Hofbeamten als unzumutbar. Für eine Beamtentätigkeit hatte man über eine juristische, zumindest aber kaufmännische Ausbildung zu verfügen und man musste an kleiner Stelle bei Hof beginnen. Chancen für Quereinsteiger gab es bis auf ein kurzes Zeitfenster, als Obersthofmeister Hohenlohe für die anstehenden Reformen eine schlagkräftige Spitzenbeamtentruppe aufstellte, keine. Wer als Beamter bei Hof Karriere machen wollte, musste geduldig sein, und selbst dann war eine Karriere nur möglich, wenn eine höhere Stelle durch Pensionierung oder Tod frei wurde – einer der Nachteile der kaiserlichen Hofpolitik, auch leistungsschwache Mitarbeiter nicht zu entlassen. Viele hoffnungsvolle und gut ausgebildete Nachwuchsbeamte kamen so oft nicht zum Zug und wurden auch nicht vorgereiht. Dem Hof entgingen im Lauf der Zeit dadurch viele wertvolle Ressourcen.

Die Laufbahn bei Hof lief immer nach dem gleichen Schema ab. Man begann als Praktikant, wurde nach einigen Monaten bis maximal nach zwei Jahren aufgenommen und stieg die nächsten 40 Jahre langsam und bedächtig die Karriereleiter empor. Zwar konnte nicht jeder der vielen Beamten eine Spitzenposition erlangen, doch die meisten gingen in einer wesentlich höheren Position als am Beginn ihrer Laufbahn in Pension.

Spitzenpositionen bei Hof gab es für Beamten nur wenige. Die höchste Position, die man als Bürgerlicher bei Hof erreichen konnte, war die Stelle des Kanzleidirektors des Obersthofmeisteramtes, vergleichbar mit dem höchsten Sektionschef eines Ministeriums. Weitere Spitzenpositionen waren die Abteilungsleitungen innerhalb des Obersthofmeisteramtes – Zeremonielldirektor,

Hofwirtschaftsdirektor, Zahlamtsdirektor oder Ähnliches. Interessant ist allerdings, dass die Karrieren der Spitzenbeamten, die wie alle anderen genau dokumentiert wurden, zeigen, dass auch die ranghöchsten Beamten alle als kleine Praktikanten begonnen haben und erst nach 30 Jahren Dienst an die Spitze aufgerückt sind. Der Hof hat sich also in erster Linie aus sich selbst heraus rekrutiert, niemals gab es bei den wichtigen Spitzenbeamtenposten Quereinsteiger von außerhalb des Hofes. So begehrt solche Posten auch gewesen sein mochten, der Kaiser vertraute nur jahrelanger Erfahrung im Dienstbereich. Versorgungsposten für einflussreiche Mitglieder der Gesellschaft waren zumindest im Bereich der hohen Hofadministration tabu – der Kaiser wusste genau, dass der Schlüssel zu einem funktionierendem Hof in fähigen und mit den Erfordernissen des Hofdienstes vertrauten Beamten lag.

Die Karriere von einem der ersten Kanzleidirektoren des Obersthofmeisteramtes, Franz Freiherr von Raymond, zeigt exemplarisch den klassischen Werdegang eines späteren Spitzenbeamten bei Hof. Raymond begann im Jahre 1839 als Praktikant im Hofwirtschaftsamt, erarbeitete sich eine Fixstelle bei Hof, durchlief sämtliche Stellen des Wirtschaftsamtes, bis er nach sieben Jahren Offizial im Obersthofmeisteramt wurde. Er avancierte zum Registraturadjunkt und schaffte fünf Jahre später den Aufstieg zum Protokollführer des Zeremonielldepartements. 1864, nach 25 Jahren Hofdienst, bekam er seine erste bedeutende Stellung. Er wurde „wirklicher Hofsekretär", vergleichbar einem Abteilungsleiter, zuständig für sämtliche Zeremoniellangelegenheiten. Fünf Jahre später erhielt er Rang und Titel eines Regierungsrates, und 1871, nach 32 Dienstjahren, wurde er zum Kanzleidirektor des Obersthofmeisteramtes ernannt.[48]

Sämtliche Beamte des Wiener Hofes, nicht nur die Spitzenbeamten, waren hoch angesehen, wusste man doch, dass sie persönlichen Dienst beim Kaiser verrichteten und im Umfeld des Monarchen glänzen konnten. Es war bekannt, dass sie viele soziale Vorteile genossen, die sie von ihren Standesgenossen im Staatsdienst unterschieden. Vor allem aber um ihre prächtigen Hofuniformen wurden die Hofbeamten beneidet. Es gab Uniformen in drei Kategorien, je nach Rang des Beamten, wobei die Unterschiede jedoch marginal waren. Alle trugen einen Uniformrock aus feinem, dunkelblauem Tuch, Kragen und Aufschlag aus schwarzem

Samt, der Vorstoß war aus scharlachrotem Tuch. Die Kragenhöhe war ganz genau festgelegt, sie durfte je nach Statur des Beamten nicht über sechs Zentimeter beziehungsweise unter vier Zentimeter hoch sein. Der Rock, der bis an die Hüften reichte, wurde mit zwei Knopfreihen geschlossen, auf denen der Doppeladler dargestellt war. Die Schöße mussten bis oberhalb des Knies hinabreichen. Auch die Ärmel waren mit einem Adlerknopf versehen. Die höchsten Beamten trugen an Kragen und Ärmeln Goldborten. Den Rang des Beamten konnte man an den Beamten-Rosetten am Vorderkragen erkennen. Dazu trug man ein dunkelblaues Gilet aus Kaschmir oder Seidenstoff, eine weiße Halsbinde, einen Hut aus schwarzem Filz nach Art der Militärhüte (bei den hohen Beamten durch schwarze Straußenfedern verziert), Handschuhe aus weißem Leder und einen Degen an der Uniform. Als Überwurf gab es einen Paletot aus dunkelblauem Tuch mit Kragen aus schwarzem Samt. Zur Gala wurden die einfärbigen Hosen gegen solche mit seitlichen Goldborten gewechselt.[49]

Die Hausoffiziere verrichteten die höheren Hausdienste, ihr Übergang zur dritten Gruppe der Hofbediensteten, den Livreedienern, verlief fließend. Als Hausoffiziere wurden all jene bezeichnet, die bei Hof einer Tätigkeit nachgingen, die eine profunde Berufsausbildung erforderte, oder aber in nächster Nähe zum Kaiser und seiner Familie verrichtet wurde. In dieser Kategorie fanden sich die unterschiedlichsten Positionen, diese Gruppe war bei weitem nicht so homogen wie jene der Beamten, die alle über die gleiche Grundausbildung verfügten. Dementsprechend bunt war die Mischung alle jener, die in diese zweithöchste Bedienstetenkategorie bei Hof gehörten. An der Spitze der Hausoffiziere standen zwei völlig unterschiedliche Tätigkeitsbereiche: der Hof-Chefkoch und der Leibkammerdiener des Kaisers, wobei der Chefkoch über den größten Verantwortungsbereich verfügte (schließlich unterstand ihm die gesamte Hofküche und große Teile des Einkaufes), der Leibkammerdiener zwar eine niedrigere Tätigkeit verrichtete, durch seine nahe Stellung zum Kaiser aber enorm an Prestige gewann. Eine Tätigkeit in allernächster Nähe zum Kaiser machte einen fehlenden Verantwortungsbereich wett.

Zu den Hausoffizieren gehörten weiters das gesamte Küchen-, Zuckerbäckerei- und Kammerpersonal, die Mitarbeiter der Tafel-

Ein Portier

und Silberkammer, die Oberbereiter und Wagenmeister des Oberststallmeisteramts, die Zimmeraufseher und Tafeldecker, sämtliche
Handwerker wie Tischler, Tapezierer, Poliere und Maschinisten
des Hofbauamtes, die Kustoden der kaiserlichen Museen sowie
die Amtsdiener aller vier Stäbe. Die Hausoffiziere waren aufgrund
ihrer fachlichen Ausbildung die Einzigen, die in der freien Wirtschaft Chancen auf eine Anstellung gehabt hätten, dennoch wech-
selte fast niemand in den Privatdienst, obwohl gerade das Küchen-
und Kammerpersonal des Hofes sehr begehrt war. Jeder reiche
Haushalt wollte sich mit einem ehemaligen Hofkoch oder einem
ehemaligen Kammerdiener einer kaiserlichen Hoheit schmücken,
trotzdem verließ praktisch niemand den Hof, wenn auch so mancher Privatmann ein lukratives Gehalt geboten haben mochte.
Eine lebenslange, sichere Anstellung mit Garantie auf Versorgung
für sich und die seinen konnte nur der Hof bieten.

Die Uniformierung der Hausoffiziere (und jene der höheren
Diener und Lakaien) unterschied sich von jener der Beamten. Sie
trugen ein Dienstkleid aus braunem Tuch mit Goldstickerei am
Kragen, eine Kniehose mit Latz, dazu eine Hausoffizierskappe
oder einen Chapeau Claque. Entsprechend den verschiedenen
Arbeitsaufgaben erhielten sie noch einen Frackanzug, Arbeitsleib-

Eine Gartengehilfin

chen oder Küchenhauben, einen Waffenrock und Beinkleid, eine Uniformbluse und einen schwarzen Morgenanzug. Die höchsten Hausoffiziere erhielten auch ein Galadienstkleid im Rokokostil aus rotem Tuch mit einer Kniehose samt vergoldeten Knieschnallen und einen Degen.[50]

Die dritte und zahlenmäßig größte Gruppe der Hofbediensteten stellten die so genannten „Livreediener", worunter alle bei Hof Arbeitenden zusammengefasst wurden, die keiner erlernten Tätigkeit nachgingen. Sie waren in einer unteren Beschäftigungskategorie eingereiht und erledigten sämtliche niederen Tätigkeiten. Zu dieser Gruppe gehörten die unzähligen Diener, das gesamte Putzpersonal, das einfache Küchenpersonal wie Mägde und Küchengehilfen, Portiere und Aufseher, Wegwärter, Holzträger, Feuerwehrmänner, Heizer, Schloss- und Nachtwächter sowie das zahlreiche niedrige Stallpersonal.

Die Uniform der untersten Diener, der Torwächter und Portiere bestand wie bei den Hausoffizieren aus einer Galalivree sowie einer täglichen Uniform samt Hut, baumwollenen Strümpfen, kalbsledernen Schuhen mit Schnallen, zusätzlich Gamaschen und einem Überrock. Für schlechte Witterung erhielten jene, die im Freien standen, kuhlederne Stiefel, einen Pelzrock (oder eigenen Portier-

Ein Torwächter im Augartenpalais

rock), für die Arbeiten in Haus und Hof noch ein Arbeitskleid, ein Leinenüberkleid und eine Kappe.

Die Livreediener waren die Sorgenkinder des Kaisers. Sie waren nicht nur die zahlreichste und deswegen kostspieligste Beschäftigungsgruppe, sie hatten auch die geringste Arbeitsdisziplin, bekamen die meisten Verwarnungen, und auch Alkoholmissbrauch war in dieser Gruppe am weitesten verbreitet. Die Hofverwaltung führte regelmäßige Kontrollen des gesamten Hofbediensteten-Apparats durch. Zwei Mal jährlich wurden so genannte „Conduitslisten" für das Obersthofmeisteramt gefertigt, auf denen jeder einzelne Beschäftigte hinsichtlich seiner Arbeitsleistung bewertet wurde. In diese Listen musste von den Vorgesetzten eingetragen werden: Geburtsjahr, Ort, Religion, Stand und Profession, weiters „Hat Kinder und wie viele?", „Verwendung im Dienste?", „Betragen", „Spricht Sprachen?", „Kenntnisse des Lesens und Schreibens", „Fehlern unterworfen und welchen" und schließlich „Ist wegen denselben und wie oft gewarnt oder bestraft worden?".

Eine Auswertung dieser Listen zeigt, dass Livreediener die schlechtesten Bewertungen erhielten, sowohl was ihre Leistung als auch ihr Betragen betraf. Außerdem fällt auf, dass jene, die weit weg von den Zentralstellen waren, am schlechtesten benotet wurden. Nicht immer war die Bewertung so schlecht wie im folgenden Fall eines Feuerwehrmannes: *„… da man indess vernommen hat, dass der k. k. Hoffeuermann zu Schönbrunn Johann Sühsenböck dem Trunke sehr ergeben ist, dann dass er sich auch während des Dienstes vom Wachzimmer häufig entfernt …"* kam sein Vorgesetzter kommt zu dem Schluss, *„dass der Beharrer in seiner bisherigen unangemessenen Aufführung und einer läßlichen Dienstleistung auf das Ärgste und Nöthigenfalls mit der gänzlichen Entlassung aus der Hofdienstleitung geahndet werden müsste".*[51]

Einem anderen Livreediener wurde wegen extrem nachlässiger Verrichtung seiner Arbeit nach dreimaliger offizieller Verwarnung sogar mit einer endgültigen Dienstentlassung gedroht.

Natürlich wurden nicht alle Livreediener derart schlecht beurteilt, viele legten ein tadelloses Betragen an den Tag, trotzdem blieb die Leistung vieler hinter den Ansprüchen zurück.

Trotz all der schlechten Bewertungen wurde fast niemand entlassen. Kaiser Franz Josephs Nachsicht gegenüber den untersten, aber auch schwächsten seines Hofes mag wohl nicht nur auf sein althergebrachtes Verständnis für seine Hausgemeinschaft zurückzuführen sein, sondern auch auf die Tatsache, dass ihm sehr bewusst war, dass gerade die Livreediener die körperlich schwersten Arbeiten verrichteten. Holzträger, die tagein, tagaus schwere Lasten auf ihren Rücken trugen, Wachleute, die bei jedem Wetter im Freien waren. Maschinisten, die unter schwierigen Bedingungen arbeiteten, die Arbeit der Heubinder in den Ställen, aber auch die schwere Putztätigkeit konnten einem Körper nach jahrelanger Arbeit viel Kraft kosten. Kaiser Franz Joseph war der erste Kaiser, der die jahrhundertealte Hoftaxe für die untersten Beschäftigungsklassen aufhob. Traditionell musste jeder, der neu bei Hof angestellt war, egal ob Beamter, Hausoffizier oder Diener, die Hoftaxe erlegen – ein Drittel des gesamten ersten Jahresgehaltes, das in zwölf Monatsraten abgezogen wurde. Obersthofmeister Liechtenstein taten die neu angestellten Livreediener, die hart für eine Fixanstellung arbeiteten, unendlich leid, er überzeugte den jungen Franz Joseph davon, diese schwere Bürde für die untersten Diener aufzuheben: *„Daß diesen Leuten die Entrichtung derselben bei ihren wirklich sehr knapp bemessenen Bezügen äußerst schwer fällt, darüber kann kein Zweifel bestehen. Ein Laternenanzünder, oder ein Bodenwäscher zb muß im ersten Jahre seiner oft durch*

Ein Holzträger

eine jahrlange beschwerliche Verwendung ein im Extradienste müh-
voll errungenen wirklichen Anstellung von seinem kleinen Gehalte
jährliche 240 fl den für ihn nahmhaften Betrag von 80 fl zurücklas-
sen und so also durch ein ganzes Jahr mit monatlich 13 fl 20 × für
sich und wenn er Familienvater ist auch für Weib und Kind, Woh-
nung und Kleidung Holz, Licht, Schulgeld usw bestreiten. Da dieses
offenbar nicht möglich ist, müssen diese Leute sich den größten Ent-
behrungen unterziehen und wenn die geringste Krankheit oder der-
gleichen eintritt, wogegen sie mit allen Entsagungen nicht ankom-
men können, sich noch glücklich schätzen, wenn sie jemand finden,
der ihnen ohne wucherische Zinsen durch ein Darlehen über dieses
harte Jahr dem Taxabzüge hinaus zuhelfen bereit ist, wodurch sie
aber unvermeidlich in eine drückende, bei ihrem geringen Gehalte
kaum je zu tilgende Schuldenlast gerathen. Es dürfte nicht dem aller-
gnädigsten Ansinnen Eurer Majestät entsprechen, diese Hofdiener
von Sorgen und Erniedrigungen einer solchen Lage und den unter
derlei Verhältnissen naheliegenden Versuchungen zu Veruntreuun-
gen u. dgl. ... fernerhin preisgegeben zu sehen und ich erlaube mir
daher Euere Majestät um die allergnädigste Genehmigung gehor-
samst zu bitten, dass die minderen Hofdiener ... von der Entrichtung
der Diensttaxe gänzlich frei gehalten werden dürfen." [52]

Nach jahrhundertealter Tradition wurde schließlich 1852 die Hoftaxe für die am schlechtesten bezahlten Hofbediensteten aufgehoben. Damit war zwar der erste Schritt in Richtung Anpassung der Arbeitsverhältnisse an die neue Zeit bei Hof getan, doch bis zu den grundlegendsten Veränderungen sollten noch 20 Jahre vergehen. Die Anhebung aller Löhne auf eine moderne Grundlage und die Einführung eines halbwegs funktionierenden Leistungssystems ließen noch auf sich warten.

Die Aufnahmemodalitäten waren für Beamte, Hausoffiziere und Diener gleich. Einem schriftlichen Ansuchen waren im besten Fall Zeugnisse beigelegt. Dennoch wurden die meisten Bewerbungen abschlägig behandelt. Der Hof versuchte in erster Linie aus den Kindern seiner bisherigen Bediensteten Nachwuchs für die Hofverwaltung zu bekommen. Da persönliche Loyalität und Treue zum Kaiserhaus ebenso hoch bewertet wurden wie gute Zeugnisse, war dem Hof wohler, die Kinder bereits bei Hof Angestellter aufzunehmen. Nicht zuletzt fühlte sich vor allem der Kaiser verpflichtet, den Kindern treuer Hofbeamter und Diener eine Chance auf eine gute Anstellung zu ermöglichen. Gerade die zahlreichen Nachkommen der niederen Dienerschaft hatten kaum Möglichkeiten, woanders eine Anstellung zu finden. Ein Unterschied zu den Kindern der höheren Beamten sticht deutlich ins Auge: Die Söhne der Spitzenbeamten des Hofes blieben in der Regel nicht bei Hof, sondern machten Karrieren in den Ministerien. Ob es daran lag, dass trotz eines gut positionierten Vaters die Karriere des Sohnes wegen der langsamen Aufstiegschancen als unsicher angesehen wurde, oder eine Karriere in den Ministerien planbarer war, lässt sich nicht eruieren. Gesichert ist nur, dass die Söhne der Beamten vom Hof wegstrebten, während die Kinder der einfachen Hofbediensteten am Hof blieben.

Doch auch von außen wurde versucht, bei Hof unterzukommen. Bewerbungsschreiben, Referenzbriefe und Bitten um Aufnahme eines Protegés von höher gestellten Persönlichkeiten überschwemmten das Obersthofmeisteramt geradezu. Jeder bemühte sich, seinen Schützling bei Hof unterzubekommen. Der Hof blieb erstaunlich gelassen und ließ sich auf Sonderwünsche in der Regel nicht ein. Aufgenommen wurden ausschließlich Kinder von Hofbediensteten oder exzellente Bewerber. Nur was die Chefköche betraf, griff man lieber auf Männer zurück, die in fürstlichen Privathaushalten gelernt hatten oder bestenfalls einige Jahre in Frankreich gearbeitet hatten, um mit dem Niveau der großen Gourmethäuser zumindest bei festlichen Angelegenheiten mithalten zu können. Hätte der Hof seine Köche immer nur selbst angelernt, wäre eine Weiterentwicklung der Hofküche nicht möglich gewesen.

Bewerber für den Hofdienst durften das 35. Lebensjahr noch nicht beendet haben, mussten einen tadellosen Leumund und bestenfalls gute Zeugnisse vorweisen können. Idealerweise dienten schon die Eltern bei Hof. Nach einer längeren Probezeit wurde über die Aufnahme entschieden – die in der Regel bewilligt wurde. Bei der definitiven Anstellung legte man im Obersthofmeisteramt den berühmten Diensteid ab, der viel über die Erwartung des Hofes aussagte. Das wichtigste war, dem Kaiser und seinem Haus die Treue zu halten, sich an die Vorschriften zu halten sowie die Nähe zum Monarchen und seiner Umgebung nicht auszunutzen, um Sonderwünsche durchzubringen, indem man den Verkehr mit hochgestellten Persönlichkeiten zum persönlichen Vorteil nutzte:

Eid

Sie werden einen Eid zu Gott dem Allmächtigen schwören und bei Ihrer Ehre und Treue geloben Seiner Majestät dem Allerdurchlauchtigsten Fürsten und Herrn Franz Joseph dem Ersten, von Gottes Gnaden Kaiser von Österreich, Könige von Böhmen etc. und Apostolischen Könige von Ungarn und nach Allerhöchstdemselben den aus dessen Stamme und Geblüthe nachfolgenden Erben treu und gehorsamst zu sein.

Nachdem Sie von Seiner Durchlaucht dem Herrn Ersten Obersthofmeister zum ... ernannt worden sind, werden Sie schwören, alle Ihnen von Ihren Vorgesetzten zugewiesenen Geschäfte nach Ihrem besten Wissen und Gewissen eifrigst zu verrichten, hiebei stets nicht nur das Beste des Dienstes Seiner kaiserlichen und königlichen Apostolischen Majestät und des Allerhöchsten Hofstaates vor Augen zu haben, sondern auch Nachteil und Gefahr abzuwenden, sich bei Ihren Dienstverrichtungen die bestehenden Vorschriften und die Ihnen erteilten besonderen Weisungen gegenwärtig zu halten, Ihren Vorgesetzten willigen Gehorsam zu leisten, das Dienstgeheimnis streng zu bewahren, die Pflichten eines ... stets treu und fleißig zu erfüllen und sich überhaupt so zu benehmen, wie es einem Manne von Ehre und treuen Diener Seiner Majestät des Kaisers und Königs geziemt.

Wenn Sie im Wege der allerhöchsten Gnade um etwas zu bitten haben, so hat dies mittels eines schriftlichen entweder an Seine k. u. k. Apostolische Majestät oder an das Oberst-hofmeisteramte gerichteten Gesuches mit Wissen oder im Wege Ihrer vorgesetzten Stelle und unter strenger Einhaltung der sonstigen bezüglich der Anbringung solcher Bitten be-stehenden Vorschriften zu geschehen.

Es ist auch allen Hofbediensteten unbedingt strengstens untersagt, sich bei einflussreichen Persönlichkeiten, diesel-ben mögen dem Verbande des Allerhöchsten Hofes angehören oder nicht, um eine Fürsprache oder Empfehlung zu bewer-ben oder solche sonst mit Bitten irgendeiner Art zu behel-ligen und haben Sie sich dieses Verbot stets gegenwärtig zu halten.

Auch werden Sie schwören, dass Sie einer ausländischen, politische Zwecke verfolgenden Gesellschaft weder gegen-wärtig angehören noch einer solchen in Zukunft angehören werden.

Was mir eben vorgelesen worden und ich in Allem wohl und deutlich verstanden habe, demselben soll und will ich getreu und fleißig nachkommen.

So wahr mir Gott helfe!

..., am ... 191. ... hat den Eid in meine Hände abgelegt ..., am ...191...[53]

Wer den Diensteid abgelegt hatte, wurde als Mitglied der kaiser-lichen Hausgemeinschaft betrachtet und kam nun neben einem Arbeitsplatz in den Genuss der vielen Vorteile einer Stellung am Kaiserhof.

Was die Bezahlung betraf, war eine Anstellung bei Hof nicht unbedingt ein Gewinn. Die Löhne lagen auf dem üblichen, teil-weise sogar auf einem niedrigeren Niveau als in der Wirtschaft. Das erstrebenswerte einer Stelle bei Hof waren aber nicht die Löhne, sondern die vielen sozialen Zusatzleistungen, die ein abgesicher-tes Leben ermöglichten: die Chance auf eine lebenslange Anstel-

Ein Saaltürhüter

lung, auf ordentliche Versorgung im Alter, medizinische Betreuung für die ganze Familie sowie ein Leben in einem sicheren und geschützten Umfeld.

Eine der wichtigsten Zusatzleistungen bei Hof war zweifellos der Anspruch auf eine eigene Wohnung innerhalb eines der vielen Hofgebäude oder aber eine finanzielle Abgeltung, wenn man auf eine Hofwohnung verzichtete – das so genannte „Quartiergeld" in der Höhe eines Jahresdrittels des Einkommens. Die meisten Bediensteten entschieden sich für eine Hofwohnung, nur die höheren Beamten (und auch bei diesen nur ein kleiner Teil) ließen sich den Quartieranspruch ablösen. Sämtliche Hausoffiziere und Livreediener wählten die Quartiermöglichkeit innerhalb der Hofburg oder einem anderen Hofgebäude. Die Gründe lagen auf der Hand: Die Mietkrise in Wien hätte es keinem kleineren Bediensteten ermöglicht, eine entsprechende Wohnung mit mehr als einem Zimmer zu bekommen. Niedere Diener hätten sich gerade ein Bett mieten können und wären zu einem der vielen bedauernswerten „Bettgeher" geworden – Menschen, die sich nur für die Dauer von einigen Stunden pro Nacht ein Schlaflager mieten konnten.

Einblick in die Wohnung eines Obersthofmeisters
innerhalb der Hofgebäude

Die Hofwohnungen wurden vom Obersthofmeisteramt je nach
Rang zugewiesen. Höhere Beamte, aber auch Aristokraten, die in
einer fixen Anstellung bei Hof waren, wie Hofdamen, Kammervorsteher oder persönliche Obersthofmeister der hohen Herrschaften,
erhielten die größeren Wohnkomplexe, die sich oft über mehrere
Zimmer erstreckten. Beamten wurden weniger prächtige, aber
auch Mehrzimmer-Appartements zugewiesen, die Diener erhielten ähnliche Wohnungen wie die Beamten, oftmals gleich große,
da sie meist mehr Kinder hatten und die Anzahl der Kinder bei der
Zuweisung neuer Wohnungen entscheidend war. Das Wohnungs-
mobiliar stellte ebenfalls der Hof zur Verfügung. Höhergestellte
Persönlichkeiten durften sich im Hofmobiliar bei den schönen Stil-
möbeln bedienen, einfachem Personal wurde das Notwendigste –
Tisch und Bett – zur Verfügung gestellt. Jede Wohnung hatte einen
Ofen, Toiletten mussten sich die Wohnungsbesitzer allerdings bis
zum Ende der Monarchie teilen, pro Gang gab es nur ein Klosett.

Alle bei Hof Angestellten, die Anspruch auf ein Hofquartier
hatten, lebten unabhängig von ihrer sozialen Stellung bunt durch-
gemischt innerhalb der Hofburg oder Schönbrunn. Es gab keine
eigenen Flügel für feineres Kammerpersonal oder niedriges Stall-

personal. Die Wohnungsvergabe erfolgte rein nach Verfügbarkeit, lediglich auf die Größe wurde je nach sozialem Stand eingegangen. Sobald eine Wohnung frei war, wurde sie nach kurzer Renovierung sofort wieder vergeben, der Bedarf war stets größer als die Verfügbarkeit. Der Hof musste auch immer wieder auf eigene Kosten Angestellte in umliegenden Privathäusern einmieten, weil die Burg bis auf das letzte Zimmer besetzt war.[54]

Zumindest auf die höheren weiblichen Bewohner versuchte man Rücksicht zu nehmen. So brachte man etwa alleinstehende Frauen, meist Hofdamen und Obersthofmeisterinnen, viele von ihnen trotz vorgerücktem Alter noch ledig, im berühmten „Fräuleingang" unter, einem der längsten Gänge im alten Teil der Hofburg, in dem nur weibliches Personal wohnte. Diese Damen, die privaten Umgang mit Männern nicht gewohnt waren, sollten in ihrer Jungfräulichkeit nicht durch zu engen Umgang mit – vielleicht auch noch einfachen, ungenierten – Männern aufgeschreckt werden. Ebenso wollte man ihnen ersparen, mit Männern das gleiche Gangklosett zu benutzen. Doch auch dieser Fräuleingang war freilich sozial bunt durchmischt. Neben Obersthofmeisterinnen und Hofdamen lebten Wäschemeisterinnen, Dienstmädchen und „Säuberungsweiber".

Der Rest der Hofwohnungen wurde relativ planlos vergeben. Neben Beamten lebten Hausknechte mit Familien, der Gaslaternenanzünder lebte neben der Köchin, der Hofgärtner neben dem Kustos des Münzkabinetts und so weiter. Nur in jene Wohnungen, die sich zu ebener Erde befanden und fast schon als Kellerwohnungen zu bezeichnen waren, versuchte man vornehmlich alleinstehende Männer einzuquartieren. Diese lauten und dunklen Wohnungen galten weder für Frauen noch für Kinder als zumutbar.[55]

Die Wohnungen durften individuell verändert werden, und gerade die besser bezahlten Beamten oder Hofdamen investierten einiges in den Ausbau und die Dekoration ihrer Wohnungen – feine Einbaukästen, Wasseranschlüsse, teure Tapeten. Sie mussten jedoch schon vor Übernahme der Wohnungen erklären, dass sie darüber aufgeklärt wurden, dass es Ablöseforderungen für Selbstinvestitionen an den Hof nur gab, wenn diese Investition vorher als ablösewürdig anerkannt worden war.[56] Haustiere durften offiziell bei Hof niemals gehalten werden, obwohl so manche Hofdame einen Kanarienvogel in ihrer Wohnung hatte, was vom

Obersthofmeisteramt gerade noch geduldet wurde. Hunde waren innerhalb der Burg aber aus hygienischen Gründen strikt verboten und wurden sofort abgenommen – eine Ausnahme bildete lediglich die Kaiserin.[57]

Die Wohnungen durften nach der Pensionierung behalten werden, was es den vielen einfachen Hofbediensteten ermöglichte, auch im Alter eine menschenwürdige Wohnmöglichkeit zu haben, denn gerade die Altersarmut war im 19. Jahrhundert trauriger Alltag. Alte Menschen, die von ihrer kargen Pension nicht leben konnten und auf Betteln angewiesen waren, prägten das Stadtbild. Der große Vorteil einer Hofwohnung war, dass es erlaubt war, hilfs- und pflegebedürftige Verwandte aufzunehmen. Da an einem christlichen Hof der Wert der Familie sehr hoch war, wurde es den Bediensteten ermöglicht, verarmte Verwandte, die ansonsten auf der Straße gelandet wären, ohne Kosten aufzunehmen – Voraussetzung war freilich, vorher schriftlich anzufragen. Ein Diener fragte etwa an, ob es möglich sei *„seine Mutter, eine Beamten Witwe, und seine Brüder in seiner Wohnung im k. k. Hofstallgebäude vor dem Burgthor"* aufnehmen zu dürfen, da es ihm *„nur durch Zusammenleben mit seinen Angehörigen möglich ist, die karge Existenz seiner alten Mutter zu verbessern"*.[58] Dem Antrag wurde wie allen dergleichen stattgegeben. Allerdings durften nur Blutsverwandte aufgenommen werden. Der Hof kontrollierte nach den Ergebnissen der Wohnungsüberprüfungen von Graf Grünne, die ergeben hatten, dass unzählige Untermieter bei Hof waren, die in keinem Verwandtschaftsverhältnis zu Hofbediensteten standen, streng nach.[59]

Jeder Hofbedienstete hatte nicht nur Anspruch auf eine Wohnung, sondern auch auf ein Holzdeputat. Wöchentlich stand jedem Hofbewohner eine bestimmte Menge Brennholz zu, die von den Holzträgern zu den Wohnungen gebracht wurde.[60] In vielen Gängen der Wiener Hofburg befinden sich heute noch die großen dunklen, versperrbaren Kästen, in denen das Holz gelagert wurde. Jede Hofwohnung hatte ein eigenes Fach, wo der eigene Vorrat untergebracht wurde.[61]

Wer bei Hof arbeitete und lebte, wurde ausgezeichnet kulinarisch versorgt. Alle Gerichte für die Hofbediensteten wurden frisch gekocht und waren von exzellenter Qualität, nahrhaft und gesund. Die Abonnements der Hofküche für Frühstück, Mittagessen und Abendessen, die jeder Hofbedienstete erwerben konnte, galten jeweils für eine Woche. Da der Hof bei der Verköstigung seiner Mitglieder sehr großzügig war, konnten ganze Familien davon leben. Kranke erhielten oft speziell nahrhafte Speisen, für Familien mit kleinen Kindern gab es eine Zusatzration Milch aus der Hofküche. Wurde ein Hofbediensteter oder ein Angehöriger krank, hatte man die Möglichkeit, einen der Hofärzte aufzusuchen. Bei Bedarf erhielt der Patient ein Rezept für die Hofapotheke, wo ihm – entweder zum Selbstkostenpreis oder, falls es sich um einen Kleinverdiener handelte, gratis – Medikamente ausgefolgt wurden. Die medizinische Versorgung bei Hof war erstklassig. Dass einfache Diener oder Arbeiter von ihrem Arbeitgeber medizinisch versorgt wurden, war zu dieser Zeit eine Ausnahme und erklärt auch, warum gerade einfache Geringverdiener über Generationen bei Hof blieben. Jeder Wechsel zu einem anderen Arbeitgeber hätte unweigerlich einen Abstieg bedeutet.

Die niedrigen Gehälter wurden durch zahlreiche Zusatzleistungen in Naturalien beziehungsweise zum Selbstkostenpreis extrem aufgewertet. So gab es zum Beispiel Brennholz und Nahrung fast gratis, wodurch die Hofbediensteten gerade in Inflationsjahren vor einem Wegschmelzen ihrer Löhne geschützt waren. Gerade die Holzpreise stiegen im Laufe der Zeit so extrem an, dass viele gering entlohnte Menschen in den Städten in manchem Winter nicht einmal regelmäßig heizen konnten.

Die Löhne wurden pünktlich jeden Ersten des Monats bar auf die Hand ausgezahlt. Dazu mussten sich die Hofbediensteten im Hofzahlamt einfinden und den Empfang des Geldes bestätigen. Zu Beginn der Regierung Kaiser Franz Josephs war es noch üblich, dass man für Kollegen oder Familienmitglieder das Geld in Empfang nehmen durfte. Nachdem es aber zu Ungereimtheiten und Streitigkeiten gekommen war, wurde bald nur mehr persönlich ausgezahlt.[62] Das Gehalt der Hofstaatsdiener durfte nicht gepfändet werden – eine staatliche Ausnahmeregelung.[63] Damit nicht Hunderte Menschen im Hofzahlamt warten mussten und jeden Monatsanfang die Arbeit liegen blieb, strömten Kassiere des Hofzahlamtes in alle Schlösser und Gärten aus. Für die Auszahlung der Löhne und Pensionen jener Hofbeamten und Diener, die nicht in der Hofburg arbeiteten, sondern in Schönbrunn, Hetzendorf, Belvedere oder Augarten, fuhren Hofzahlamtsoffiziale mit Zahllisten und Handkassa in die Schlösser und verwandelten ein Büro kurzerhand in ein Zahlamt. Zeitgleich bauten andere Mitarbeiter des Hofzahlamts Klapptische an einem zentralen Ort innerhalb der Hofgärten auf, positionierten ihre mitgebrachten Handkassen und die Auszahlungslisten und zahlten den Hofgärtnern, Arbeitern und Portieren ihren Lohn aus.

Die Pensionen wurden immer am zweiten Kalendertag des Monats ausbezahlt. Da die vielen schlecht verdienenden Livreediener von ihrer kleinen Pension kaum leben konnten (erst in den 1870er Jahren wurde das Pensionssystem erneuert), bekamen viele Pensionisten so genannte Gnadengelder oder Vergünstigungen. Auch für Witwen und Waisen wurde bei Hof gesorgt. Verstarb der Familienernährer, hatte die Familie Anspruch auf eine Unterstützung – das Vermögen oder Einkommen der Frau oder eventuelle Ersparnisse waren dafür nicht in Anschlag zu bringen.[64]

Neben den Löhnen gab es noch diverse Extravergütungen. Die Diener und Hausoffiziere, die trotz Lohn schlecht über die Runden kamen, konnten um diverse Unterstützungsgelder ansuchen. Höhere und höchste Beamte bei Hof kamen in den Genuss einiger hofexklusiver Luxusvergütungen. So hatten zum Beispiel die Spitzenbeamten Anspruch auf einen eigenen Sperrsitz in den k. k. Theatern und in der Oper. Die Inhaber dieser Sitze konnten, wenn sie wollten, täglich ihren reservierten Sitz im Hofburgtheater oder der Oper ausnutzen. Der Inhaber eines Sperrsitzes musste lediglich bis elf Uhr vormittags in der Generalintendanz Bescheid geben, ob er am selbigen Tag eine Vorstellung besuchen wollte, andernfalls wurde sein Platz an der Abendkassa verkauft. Höhere und mittlere Beamte bekamen zwar keine Sperrsitze, immerhin aber noch regelmäßig Freikarten für die Theater.[65]

Wer bei Hof leben, arbeiten und die vielen Vergünstigungen genießen wollte, musste sich aber auch den strengen moralischen Vorgaben des Hofes unterwerfen. Sämtliche Hofbeamte und Diener hatten sich an christlichen Feiertagen sowie an allen Freitagen gemäß den Vorschriften der Kirche zu verhalten. Belustigungen an öffentlichen Orten sowie die Teilnahme an Straßenfesten waren an diesen Tagen nicht gestattet. Auch nach außen hin mussten die Hofbewohner die Würde und Sittlichkeit eines apostolischen Hofes widerspiegeln.[66]

Was das Privatleben betraf, hatte der Hof ein enormes Mitspracherecht, zumindest de jure. Wenn Beamte oder Diener heiraten

Die Auszahlung der Pensionen im Hofzahlamt, traditionell
am 2. Kalendertag des Monats

wollten, musste vorher eine Heiratserlaubnis eingeholt werden.
Name, Beruf und Stand des potentiellen Ehepartners mussten ange-
geben werden. Dem Hof ging es in erster Linie nicht um standes-
gemäße Heiraten, denn ob ein Beamter ein armes Bauersmädchen
heiratete, war nicht von Belang, sondern ob sich der Hofbedienstete ein Familienleben „leisten" konnte. Die Heirat eines untersten
ten Livreedieners war kein Privatvergnügen mehr, sondern eine
Angelegenheit, die der Hof finanziell deutlich zu spüren bekam.
Jeder Hofbedienstete hatte das Recht auf eine ordentliche Versorgung seiner Familie, wenn er selbst dazu nicht mehr in der Lage
war. Wenn nun ein sehr schlecht bezahlter Berufsanfänger, der
auch noch als einfacher Livreediener oder Portier arbeitete, jung
heiratete und Kinder bekam, dauerte es nur mehr kurze Zeit, bis
sich der junge Familienvater an den Kaiser wandte mit der Bitte
um Unterstützung, da er von seinem kargen Lohn seine Familie
nicht mehr erhalten konnte. Der Hof sprang zwar jedes Mal helfend ein – ob über den Unterstützungsfonds oder die kaiserliche
Privatschatulle –, versuchte jedoch jene Heiraten, bei denen als

sicher angenommen werden konnte, dass das Geld für eine Familiengründung nicht reichen würde, von vornherein zu verhindern. Für die betreffenden Hofstaatsdiener hieß das, dass keine Heiratserlaubnis erteilt wurde, und zwar solange nicht, bis der Heiratswillige in eine bessere Gehaltskategorie aufgestiegen war (die durch die jährliche automatische Gehaltsaufrückung unweigerlich kam). An Gehilfen, die erste Stufe einer Livreedienerkarriere, wurden Heiratsbewilligungen zum Beispiel grundsätzlich nicht erteilt.[67]

Für die Aufrechterhaltung der Disziplin innerhalb der Hofburg war die Burgwache zuständig. Wo derart viele Menschen auf engstem Raum zusammenlebten, kam es immer wieder zu Streitigkeiten und Reibereien, außerdem war Alkoholmissbrauch ein großes Problem bei Hof, gerade was die untersten Hofbediensteten betraf. Meist machte man kurzen Prozess. Wurde ein Hofbediensteter auffällig, in einen Streithändel verwickelt oder unter Alkoholeinfluss sogar gefährlich, belegten ihn die Schlosshauptmänner kurzerhand mit einer Arrest-Strafe. Diese Maßnahme wurde immer nur zur kurzfristigen Deeskalation eingesetzt, Konsequenzen hatten solche Arreststrafen in den wenigsten Fällen. War der Delinquent wieder nüchtern und ruhig, wurde er seines Weges geschickt. Ungebührliches Verhalten oder schlechtes Benehmen wurden schnell verziehen, hier zeigte der Hof große Nachsicht.[68]

Nur bei schweren Verstößen wie Betrug oder Geldhinterziehung, aber auch bei mangelnder Arbeitsleistung oder gar Arbeitsverweigerung über einen langen Zeitraum hinweg wurde der Hof aktiv. Wer entweder dreimal verwarnt worden war, bereits eine Androhung auf Kündigung erhalten hatte oder sich eines Verbrechens schuldig gemacht hatte, gegen den wurde ein Disziplinarverfahren eröffnet. Diese Verfahren mussten nach ganz genauen Vorgaben ablaufen. Zuerst ermittelte der Stab, in dem der betreffende Hofbedienstete arbeitete, und führte Vorerhebungen durch. Das Ergebnis wurde dann den Mitgliedern der Disziplinarkonferenz vorgelegt, die aus einem Juristen des Obersthofmarschallamtes und vier hohen Beamten aus den verschiedenen Stäben bestand, so dass zugunsten des Beschuldigten eine Ausgewogenheit bestand. Die Mitglieder der Disziplinarkonferenz hatte eine Woche Zeit, um die vorbereitete Darstellung durchzusehen, Zeugen zu befragen und den Beschuldigten anzuhören. Danach übermittelten sie dem Obersthofmeisteramt schriftlich ihr Urteil. Die

Urteile waren in den meisten Fällen ähnlich. Das häufigste Urteil war: *„strafweise Versetzung und Herabminderung des Lohnes"* [69]. Interessant ist, dass die Protokolle deutlich erkennen lassen, dass Disziplinarverfahren bei allen Stäben, aber auch in allen sozialen Schichten vorkamen. Nicht nur Haushofdiener und Hofkutscher, Restauratoren und Hofamtssekretäre, auch Hofkommissäre und sogar der Schlosshauptmann der Prager Burg sind einem Disziplinarverfahren unterworfen worden. Die einfachsten Arbeiter wurden wegen anhaltender Trunkenheit im Dienste angezeigt, die höheren Beamten eher wegen Ungereimtheiten in Geldgebarungen. Entlassen wurde aber kaum jemand. Zwischen 1903 und 1918 gab es zum Beispiel 85 Disziplinarverfahren, von denen jedoch nur eines mit einer Entlassung des Beschuldigten endete. Selbst jene, die sich erst in der Probezeit befanden und bereits ein Disziplinarverfahren hatten, konnten weiterhin bei Hof bleiben, es hing ihnen in ihrer Karriere nicht nach.

V
Glanz und Repräsentation – die Hofgesellschaft

Die elitäre Hofgesellschaft – Der Hofzutritt – Die komplizierte Rangordnung des Wiener Hofes – Die Pflichten des Adels – Kaiser Franz Josephs Erwartungen an die Aristokratie – Standeserhebungen unter Kaiser Franz Joseph – Die Neujahrscour – Der Hofball, der offizielle Staatsball – Zutrittsbestimmungen für den Hofball – Der Hof arbeitet auf Hochtouren für das größte Fest des Jahres – Die Wiener Hofgesellschaft sticht sogar den Zarenhof aus – Der kleinere, exklusive Ball der Hofgesellschaft – Die Fronleichnamsprozession

Die Gesellschaft der Donaumonarchie wandelte sich unter Franz Joseph zu einem vielschichtigen und sich stetig verändernden Gebilde. Die politische Vorherrschaft des Adels – insbesondere auf lokaler Ebene – war seit der Grundablöse von 1848 gebrochen. Das Großbürgertum hatte sich seinen Platz in der Gesellschaft gesichert, Wirtschaftsmagnaten lenkten die wirtschaftlichen Geschicke des Reiches (rund ein Drittel der erwachsenen Männer erhielt ab 1861 das Wahlrecht in die Landtage und den Reichsrat).

Doch bei Hof spiegelte sich noch immer die alte ständische Ordnung wider. So sehr sich der Kaiser den Anforderungen der modernen Zeit beugen musste, was die gesellschaftliche Zusammensetzung seines Hofes betraf, blieb Franz Joseph konservativ. Die traditionelle Umgebung des Kaisers, die Einzigen, die uneingeschränkten Hofzutritt hatten und hohe Hofchargen stellen durften, blieben die aristokratischen Familien, die gesellschaftliche Spitze der Habsburgermonarchie. Diese nicht mehr als 300 bis 400 Familien zählende Gruppe stellte den Olymp der Gesellschaft dar und blieb bis zum Ende der Monarchie so exklusiv und unter sich, als hätte sich die Gesellschaft rundherum kaum verändert.

Jene kleine Gruppe an altem Adel war die „Hofgesellschaft", jene Menschen, die die berühmte „Ahnenprobe" des Hofes bestanden und aufgrund ihres reinen Geburtsrechts bei Hof erscheinen durften. Diese exklusivste Gruppe bei Hof musste nicht durch besondere Verdienste glänzen, sondern hatte die begehrte Hoffähigkeit aufgrund ihrer fürstlichen, gräflichen oder freiherrlichen Abstammung. Wer acht Ahnen mütterlicherseits und väterlicherseits vorweisen konnte, die von tadelloser hochadeliger Abstammung waren und deren Vorfahren diese Kette auch nicht durch unebenbürtige Fehltritte unterbrochen hatten, der konnte das begehrte Adjektiv „hoffähig" für sich beanspruchen. Über die Ahnenprobe wachte bei Hof der Oberstkämmerer, der nicht nur die kaiserlichen Kunstsammlungen verwaltete, sondern auch den Zutritt zum Hof streng kontrollierte und die berühmten Ahnenprobenexaminatoren unter sich hatte – Spezialisten der Ahnenforschung, die eifrig jeden Stammbaum aufs Genaueste untersuchten, auf dass niemand zum Hof kam, der nicht hierher gehörte. Während in England, Frankreich und Preußen bereits um die Mitte des Jahrhunderts breitere Schichten, vor allem die wohlhabenden Industriellen und Unternehmer, den Hofzutritt erhielten, blieb der Wiener Hof dem Industrieadel verschlossen. Als Folge dieser strengen Zutrittsbestimmungen galt der Habsburgerhof als der vornehmste und elitärste Hof Europas, wurde aber ob seiner Weigerung sich zu öffnen auch scharf kritisiert. Selbst die Familie Rothschild erhielt trotz all ihres Einflusses erst Ende der 1880er Jahre den Hofzutritt.

Nicht nur nach unten, auch untereinander herrschte innerhalb des Hofadels eine äußerst strenge Abgrenzung. Die komplizierte Rangordnung des Wiener Hofes – die schon für Zeitgenossen eine eigene Wissenschaft darstellte – garantierte jedem einzelnen Aristokraten bei Hoffestivitäten jene Stellung, die ihm aufgrund seiner Herkunft auch zukam.

Die Hierarchie der österreichischen Aristokratie ist historisch eng mit der Geschichte des Heiligen Römischen Reiches Deutscher Nation verbunden, dessen Kaiser in der Mehrzahl die Habsburger gestellt hatten. Nachdem Kaiser Franz I. (II.) im Jahre 1804 als erster die österreichische Kaiserwürde für seine Erblande angenommen hatte (bis dahin bezog sich der Kaisertitel der Habsburger stets auf das Heilige Römische Reich Deutscher Nation, die traditionellen Länder der Donaumonarchie waren die hauseigenen Erblande) und zwei Jahre später durch seine Niederlegung der deutschen Kaiserkrone das Ende des Heiligen Römischen Reiches herbeigeführt hatte, musste auch bei Hof eine Neuordnung der Rangeinteilung des Adels eingeführt werden, denn im jungen Kaisertum Österreichs trat nun neben den „Reichsadel" (jene Adeligen, die eine sogenannte „reichsunmittelbare" Herrschaft innerhalb des Heiligen Römischen Reiches hatten) auch der österreichische Erbadel. Der Hof des Biedermeier konnte sich lange zu keiner neuen Regelung durchringen, erst 1837 erneuerte der Vorgänger Franz Josephs Kaiser Ferdinand die Rangfolge bei Hof, deren Grundzüge bis zum Ende der Monarchie gültig waren.[70]

An erster Stelle in der Adelshierarchie rangierten jene Fürsten- und Grafenfamilien, die vor dem Ende des Heiligen Römischen Reiches im Jahre 1806 „reichsunmittelbar" waren, also eine eigene Herrschaft innerhalb des Deutschen Reiches hatten und – das ist nun das Besondere – keinem der vielen deutschen Souveräne, sondern einzig dem Kaiser selbst unterstanden und außerdem Sitz und Stimme auf der ehemaligen Reichsfürstenbank hatten. Innerhalb dieser höchsten Gruppe des Adels richtete sich die interne Reihung nach dem Datum der Erhebung in den Fürstenstand. Die höchsten Familien waren die Familien Arenberg, Lobkowitz, die verschiedenen Zweige der Familie Salm, außerdem die Familien Dietrichstein, Auersperg, Fürstenberg, Schwarzenberg und Thurn und Taxis. (Die berühmte Familie Liechtenstein rangierte vor der Aristokratie, da sie als Einzige noch regierende Fürsten waren.)

An zweiter Stelle fanden sich nun jene Familien, die zwar auch „reichsunmittelbar" waren, jedoch bis zum Ende des Heiligen Römischen Reiches keine Stimme auf der Reichsfürstenbank hatten, darunter die Familien Croy, Esterhazy, die verschiedenen Zweige der Häuser Hohenlohe, Schönburg und Waldburg, die Familien Trauttmansdorff und Windisch-Graetz, um nur einige zu nennen. Danach kamen die erbländischen Fürsten (also jene aus den österreichischen Ländern, deren Herrschaften nicht innerhalb des Heiligen Römischen Reiches gelegen waren), wie die Familien Lubomirski, Lamberg, Kinsky, Palffy oder Collato. Daran anschließend reihten sich noch die gräflichen und freiherrlichen Familien.

So kompliziert und gleichzeitig exakt definiert der Rang der Aristokratie war, so genau wurde sowohl von Seiten des Hofes als auch von Seiten der hohen Familien darauf geachtet. Das Zeremoniell, die Handhabung dieser Rangordnung bei offiziellen Anlässen, musste die Stellung aller Mitglieder der Hofgesellschaft berücksichtigen. Das Hofzeremoniell war bis zum Ende der Monarchie weit mehr als ein Organisationsschema, es war ein optisch fassbarer Anzeiger für die Stellung jedes einzelnen Aristokraten bei Hof und innerhalb seiner eigenen Gesellschaft.

Wer bei Hof erscheinen durfte, konnte natürlich nicht willkürlich und je nach Lust und Laune zu Hoffesten erscheinen, sondern musste sich den starren Hofregeln unterwerfen. Vor Hoffestlichkeiten wurde vom Obersthofmeisteramt ein eigenes Zeremoniell ausgearbeitet, das den Platz jedes Einzelnen genau festlegte. Besucher durften nicht etwa dort stehen, wo sie den besten Sichtplatz hatten, sondern dort, wo ihr Rang sie vorsah, nämlich nach einem Ranghöheren und vor einem Rangniedrigeren. Doch auch für die Aristokratie reichte es nicht, eine hohe Abstammung nachweisen zu können. Um in die Hoffeierlichkeiten eingebunden zu werden, musste man sich um eine offizielle Hofwürde bemühen. Nur Personen, die eine Hofwürde besaßen, durften das Gefolge des Kaisers bei offiziellen Anlässen bilden. Sie durften dann nach dem Kaiser, dem Erzhaus und den obersten Würdenträgern des Hofes bei Staatsbesuchen, Hoffeierlichkeiten oder der berühmten Fronleichnamsfeier hinter dem Kaiser einziehen und wurden so Teil der prunkvollen Inszenierung des Hofes.

Für Männer der Aristokratie war dies die Ernennung zum k. u. k. Kämmerer, Frauen konnten die gleichbedeutende Sternkreuzordenswürde beantragen. Männliche Aristokraten, die das 24. Lebensjahr erreicht hatten, konnten um die Kämmererwürde ansuchen. Für die Ernennung zum k. u. k. Kämmerer musste der Bewerber die Ahnenprobe bestehen, österreichisch-ungarischer Staatsbürger sein, einen tadellosen politischen und sozialen Leumund haben und über ein standesgemäßes Vermögen verfügen.[71] Für die Aristokratie war es von enormer Bedeutung, in den Ablauf des Hofes bei Feierlichkeiten eingebunden zu sein, die sie zum Teil des glanzvollen Hofes werden ließ.

Als Kämmerer erhielt man die Kämmereruniform mit dem Ehrenzeichen,[72] dem obligatorischen goldenen Kämmererschlüssel, man konnte nun also in einer offiziellen Hofrobe erscheinen. Die Kämmererwürde war zwar eine hohe Auszeichnung, gleichzeitig aber eine Verpflichtung dem Kaiser gegenüber. Denn als Kämmerer musste man bei allen Repräsentationsaufgaben des Hofes anwesend sein – nur eine rechtzeitige Krankmeldung galt als Entschuldigungsgrund – und das berühmte „Cortège", das Gefolge des Kaisers bilden. Der Kämmerer bekam für seine Verpflichtungen keine Besoldung, es galt als Ehre, Teil der höfischen Inszenierung zu sein. Da die Zahl der Kämmerer in die Hunderte ging, wurden sie in Gruppen zu turnusmäßigen Diensten eingeteilt, so dass jeder Aristokrat regelmäßig an die Reihe kam, seinen Pflichten nachzukommen. Kämmerer wurden für die Einholung neuernannter Botschafter auswärtiger Staaten zur Antrittsaudienz beigezogen, für Empfänge und Hoffeierlichkeiten. War man zum Turnus eingeteilt, musste man sich in Wien aufhalten, um sofort seiner Pflicht nachkommen zu können.

Kaiser Franz Joseph war dem Adel gegenüber weitaus strenger als seine Vorgänger. Unter den Kaisern Franz und Ferdinand war die Teilnahme des Adels an den oft anstrengenden Hoffeierlichkeiten gesunken, nicht zuletzt auch aufgrund der persönlichen Lebensweise der beiden Biedermeierkaiser, die ein eher zurückgezogenes Dasein führten. Seit Beginn der Regierung Kaiser Franz Josephs achtete der Hof besonders auf das Engagement, vor allem aber auf die regelmäßige Anwesenheit des Adels. Wer längere Zeit nicht erschien, bei dem wurde angefragt, warum er seinem Dienst am Kaiser nicht nachkam.

1869 veränderte Franz Joseph die Kämmererwürde. Er ließ mit allerhöchster Entschließung festsetzen, dass es sich um keine Ehrenauszeichnung handelte, sondern um eine *„wirkliche Hofdienstleistung"*.[73] Die neue, strengere Kämmererwürde-Verordnung war für den Kaiser auch ein Mittel, den Adel zu disziplinieren. So nachsichtig Franz Joseph gegenüber kleinen Beamten und Dienern war, so streng war er mit den Spitzen der Gesellschaft. Wer durch seine höhere Geburt in die Vorteile seiner Sonderstellung kam, der musste auch den vermehrten Pflichten seiner Stellung Rechnung tragen. Für den Kaiser hieß das beim Adel: eine tadellose Lebensführung und seinen Pflichten gegenüber der Dynastie und dem Staat nachzukommen. Entsprach ein Aristokrat in seinem Auftreten nicht dem hohen Ideal seines Standes, verschuldete er sich oder geriet sein Name gar in einen öffentlichen Skandal, entzog Franz Joseph dem Betreffenden ungerührt die Kämmererwürde – eine große Schande für die ganze Familie. Für die meisten Aristokraten war es aber doch eine Selbstverständlichkeit, vor allem aber eine große Ehre, zu Ehrendienstleistungen herangezogen zu werden. Schließlich war der Hof die letzte exklusiv dem Adel vorbehaltene Bastion, die deutlich signalisierte, welche Gesellschaftsschicht von alters her den nächsten Kontakt mit dem Herrscher hatte.

Zu Hof kommen, wenn auch nicht Teil der elitären Hofgesellschaft sein, durften neben dem Geburtsadel auch Personen, die entweder in einer offiziellen Funktion standen, oder Auszeichnungen erhalten hatten. Erweiterter Hofzutritt galt für jene, die hohe militärische, politische oder kirchliche Würdenträger waren.

Der Kaiser hatte auch die Möglichkeit, direkt in die starre Rangordnung einzugreifen, um Personen, die sich um Staat und Kaiserhaus besonders verdient gemacht hatten, aber über keinen Geburtsadel verfügten, durch persönliche Auszeichnungen an eine Spitzenposition innerhalb der Rangordnung des Hofes zu stellen. Die Ernennung zum „Geheimen Rat" war die höchste Auszeichnung, die der Kaiser verleihen konnte. Dadurch erhielt man die Hoffähigkeit, den Titel Exzellenz und einen besonderen Hofrang. Weil es sich bei der Geheimratswürde um eine persönliche Gunstbezeugung des Monarchen handelte, durften die Geheimen Räte auch vor den Kämmerern bei Hof einziehen. Die Ministerpräsidenten und Minister, die oft nicht aus hochadeligen Familien stammten, erhielten fast immer die Geheimratswürde, vereinzelt auch Männer, die dem Kaiser aufgrund ihrer Leistung besonders würdig erschienen.[74]

Für den nobilitierten Adel, oder auch Briefadel, jenen, den man sich im Unterschied zum elitären Geburtsadel am Ende seines Dienstlebens bei Militär (als Offizier) und Staat (als hoher Beamter) nach 30 Jahren Dienstzeit erwerben konnte oder um den die Wirtschaftsbarone für ihre besonderen wirtschaftlichen Leistungen ansuchen konnten, gab es nur eine Möglichkeit bei Hof zu erscheinen: indem sie zum „Truchsess" ernannt wurden. Die Truchsessen rangierten hinter den Geheimen Räten und Kämmerern, durften den Hof bei großen Festlichkeiten cortegieren und bei der Hoftafel erscheinen.[75]

Doch nicht jeder Neugeadelte durfte bei Hof erscheinen, denn eine Hofwürde bedeutete immer noch eine persönliche Auszeichnung und keine Selbstverständlichkeit, vor allem aber hätte der Hof gar nicht die enorme Menge an Nobilitierten aufnehmen können. Gerade in der franzisko-josephinischen Zeit gab es mehr als 5700 Erhebungen in den einfachen Adel, wobei die Zahl der Nobilitierungen ab der zweiten Hälfte des 19. Jahrhunderts enorm zunahm. Dieses Streben der Bürgerlichen nach Adelsverleihungen zeigt nicht zuletzt die starke mentale Verbindung der Menschen mit der Monarchie.[76]

Der Kaiser lehnte leichtfertige Adelsverleihungen und Standeserhöhungen im Prinzip ab, vor allem, wenn es darum ging, Personen in den hohen Adel (also ab dem Freiherrentitel gemäß Adelsgesetz von 1877) zu hieven. Mit dem Briefadel tat er sich leichter. Das Prädikat „Ritter" oder „Edler von" ging ihm wesentlich leichter von der Hand als ein Freiherrentitel. Bezeichnend war Franz Josephs Bemerkung über den Antrag eines Reichsdeutschen aus altadeligem Haus auf eine österreichische Freiherrenstandsverleihung: *„Wenn der den österreichischen Freiherrenstand wünscht, mag er ihn haben, mir an seiner Stelle wäre der alte Adelsstand lieber gewesen."*[77] Für den Kaiser zählte ein alter, noch dazu reichsständischer Adel, selbst wenn es ein niedriger war, mehr als jede Erhöhung in moderner Zeit.

Natürlich konnte sich der Kaiser der modernen Zeit nicht entgegenstellen und es wurden unzählige Männer in den Adelsstand erhoben. Es war ihm aber stets wichtig, dass nicht nur jene geadelt wurden, die viel Geld für öffentliche Zwecke sprudeln ließen, sondern vor allem jene, die Staat und Kaiser treu gedient hatten. Gegen Ende seines Lebens unterzeichnete der Kaiser aber mehr Adelserhebungsanträge als je zuvor, *„oft an Leute, deren einziges Verdienst die Spickung des Dispositionsfonds war"*, wie so mancher Skeptiker vermerkte.[78]

Geradezu unwillig wurde der Kaiser, wenn ihm seine Minister oder Statthalter Adelsanträge zukommen ließen, ohne dass der Betreffende besondere Verdienste hatte, sondern nur enorm reich war. Franz Josephs Schwiegersohn Erzherzog Franz Salvator setzte sich für die Adelserhebung eines steinreichen Bauunternehmers ein, dessen Tochter einen seiner Regimentskameraden aus erlauchtem Haus heiraten wollte, der sich doch ein wenig schämte, eine Braut so ganz ohne Adelsprädikat heimzuführen. Er bat Statthalter Kielmansegg um Hilfe, diese Adelserhebung dem Kaiser schmackhaft zu machen. In der Regel wollte der Kaiser von solchen Erhebungen, die rein finanzielle Hintergründe hatten, nichts wissen. Statthalter Kielmansegg berichtete nicht ohne Zynismus über den Umweg, den man nahm, um den Kaiser zu überreden und gleichzeitig dem Staat ein gutes Geschäft zukommen zu lassen: *„Der Bauunternehmer hatte wohl bei Eisenbahnen viel verdient, Verdienste aber wenig. Damals aber handelte es sich gerade zufällig um eine wenig Rentabilität versprechende Lokalbahn, deren Bau eine gewisse politische Bedeutung angenommen hatte. Der Leiter des Handelsministeriums, Ritter von Wittek, brauchte eine Zeichnung von Stammaktien dieser Bahn im Betrage von einer halben Million Kronen, um den Bau beginnen lassen zu können und wollte diese gern dem Adelslüsternen herausquetschen. Dies berichtete ich getreulich dem Kaiser, und er resolvierte: ›Wittek soll nur quetschen!‹ Die Quetschung gelang, ein Adelsdiplom war der Lohn; ›von Bahnquetsch‹ wäre ein so hübsches ›Prädikat‹ gewesen!"* [79]

Wer bei Hof erscheinen durfte, musste sich dem offiziellen Jahresplan des Hofes unterwerfen. Die erste wichtige Aufgabe im Kalenderjahr war, dem Kaiser am 1. Jänner jeden Jahres seine Aufwartung zu machen – der berühmte Neujahrsempfang bei Hof. Alle Aristokraten, aber auch die Diplomatie und die hohen Würdenträger des Staates zogen zu Neujahr in die Hofburg, um dem Kaiser Neujahrwünsche entgegenzubringen – das Jahr begann also mit einer demonstrativen Aufwartung vor dem Monarchen. Der Kaiser selbst nahm nur von der hohen Diplomatie, seinen obersten Hofwürdenträgern und souveränen Fürsten die Glückwünsche persönlich entgegen. Alle anderen mussten ihre Neujahrsaufwartung vor dem ersten Obersthofmeister ablegen, der der offizielle Vertreter des Kaisers war. Die Damen sprachen bei der Obersthofmeisterin der Kaiserin vor, auch die Monarchin empfing nur die Damen der Diplomatie persönlich.

Kurz nach der Neujahrscour fanden die jährlichen zwei Hofbälle, der eigentliche „Hofball" und der „Ball bei Hof" statt, an dem die Aristokratie teilnehmen musste. Der Ball bei Hof war der kleinere der beiden Bälle, zu dem nur die Aristokratie und die diplomatischen Würdenträger eingeladen waren und der wesentlich intimer, vor allem aber noch exklusiver als der Hofball war.

Am Hofball, der als der offizielle Staatsball galt und das größte weltliche Ereignis des Hofes war, durften all jene teilnehmen, die bei Hof erscheinen durften: die Hofgesellschaft, das diplomatische Corps, die Würden- und Ordensträger und die aktiven Offiziere der Wiener Garnisonen, die als Einzige ohne Hofwürde als „hoffähig" galten. Da der Kaiser der oberste Kriegsherr war und bei jeder Gelegenheit die besondere Stellung des Militärs hervorheben wollte, hatten die Offiziere das Privileg am Hofball erscheinen zu dürfen. Diese besondere gesellschaftliche Stellung sollte freilich auch ein bisschen dafür entschädigen, dass der Dienst in der Armee des Kaisers kaum glorreich war. Die Offiziere wurden äußerst schlecht entlohnt, durften in vielen Fällen nicht heiraten, weil sie das erforderliche Vermögen, das für eine Heiratserlaubnis nötig war, nicht vorweisen konnten, hatten dafür aber hohes gesellschaftliches Ansehen.

Der Hofball fand stets Ende Jänner statt, den genauen Tag setzte immer die Kaiserin fest. Der Kaiser, der immer froh war, dass Elisabeth überhaupt erschien, richtete sich innerhalb des vorgegeben Rahmens völlig nach dem persönlichen Zeitplan der Kaiserin. Er selbst informierte seinen Obersthofmeister stets mit einer kleinen schriftlichen Notiz über die Wunschtage der Kaiserin: *„Die Kaiserin wünscht, dass der Hofball Mittwoch den 27. des Monats und der Ball bei Hof Mittwoch den 3. Feb. stattfindet. In dieser Weise kann alles vorbereitet werden.“*[80] Manchmal ließ die Kaiserin jedoch das Obersthofmeisteramt mit ihrer Entscheidung warten, dessen Beamten ob der Vorbereitungen, die sie rechtzeitig zu treffen hatten, oft nervös wurden. Nachfragen durfte bei der Monarchin niemand, der Kaiser, der seinen Hofbediensteten unnötigen Stress vermeiden wollte, griff dann meist ein und bestimmte trotz der Unentschlossenheit der Kaiserin den Beginn der Vorbereitungen: *„Den Tag des Hofballs wünscht die Kaiserin erst 12 Tage vorher zu bestimmen, was aber nicht hindern würde, die Einladungsliste vorzubereiten.“*[81]

Für den Hofball wurden nur für die höchsten Gäste Einladungen verschickt, ansonsten eine offizielle „Hofansage" gemacht. Das heißt, das Datum, an dem der Ball stattfand, wurde über Aushang bekanntgegeben, es gab weder Zu- noch Absagen, wer generell bei Hof erscheinen durfte, konnte den Ball besuchen. Ab den 1880er Jahren musste der Besuch vor allem für die Militärs beschränkt werden. Nur mehr knapp 700 Karten wurden an das Militärkommando zur Verteilung ausgegeben, weil in den Jahren davor die Zahl der Besucher, die zum Ball drängten, so angestiegen war, dass aufgrund der Masse die wesentlichsten Sicherheitsvorkehrungen für die Besucher nicht mehr gewährleistet waren. Die Hofansage besagte auch, wie die Besucher zu erscheinen hatten: Hofwürdenträger in ihrer Hofuniform, Militärs durften in ihren militärischen Uniformen erscheinen, für alle anderen galt Frackzwang. Sämtliche Orden durften angelegt werden. Die Damen erschienen in „runden" Kleidern zum Hofball, was bedeutete, dass sie dekolletiert und schulterfrei sein durften.

Für die Damen war der Besuch der Hofbälle mit enormen Kosten verbunden. Eine Hoftoilette kostete zwischen 300 und 500 Gulden,[82] (wobei der Jahresverdienst eines Dieners bei Hof 300 Gulden betrug). Und doch wollten die meisten Damen neue und besonders schöne Roben, denn schließlich wollte man nicht nur die anderen Damen ausstechen, sondern auch am nächsten Tag beim Frühstück in der Zeitung lesen, dass das eigene Kleid besonders hervorgehoben wurde.

Die Ballsaison war ein wichtiger Wirtschaftsfaktor. Für die Stoffhändler, Modisten, Spitzenverkäufer und Ateliers in der Residenzstadt floss das Geld zu Jahresbeginn. Für die reichen Aristokratinnen war der Hofball auch eine der wenigen Gelegenheiten, den wertvollen alten Familienschmuck, die kostbaren Diademe und Colliers, die das Jahr über sicher versperrt waren, zu tragen.

Der Tag, an dem der Hofball stattfand, begann zumindest für die weiblichen Besucher schon sehr früh. Wer es sich leisten konnte, wollte nur vom damaligen Starfigaro Wiens, Monsieur Ardelliano, frisiert werden. Der begehrte Italiener wusste kaum, wie er an diesem Tag alle Damen frisieren sollte und begann deshalb schon um sieben Uhr morgens. Wer konnte, sicherte sich den Friseur abends kurz vor dem Ball. Die Bedauernswerten, die nur mehr die Frühtermine bekamen, mussten dann den ganzen Tag mit großer Hoffrisur und den eingearbeiteten schweren Diademen zubringen und gleichzeitig darauf achten, dass die Frisur bis zum Hofball, also rund zwölf Stunden, hielt.[83]

Währenddessen ging es in der Hofburg zu wie in einem Ameisenhaufen. Die beiden Hofbälle waren mit den Staatsbesuchen die größten Veranstaltungen, die der Hof organisieren musste. Die Hofküche lief auf Hochtouren. Für knapp 2000 Menschen wurde schon seit Tagen ein exquisites Buffet organisiert. Was schon am Vortag vorbereitet werden konnte, war bereits in den Kühlkammern der Küche angerichtet. Es gab Kanapees, Suppen, kleine warme Speisen, exquisite Häppchen, riesige kunstvolle Aufbauten aus Delikatessen. Alle Hofköche waren im Einsatz, um diese

Menge an Essen vorzubereiten. Tage vorher wurden bereits die riesigen Vorratslieferungen gebracht. Die Zuckerbäcker arbeiteten im Akkord an Hunderten Torten, Kuchen, Windbäckereien, Hofzuckerln, Schokoladecremes und Gefrorenem. Aus allen Bereichen des Hofes wurden Hilfskräfte herangezogen. Für das riesige Buffet wurden jedes Jahr Diener als Hilfskellner eingeschult, die mit einem Schnellkurs von einigen Stunden in die Kunst des Servierens eingeweiht wurden – der Hof brauchte jeden geschickten Diener, um den Ansturm bewältigen zu können.

Die Gärtner hatten schon am Vortag begonnen, die Festsäle der Hofburg zu schmücken. Die riesigen Palmen und Sträucher aus den kaiserlichen Gewächshäusern wurden zu Dutzenden in den Festräumen und auf den Stiegenaufgängen aufgestellt. Die Gärtner verarbeiteten die prachtvollsten Zuchtblumen der Glashäuser zu riesigen Gestecken, zu Treppen- und Wandschmuck. Die Festsäle und offiziellen Zugangsstiegen glichen mitten im Winter einem Blumenmeer. Aus den Depots wurden die wertvollsten Gobelins gebracht, um die Stiegengeländer damit abzudecken, die unzähligen farbenprächtigen Teppiche gaben dem Fest einen zusätzlichen Farbtupfer. Tafel- und Silberkammer stellten die enorme Anzahl an Geschirr, Besteck und Gläsern bereit, die Wäschekammer lieferte Unmengen an wertvollen Damasttischtüchern.

Die Livreediener bestückten die riesigen Kronleuchter in den Sälen mit frischen Kerzen. Bei Hofbällen wurden selbst auf den Gesimsen Kerzen mehrreihig aufgestellt, damit die Festräume in goldiges, warmes Licht getaucht waren. Das Reinigungspersonal kontrollierte ein letztes Mal, ob auch wirklich alles glänzte, auf den Stiegenaufgängen bauten Arbeiter provisorische Garderoben auf, Diener wurden nochmals instruiert, wie sie mit den in vielen Fällen sehr kostbaren Pelzmänteln und Überwürfen umzugehen hatten. Für die Hofdiener, Köche, Saaltürhüter, Servier- und Reinigungskräfte bedeutete der Hofball Stress und Überstunden, doch als Ausgleich bekamen die Hofbediensteten ein Extrageld in der Höhe eines Wochenlohnes.

Der Hofball begann traditionell um acht Uhr, um halb acht Uhr begann die Auffahrt der Gäste. In den Erinnerungen der Zeitgenossen waren die Hofbälle ein Märchentraum. Schon die Auffahrt war für die Gäste ein Erlebnis.[84] Eine riesige Kolonne an Wagen bewegte sich Schritt für Schritt vom Ring zu den verschiedenen

Zufahrten der Hofburg. Vor den Burgtoren und im Burghof bildeten Husaren zu Pferd mit gezogenem Säbel das Spalier für die Gäste; wenn es schneite, waren sie wie angezuckert, und der Anblick der hell erleuchteten Burg in der Schneenacht mit ihren Bewachern in den stolzen Uniformen war geradezu malerisch.

Die Hofgesellschaft betrat die Burg über die Botschafterstiege, die Zufahrt für das diplomatische Korps fand an der Bellaria statt, die Generalität und die Offiziere fuhren auf der Augustinerbastei zu. Lakaien in ihren Galauniformen öffneten die Wagentüren, halfen den Damen beim Aussteigen. Kaum betraten die Gäste die Burg, wurden ihnen Mäntel und Pelz abgenommen, und schon befand man sich inmitten einer Menschenmasse, die prächtiger nicht sein konnte. Überall blitzten Diamanten, kostbare Roben leuchteten, man hörte Begrüßungen rechts und links, der Lärm war enorm. Um Punkt acht Uhr mussten die Gäste versammelt sein. Die Besuchertraube bewegte sich Richtung Zeremoniensaal und passierte dabei die vielen Salons, an deren Wänden die Trabanten- und Arcièren-Leibgarde des Kaisers Aufstellung genommen hatte. Im Zeremoniensaal angekommen, wartete die Hofgesellschaft unter Geplauder, Gelächter und Begrüßungen, alles unter enormem Lärm, bis der Hof erschien. Es funkelte und glänzte nur so im Saal. Vor allem der Auftritt der Frauen wurde beim Hofball immer als unglaublich eindrucksvoll beschrieben. Alle in edlen Ballkleidern, geschmückt mit dem kostbarsten Familienschmuck, wunderbar frisiert, nach einem Tag voller Schönheitspflege strahlend schön im warmen Licht der Kerzen. Prinz Gottfried Hohenlohe, der Sohn des Oberststhofmeisters, der 1891 in Vertretung seines Vaters an den Feierlichkeiten am Zarenhof teilgenommen hatte, berichtete seinem Vater von einem Hofball im Winterpalais und schrieb, wie schlecht die Damen des russischen Hofes gegenüber den Österreicherinnen abschnitten: *„Aber die Gesellschaft! Ohje, Ohje! Lauter garstige, schlecht angezogene und verrupfte Weiber, ohne jeden Charme, sehr wenig Schmuck, wenigstens für das, was man sich erzählt, mit einem Worte, eine ganze Sammlung der garstigsten Weiber, die ausschauen, als ob sie sich beim Herfahren im Wagen angezogen und einige schiefe Blumen auf den Kopf gesteckt hätten!"* [85]

Währenddessen hatten sich die kaiserliche Familie und die souveränen Fürstlichkeiten, die am Ball teilnahmen, in den Alexander-

Der Kaiser begrüßt das diplomatische Korps vor Beginn des Hofballs

Appartements versammelt. Pünktlich um halb neun Uhr wurde dem Kaiser vom Obersthofmeister gemeldet, dass alles bereit sei für den Einzug der allerhöchsten Herrschaften. Die kaiserliche Familie formierte sich zum „Cortège", einer Zweierreihe, an deren Spitze der Kaiser mit der Kaiserin ging, gefolgt von je einem Erzherzog, der eine Erzherzogin führte. Im Spiegelsaal wartete das diplomatische Korps in ihren prächtigen, ordengeschmückten Uniformen, die Damen in kostbaren Roben auf den Hofzug. Jene Diplomaten, die noch nicht bei Hof erschienen waren, wurden dem Kaiserpaar vorgestellt, der Kaiser unterhielt sich mit den Botschaftern und Attachés, die Kaiserin mit deren Ehefrauen.

Um Punkt halb zehn Uhr setzte sich der Hofzug wieder in Bewegung und marschierte auf den Zeremoniensaal zu, das diplomatische Korps bewegte sich auf einen zweiten Eingang des Saales zu. Im Zeremoniensaal warteten, plauderten und lachten die Ballbesucher. Sie standen zu Gruppen zusammen, frischten ihre Kontakte auf und warteten gespannt auf den Einzug des Hofes. Plötzlich hörte man ein dreimaliges lautes Klopfen an der einzigen verschlossenen Tür. Sekundenschnell verstummte der Saal. Der Zeremonielldirektor öffnete die Tür und sofort bildete sich eine freie Straße mitten im Saal – lautlose Stille –, der Oberst-

Der Einzug der kaiserlichen Familie auf dem Hofball

zeremonienmeister klopfte mit seinem goldenen Stab dreimal auf den Parkettboden: Der Einzug des Hofes begann. Der Zeremonienmeister bewegte sich langsam auf das andere Ende des Saales zur Estrade zu, hinter ihm in Galauniform der Obersthofmeister, danach der Kaiser mit der Kaiserin, der Kaiser traditionell in Feldmarschall-Galauniform mit weißem Rock und roter Hose, die Kaiserin in einer kostbaren Ballrobe, geschmückt mit Diadem und Collier aus der Schatzkammer, ihnen folgten die Erzherzöge und Erzherzoginnen. Die Damen versanken in einem tiefen Hofknicks, die Herren verbeugten sich. Zeitgleich betrat von einer anderen Tür das diplomatische Korps den Raum.

Der Einzug des Kaiserpaares endete bei der Estrade, auf der zwei goldene Stühle standen (für Kaiserin und Kaiser), umgeben von weiteren Stühlen, auf denen die kaiserliche Familie Platz nahm. Der Kaiser begab sich meist sofort in den Tanzsaal, um „Cercle" zu halten, wie die kurzen Wortwechsel hießen, mit denen der Kaiser einige Besucher auszeichnete. Die Kaiserin hielt ihren „Cercle" sitzend ab. Auf der rechten Seite der Estrade, entlang der Wand, befand sich die Fürstinnenbank, auf der nur die Gemahlinnen der Chefs der höchsten Fürstenhäuser Platz nehmen durften. Sie saßen ganz genau ihrem Rang gemäß, die höchsten Fürstinnen näher zur Kaiserin, die weniger alten Familien weiter weg. Auf der linken Seite der Estrade saßen die Damen des diplomatischen Korps, auch diese genau nach ihrem Rang. Paarweise wurde je eine Fürstin und eine Diplomatengattin zur Kaiserin gebeten, um zu konversieren. Neben dem Stuhl der Kaiserin wurden links und rechts zwei Fauteuils herangeschoben, auf denen die Damen für ihr kurzes Gespräch mit der Kaiserin abwechselnd Platz nehmen konnten. Wenn sich die Damen von der Kaiserin entfernten, durften sie dies nur im Rückwärtsgang (was besonders schwierig war, weil die Estrade durch einige Stiegen erhöht war), sich verbeugend, geschehen. Die Damen, die auch noch Schleppe trugen, mussten stets aufpassen, dass sie nicht zur Schadenfreude der anderen stolperten – was oft genug geschah.

Wenn der Vortänzer der Hofmusikkappelle das Zeichen für den Beginn gab, startete der Tanz, den meist ein Erzherzog mit einer Erzherzogin eröffnete. Das Tanzprogramm, klein, weiß-gold-gerändert und mit dem kaiserlichen Wappen geschmückt, legte auf die Minute genau fest: *„Erster Walzer 9 Uhr 30 Minuten bis 9 Uhr 37 Minuten, fünf Minuten Pause, erste Polka 9 Uhr 42 Minuten ..."*[86]

Während des Tanzprogramms bereiteten über lange Zeit die strengen Adjustierungsvorschriften der Offiziere den Damen Probleme. Auf den Hoffesten mussten alle Offiziere streng vorschriftsmäßig gekleidet sein, nicht nur einmal bemerkte der Kaiser beim prüfenden Blick über die Militärs einen zu hohen Kragen oder Ähnliches, und sofort wurde dem Betreffenden mitgeteilt, dass er das Fest zu verlassen habe. Die Militärs waren wegen des strengen Blicks ihres obersten Kriegsherrn erpicht, tadellos bei Hof zu erscheinen, was auch bedeutete, dass sie ihr ledernes Schuhzeug – beim Kavalleristen die hohen Reitstiefel – immer ordentlich mit Schuhwichse einrieben, um ja kein kaiserliches Stirnrunzeln zu erzeugen. Für die Damen waren diese perfekt gewichsten und glänzenden hohen Stiefel der Militärs aber fatal – denn es roch nicht nur beim Tanz mit einem Offizier extrem nach Schuhpasta, auch die enorm teuren Ballroben der Komtessen hatten nach dem Hofball

Der Kaiser zeichnet einzelne Ballbesucher durch Ansprachen aus

einen schwarzen Rand im unteren Rockdrittel – womit die teuren Roben ruiniert waren, denn Schuhpaste auf feinsten Stoffen war fast nicht mehr zu entfernen. Mit der Zeit zogen manche Damen, die schon einige kostspielige Kleider deshalb nur einmal anziehen konnten, nur mehr ihre *„älteren Fetzen"* an. Erst nach jahrelanger Klage getraute sich jemand bei „allerhöchster Stelle" die Bitten der Damen anzubringen, und da der Kaiser Damen gegenüber stets ritterlich war, wurden schließlich auch Lackstiefel endlich in die allgemeine Adjustierungsvorschrift der Offiziere aufgenommen.[87]

Der Hofball war auch der offizielle Anlass, um alle neu bei Hof erschienenen Frauen der Kaiserin vorzustellen und damit ihre Aufnahme in die Hofgesellschaft äußerlich sichtbar zu machen, auch die jungen adeligen Damen – bis zu ihrer Verheiratung allgemein „Komtessen" genannt – waren erst offiziell in die Gesellschaft eingeführt, wenn sie beim Hofball der Kaiserin vorgestellt wurden. Die Vorstellung der Damen hatte seinen fixen Zeitpunkt im genau geregelten Zeitplan des Hofballes. Immer nach der ersten Quadrille begab sich die Kaiserin in die Geheime Ratsstube und ließ sich durch ihre Obersthofmeisterin die Prinzessinnen, Komtessen oder neuen Hofdamen vorstellen.

Der Kaiser im Gespräch mit einer Ballbesucherin

Nach der zweiten Quadrille zog sich die Kaiserin traditionell mit den Erzherzoginnen und einer Handvoll ausgewählter Ballbesucherinnen in die Nebenzimmer zurück, um an angerichteten Tischchen den Tee einzunehmen. An die ranghöchsten Damen waren vorher Kärtchen in verschiedenen Farben ausgegeben worden, die anzeigten, an welchem Tisch sie Platz nehmen durften. Der vornehmste Tisch war jener der Kaiserin, der im Spiegelzimmer aufgebaut, mit weißen Kärtchen gekennzeichnet war und an den nur Fürstinnen und Botschafterinnen geladen waren. An den drei anderen Tischen, die in Rosa oder Blau gehalten waren, mit gleichfärbigen Kärtchen für die Damen, hatten ranghohe Erzherzoginnen den Vorsitz.[88]

Während die Kaiserin den Tee einnahm, wurde das allgemeine Buffet im großen Redoutensaal eröffnet, an dem sich wahre Schlachten abspielten und das besonders von den Militärs richtiggehend geplündert wurde.[89] Vor allem die k. u. k. Ulanen, eine besonders selbstbewusste Einheit der Kavallerie, kam durch das Ballbuffet zu zweifelhaften Ehren in der Gesellschaft, denn schnell sprach sich unter den entsetzten Ballbesuchern herum, dass die Ulanen sich nicht genierten, ihren Helm mit Süßigkeiten von der

Die traditionelle „Schlacht am Buffet" beim Hofball

Hoftafel bis oben hin anzufüllen, um mehr mitnehmen zu können, als zwei Hände tragen konnten.[90]

Getanzt wurde wenig am Hofball, insbesondere wegen des akuten Platzmangels. Der Kotillon war der Höhepunkt des Balls, zu dem an die Herren Blumenbukette als Spenden für die Damen ausgegeben wurden. Die Bukette hatten seit Maria Theresias Zeiten die gleiche Form, auf Draht gezogen und in weißen, runden Atlasmanschetten gefasst. Die tanzenden Paare des Kotillons wurden von der Aristokratie genau beobachtet. Wer zweimal hintereinander den Kotillon miteinander tanzte, galt bereits als inoffiziell verlobt.

Der letzte Walzer schloss wie mit der Präzision eines Uhrwerks um genau eine Viertelstunde nach Mitternacht. Der offizielle Auszug des Hofes lief nach dem gleichen Schema ab wie der Einzug. Die kaiserliche Familie bildete wieder eine Zweier-Reihe, die Ballbesucher wichen zurück, um eine Straße freizumachen, der Oberstzeremonienmeister mit seinem goldenen Stock leitete das Cortège, ihm folgten der Obersthofmeister und dahinter die kaiserliche Familie. Hinter dem allerhöchsten Zug schloss sich die Türe und der Hofball war beendet. Die Gäste bewegten sich nun auf die Ausgänge zu, kurz vor der Garderobe erhielt jeder Gast noch eine Bonbonniere vom Hofzuckerbäcker Demel. Die Diener überreichten am Ausgang die Mäntel und halfen den Damen und Herren in die Kutschen.

Sobald der letzte Gast die Burg und die letzte hoffremde Kutsche den Burghof verlassen hatten, begannen die Diener und das Reinigungspersonal das Gröbste zu entfernen. Die über 10.000 Kerzen mussten sicher gelöscht sein, das wertvollste Geschirr noch in der Nacht gereinigt werden, um es sofort wieder sicher in der Silberkammer verschließen zu können. Die Silber- und Tafelkammermitarbeiter wussten aber, dass nach jedem Hoffest eine große Zahl an Besteck und kleinen Tellern trotz aller Sorgfalt regelmäßig fehlte. Die Reste des Hofbuffets wurden zusammengepackt und am nächsten Morgen verkauft. Der Erlös gehörte jenen Dienern, Köchen und Zuckerbäckern, die an diesem Abend Extradienst hatten. An solchen Festabenden wurde es bis zum Morgen nicht still in der Hofburg. Am nächsten Morgen würden die Gärtner die riesigen Palmen wieder in die Glashäuser bringen, und eine Putzkolonne würde ausrücken, um die Räume wieder in den üblichen Zustand zu bringen.

Knapp zwei Wochen später würde der Aufbau exakt noch einmal genau so erfolgen – wenn der Kaiser zum „Ball bei Hof" einlud, der stets nach dem Hofball stattfand. Der Ball bei Hof war viel kleiner als der Hofball, aber wesentlich exklusiver, weil nur die wirkliche Hofgesellschaft, die Aristokratie, die Hofwürdenträger und nur die höchsten Militärs eingeladen wurden. Für diesen Ball wurden persönliche Einladungen versandt, weil es kein Staatsball war, sondern ein persönlicher Ball des Kaisers. Die Auffahrt und der Einzug des Hofes vollzogen sich genauso wie beim Hofball, er begann nur früher, weil die offiziellen Vorstellungen, die viel Zeit brauchten, ja schon beim Hofball durchgeführt worden waren.

Für die Aristokratie war der Ball bei Hof natürlich viel attraktiver. Weil statt 2000 maximal 700 Gäste geladen waren, konnte getanzt werden, man war unter seinesgleichen, es war viel eher möglich mit dem Kaiserpaar zu sprechen, vor allem aber hatte man die große Ehre, mit der kaiserlichen Familie zu speisen. Es gab beim Ball bei Hof nämlich kein Buffet, sondern ein Souper für alle Gäste. Die Tische waren im Spiegelsaal sowie im Radetzkysaal und in den Stephansappartements aufgebaut. Wie beim Hofball hatten auch hier die Tische verschiedene Farben, und anhand der Farbe der Karte, die den eigenen Tisch anzeigte, sahen die Ballbesucher, wo ihr Platz war. Auch hier wurden die Platzkar-

Nur beim „Ball bei Hof" gab es die Möglichkeit zu tanzen –
wegen der geringeren Besucherzahl

ten streng nach Rang vergeben: höherer Adel – näher beim Kaiser.
Doch anders als beim Hofball durften alle soupieren.

Die Tischdekoration war prachtvoll – riesige Blumenarrange-
ments auf den Tischen, gedeckt mit dem wertvollsten Porzellan
und Glas aus der Tafelkammer, vor jedem Gedeck lag die gold-
geränderte Menükarte. Das Menü war von alters her stets gleich
beim Ball bei Hof. Es gab Crème d'orge en tasse, Fisch mit Mayon-
naise, Pastete, Braten und Eis, dazu Wein, Bier und Champagner.
Unzählige Diener in Galauniformen servierten, das Service lief
trotz der großen Anzahl an Gästen wie am Schnürchen. Nach
dem Essen begab sich die Gesellschaft wieder in den Tanzsaal
und Punkt zwölf Uhr war der Ball beendet. Mit den beiden Hofbällen hatte der Hof seine traditionellen Pflichten erfüllt, weitere
kleine Kammerbälle, die noch die verstorbene Mutter des Kaisers gegeben hatte, fanden spätestens ab den 1860er Jahren nicht
mehr statt. Die Initiative für kleinere Veranstaltungen dieser Art
während der Faschingssaison hatte immer von der ersten Dame
des Hofes auszugehen, die Kaiserin zeigte aber schon in jungen
Jahren kein Interesse an derlei Extra-Veranstaltungen – sehr zur
Enttäuschung der Hofgesellschaft.

Mit der Absolvierung der beiden Hofbälle und der Neujahrs-cour war die Aristokratie schon einem Großteil ihrer weltlichen Pflichten nachgekommen. Zu den Antrittsbesuchen der Botschafter, dem Empfang fremder Souveräne oder der Beiziehung bei Hofakten mussten nur jene Kämmerer erscheinen, die zum Turnusdienst eingeteilt waren. Die nächsten Pflichttermine der Aristokratie waren die geistlichen Feste. Auch zu den Karwochenzeremonien musste die Hofgesellschaft in reicher Galabekleidung erscheinen. In ihren alten Galawagen fuhr sie vor und nahm an den kirchlichen Zeremonien teil. Der wichtigste Pflichttermin des Jahres, dem die Hofgesellschaft nachkommen musste und der dem Kaiser selbst noch wichtiger war als die Hofbälle und die Neujahrs-cour, war die Fronleichnamsprozession des Kaisers.

Die traditionelle Fronleichnamsprozession des Hofes – von den Wienern auch der „Hofball Gottes" genannt – war für das Haus Habsburg die wichtigste Pflichtveranstaltung des Jahres, weil durch dieses Fest die traditionell enge Bindung des Kaiserhauses an die katholische Kirche deutlich sichtbar demonstriert wurde. Bei der Fronleichnamsprozession hatten alle zu erscheinen. Auch jene, die nicht zum Umzug eingeteilt waren, zeigten sich, denn der Kaiser sah die öffentliche Abhaltung des Umzuges als eine seiner wesentlichsten Repräsentationspflichten an. Im Unterschied zu den Hofbällen konnte die Bevölkerung die prunkvolle Fronleichnamsprozession mit verfolgen. Für den Umzug, der sich stets von der Burgkapelle über den Burghof und durch Teile des ersten Wiener Bezirks vollzog, wurden vom Obersthofmeisteramt Besucherkarten für die Burghöfe ausgegeben beziehungsweise mussten ausgegeben werden, da der Ansturm sonst zu groß gewesen wäre für die Sicherheitskräfte. Die verschiedenfarbigen Karten wiesen den Besuchern jenes Areal im Burghof zu, wo sie sich aufstellen durften. Dem Kaiser war eine zuvorkommende, vom sozialen Status der Besucher unabhängige Behandlung bei seiner wichtigsten Hoffeierlichkeit wichtig. Er wies seinen Obersthofmeister regelmäßig an, die Garden dahingehend zu instruieren: *„Vielleicht könnten Sie die Güte haben, zu veranlassen, dass auch heuer beim Einlass des Publikums auf den Burgplatz vor der Auferstehungsprozession mit derselben Liberalität vorgegangen werde, wie voriges Jahr."* [91]

Höhergestellten Bürgern und Würdenträgern wurden Appartementkarten zugeteilt, sie durften dann innerhalb der Burg einen

Fensterplatz einnehmen, um den Fronleichnamszug zu beobachten. Zwei Stunden vor Beginn der Zeremonie wurden die Zugänge vom Inneren Burgplatz gesperrt, und nur gegen Vorweis einer Besucherkarte durfte man passieren. Mit dem Läuten der Glocken wurde der Beginn der kirchlichen Zeremonie angezeigt. Von der Burgkapelle aus setzte sich der Zug in Bewegung, bis er auf dem Burgplatz für alle sichtbar war. Der Eindruck, den die höfische Fronleichnamsprozession auf die Zuseher machte, war unbeschreiblich: *„Wer dieses imposante, farbenprächtige Bild einmal gesehen hat, kann es nicht leicht vergessen: die goldstrotzenden, mit funkelnden Ordenssternen geschmückten Uniformen der höchsten Würdenträger, die prächtigen Toiletten der Damen, deren goldgestickte Hofschleppen von Pagen oder Lakaien getragen wurden, die Pracht der geistlichen Gewänder, das stramme Auftreten der Garden in ihren malerischen althergebrachten Uniformen, die große Anzahl der Hofbediensteten vom Stallpagen aufwärts, alle in goldverbrämten, mittelalterlich anmutenden Livreen und Kostümen. Und trotz dieser Vielfältigkeit der einzelnen Erscheinungen war der Gesamteindruck der Erscheinungen doch ein harmonischer."* [92]

Der gesamte Zug vollzog sich unter dem Geläut der Glocken und des Chorgesangs der Hofkirchensänger. Trompeten, Pauken und Trommelwirbel begleiteten den Gesang. Drei Kleriker zogen an der Spitze des Zuges, dahinter 100 Hofbedienstete, danach folgten 20 Geistliche, dann die enorme Menge der Truchsessen und Kämmerer, es folgten die hohen Staatswürdenträger, die Geheimen Räte und der Ministerpräsident, hinter ihm die kaiserlichen Minister. Dann kamen die Erzherzöge, hinter denen der goldene Baldachin getragen wurde, dessen vier Quasten von vier Kämmerern gehalten wurden. Unter dem Baldachin trug der Hofburgpfarrer das Allerheiligste, dahinter schritt der Obersthofmeister und hinter ihm der Kaiser, bloßen Hauptes als Zeichen seiner Demut, in Marschalls-Galauniform mit der Kollane des Ordens vom Goldenen Vlies über den Schultern. Neben und hinter dem Kaiser schritten seine Gardekapitäne und Generaladjutanten. Dahinter die Kaiserin, die Erzherzoginnen und die Palastdamen in Prachtkleidern, reich geschmückt mit dem Familienschmuck. Die Zuseher bestaunten den Prunk und den Glanz des Hofes.

Die Fronleichnamsfeierlichkeiten sind die einzigen höfischen Veranstaltungen, von denen es zeitgenössische Fotos gibt. Fotografen durften einerseits im Burghof fotografieren, manche Hausbesitzer, deren nah an der Hofburg stehenden Häuser den Zug passieren sahen, ließen von Fotografen Fotos anfertigen – nur diese Fotos allein geben heute einen bildlichen Eindruck von den prunkvollen Zeremonien des Hofes. Weder von den Hofbällen noch von Staatsbanketten oder den glanzvollen Antrittsbesuchen der Diplomaten gibt es Bildquellen.

Mit der Absolvierung der Fronleichnamsprozession war die Hofgesellschaft dem Großteil ihrer zeremoniellen Verpflichtungen nachgekommen. Die Monate Jänner bis Juni waren die geschäftigsten des Jahres, danach zog sich der Hof zu den Séjours nach Ischl, Budapest und Schönbrunn zurück und kehrte erst im September wieder nach Wien zurück. In der zweiten Jahreshälfte gab es keine großen zeremoniellen Verpflichtungen für den Adel. Zwar wurden laufend die Mitglieder der Fürsten- und Grafenhäuser zur allerhöchsten Tafel oder zur kaiserlichen Jagd eingeladen, die zeremoniellen Pflichttermine hatte die Aristokratie jedoch hinter sich gebracht. Die meisten verließen nach der Fronleichnamsprozession die Residenzstadt und zogen sich auf ihre Schlösser zurück. Erst mit der Neujahrscour begann wieder das nächste Jahr bei Hof.

VI
Die Schicksalsjahre 1866/1867

*Die Umgestaltung Österreichs zur Doppelmonarchie –
Die Verfassung – Das Hofbudget muss nun vom Parlament
bewilligt werden – Prinz Konstantin Hohenlohe wird Obersthofmeister – Ein Deutscher an der Spitze des österreichischen
Hofes – Das große Sparpaket – Die Lipizzaner werden versteigert – Der Hof erhält eine Controllingabteilung – Streit
über die genaue Offenlegung der Hofkosten – Das Augartenpalais wird zur kulturellen Außenstelle des Hofes –Prinzessin
Marie Hohenlohe übernimmt die Aufgaben der Kaiserin –
Der Hof rüstet sich für die Zukunft*

Das traumatische Jahr 1866, das die Niederlage Österreichs gegen
Preußen und damit Österreich endgültig um die Vormachtstellung
im Deutschen Bund brachte, sorgte nicht nur für einen tief grei-
fenden innenpolitischen Wandel der Monarchie, sondern als Folge
davon auch für erhebliche Änderungen am Hof. Mit der verlorenen Schlacht von Königgrätz setzte ein innenpolitischer Domi-
noeffekt ein, an dessen Ende eine völlig neue Positionierung des
kaiserlichen Hofes innerhalb des Staates stand.

Die Niederlage Österreichs war für Ungarn das Zeichen, sich
endgültig von der verhassten Vorherrschaft Österreichs zu lösen.
Ein weiterer Loslösungsversuch Ungarns konnte von Wien aus
nun nicht mehr wie 1849 militärisch niedergeschlagen werden –
es fehlten nach der Katastrophe von Königgrätz nicht nur die militärischen Ressourcen, Österreich war außerdem außenpolitisch
isoliert (Russland, das Österreich 1849 noch gegen die Ungarn
unterstützt hatte, war durch die Neutralität Österreichs im Krim-
krieg noch immer verstimmt).

Für die schwelende ungarische Frage musste eine Lösung
gefunden werden, da ein Austritt Ungarns aus dem Reich eine
katastrophale Vorbildwirkung für die anderen, ruhigen, aber doch
auch unzufriedenen Provinzen bedeutet hätte. Die einzige Möglichkeit, Ungarn im Verband der Habsburgerländer zu halten, hieß eine
Autonomie zuzulassen, die Ungarn zwar in eine partielle Selbst-
ständigkeit entließ, Franz Josephs Gesamtreich aber nicht schmä-

lerte, da Ungarn zumindest im Verband der Habsburgerländer verblieb. Ergebnis der langwierigen Verhandlungen zwischen dem Kaiser und ungarischen Politikern war der Umbau Österreichs zur Doppelmonarchie „Österreich-Ungarn", der in der Krönung Franz Josephs zum König von Ungarn seinen Abschluss fand. Nur mehr das Außen-, Finanz- und Kriegsministerium sollte Ungarn mit Österreich verbinden, die Innenpolitik konnte Ungarn nun unabhängig von Österreich gestalten. Die politische Vormachtstellung im Gesamtreich wurde zwischen der ungarischen und der deutschen Bevölkerung geteilt – unter Benachteiligung der slawischen Bevölkerung, das politische verheerendste Erbe des Ausgleichs.

Die österreichischen Liberalen, damals stärkste Partei im Reichsrat, deren Zustimmung für den „ungarischen Ausgleich" nötig war, verlangten vom Kaiser als Gegenleistung, dass er endlich der Einführung einer Verfassung zustimmte, ansonsten würden sie den sehr heiklen politischen Umbau Österreichs nicht mittragen. Die Zeiten, als Franz Joseph völlig eigenständig politische Änderungen entscheiden konnte, waren vorbei. Den Ausgleich mit den Ungarn musste er mit der endgültigen Konstitutionalisierung seines Reiches erkaufen. Ohne Verfassung keine Zustimmung von österreichischer Seite zum Umbau des Reiches.

Schweren Herzens stimmte Franz Joseph zu. Die Liberalen erhielten endlich die ersehnte Verfassung – 1867 wurde Österreich eine konstitutionelle Monarchie. Der Kaiser musste nun endgültig seine Macht mit den Volksvertretern teilen. Er konnte Regierungen ernennen und entlassen, Gesetze wurden aber vom Parlament verabschiedet, der Kaiser hatte jedoch stets das Vetorecht. Lediglich Außenpolitik und das Militär blieben ein Vorrecht der Krone.

Vor allem aber musste der Kaiser das alleinige Verfügungsrecht über die Staatsfinanzen nun abgeben – die weitreichendste Konsequenz aus den innenpolitischen Veränderungen für den Hof, denn nun trat ein, was bis dato für einen Monarchen undenkbar war: Kaiser Franz Joseph musste sich von nun an sein Hofbudget von den Abgeordneten absegnen lassen! Dem Kaiser war die Brisanz dieser neuen Situation schon bei den Verhandlungen zum ungarischen Ausgleich und dem Ringen um eine Verfassung völlig bewusst. Zum ersten Mal würde die Höhe des Hofbudgets einer breiten Öffentlichkeit bekannt werden, man könnte versuchen, politisches Kleingeld aus der Situation zu schlagen. Öffentliche

Der junge deutsche Prinz Konstantin Hohenlohe-Schillingsfürst

Diskussionen um eine vermeintliche Staatsgeldverschwendung, ja selbst nur Diskussionen über die Höhe des Hofbudgets waren mit der Würde des kaiserlichen Hofes unvereinbar.

Noch im Jahr 1866 begann der Kaiser deshalb bei Hof für die kommenden Änderungen vorzusorgen. Er verordnete dem Hof ein rigoroses Sparpaket. Das Jahr 1866 war für den Hof aber auch wegen der Berufung eines Mannes bedeutsam, der dem Hof in den nächsten Jahrzehnten seinen Stempel aufdrücken würde. Der Kaiser bestimmte einen Mann zum Obersthofmeister, von dem er als Einzigen überzeugt war, dass er den Hof durch die kommenden turbulenten Jahre würde manövrieren können: Prinz Konstantin Hohenlohe-Schillingsfürst.

Die Ernennung Konstantin Hohenlohes war die wichtigste Personalentscheidung, die Kaiser Franz Joseph jemals für seinen Hof getroffen hat. Hohenlohe wurde zum bedeutendsten Obersthofmeister in der gesamten 600-jährigen Geschichte des Hofes. Er übernahm sein Amt an einem politischen Wendepunkt, kurz vor Einführung der Verfassung. Alte Strukturen bei Hof mussten aufgebrochen, eine transparente und sparsame Hofhaltung eingeführt werden. Kein Stein blieb auf dem anderen. Gleichzeitig mit Österreichs Wandlung zum modernen Verfassungsstaat wurde durch Hohenlohe der Hof in die moderne Zeit geführt. Der alte Kaiserhof wurde unter seiner Ägide zum modernen Großunternehmen – freilich unter Beibehaltung der althergebrachten Verantwortungen des Kaisers gegenüber seinen Hofbediensteten.

Hohenlohe stellte die Beschäftigungsverhältnisse bei Hof auf eine moderne Grundlage und führte Sozialpläne ein. Begabte Bürgerliche wurden in die Kanzleien des Hofes gezogen und ausgebildet, er hob das Niveau der Beamten und scheute sich nicht, unpopuläre Maßnahmen zu setzen. Als Konstantin Hohenlohe nach mehr als 30 Jahren als Obersthofmeister verstarb, hinterließ er einen perfekt funktionierenden Verwaltungsapparat mit ausgezeichneten Beamten, auf den sich seine Nachfolger bis zum Ende der Monarchie stützen konnten. Die Modernisierung des Hofes unter Kaiser Franz Joseph, die erfolgreiche Gradwanderung zwischen imperialen Ansprüchen und sparsamer Verwaltung, die dem Hof in der konstitutionellen Ära auferlegt war, die endlich erreichte Transparenz in der Geldgebarung der Hofverwaltung waren untrennbar mit seinem Namen verbunden.

Prinz Konstantin Hohenlohe-Schillingsfürst war der jüngste Sohn eines der ältesten deutschen Fürstenhäuser und wurde zum Begründer einer jüngeren österreichischen Linie des Gesamthauses Hohenlohe. Er galt als extrem ehrgeizig, zielstrebig und arbeitsam. Er war ein kleingewachsener, äußerst spröder Mann, der sich nur gegenüber seinen engsten Freunden öffnen konnte. Hohenlohe war jedoch hoch respektiert, über seine Amtsführung gab es kein einziges kritisches Wort. Durch seine enorme Arbeitswut, seinen unermüdlichen Eifer für den Hof und seine große Vorbildwirkung wurde er vom Hofdiener aufwärts bis zu den Aristokraten enorm geschätzt. Vor allem schätzten die Hofbediensteten, dass Hohenlohe absolut unbestechlich war und Protektion ohne Leistungsnachweis nicht duldete. Bei ihm zählte nur Leistung. Wer sich bewährte und fleißig war, konnte mit seiner Unterstützung rechnen, Protektionswünsche, auch wenn sie von höchster Stelle kamen, legte er bei mangelnder Qualifikation ungerührt ad acta. Weil sich Obersthofmeister Hohenlohe genau wie der Kaiser sämtliche Akten vorlegen ließ, durch Gespräche mit seinen Untergebenen stets versuchte, alle Informationslücken abzudecken, und stets eine unvoreingenommene Meinung hatte, schaffte er es (im Gegensatz zu seinen Vorgängern) auch wirklich, über alle Vorgänge bei Hof stets voll informiert zu sein – Korruption, Intrigen und Freunderlwirtschaft konnten unter Hohenlohe nicht greifen.

In der Gesellschaft erzählte man sich, dass er schon als junger Kadett seine Zukunft bis ins letzte Detail geplant hatte. Seinen verdutzten Mitschülern soll er schon als Halbwüchsiger gesagt haben: *„Ich werde nach Österreich gehen, wo es einen jungen Kaiser gibt. Ich werde mich anstrengen, ihm zu gefallen, zu seinem Adjutanten avancieren, eine reiche Frau heiraten und auf diese Weise die höchst mögliche Stellung erreichen.“* [93] Wenn auch der tatsächliche Wahrheitsgehalt dieser Anekdote, die man sich später in der Wiener Gesellschaft zuflüsterte, nicht bewiesen ist, zeugt doch der Glaube daran von der Zielstrebigkeit, die man Hohenlohe zuschrieb.

Konstantin Hohenlohe trat 1848 in die österreichische Armee ein, nahm am oberitalienischen Feldzug teil, wurde 1856 in das Adjutantencorps eingereiht und avancierte ein Jahr später zum Flügeladjutant bei Kaiser Franz Joseph. Im gleichen Jahr heiratete er tatsächlich eine reiche Frau: Prinzessin Marie zu Sayn-Wittgenstein-Berleburg[94], die riesige Güter in der heutigen Ukraine mit in die Ehe brachte und damit die finanzielle Absicherung der Familie sicherstellte, denn Konstantin Hohenlohe hatte als letztgeborener Sohn keinen Anspruch auf das Familienvermögen, das traditionell nur dem Erstgeborenen vererbt wurde.

Wie Kaiser Franz Joseph auf die unbestrittenen Fähigkeiten Hohenlohes aufmerksam wurde, lässt sich weder den Hofquellen noch privaten Aufzeichnungen entnehmen. Die Überraschung war groß, als der Kaiser nach dem Tod seines Obersthofmeisters Liechtenstein im Jahr 1865 den kaum 36-jährigen Hohenlohe zum interimistischen Leiter des Hofes ernannte.[95] Es ist anzunehmen, dass sich der Kaiser noch scheute, einem derart jungen und bis dato in der Verwaltung unerfahrenen Mann die alleinige Verantwortung für den Hof zu übergeben, denn eine derartige Probezeit für Obersthofmeister war nicht üblich.

Entweder wusste Kaiser Franz Joseph um die weitaus schwierigeren Verhältnisse, denen Hohenlohe im Gegensatz zu seinem Vorgänger zum Zeitpunkt seiner provisorischen Berufung ausgesetzt war, und wollte sich zuerst der Eignung seines früheren

Adjutanten versichern. Denn schließlich standen diverse Großprojekte bevor, die nicht mehr länger auf die Wartebank geschoben werden konnten, der Reformstau bei Hof drohte sämtliche Dämme zu brechen. Durchaus möglich, dass sich Franz Joseph nicht sicher war, wie die kommenden Vorhaben gelöst werden würden. Denn so sehr sich Hohenlohe in den kommenden Jahren bewähren sollte, 1865 hatte er praktisch keine Erfahrung, was die Führung eines derartigen Wirtschafts- und Sozialkomplexes betraf.

Es ist aber auch genauso möglich, dass Kaiser Franz Joseph zwar von Anfang an von Konstantin Hohenlohe überzeugt war, ihn jedoch bei den ersten und vor allem unpopulären Maßnahmen, deren positive Erfolge zumindest nicht als sicher galten, aus dem Kreuzfeuer der Kritik nehmen wollte. Denn wäre Hohenlohe an den hohen Vorgaben, die es zu erfüllen gab, gescheitert, so wäre sein Name nicht mit einem Misserfolg verknüpft gewesen. Die interimistische Leitung eines Stabes in Ermangelung eines Obersthofmeisters hätte nicht das gleiche Gewicht gehabt wie eine Ernennung zum Obersthofmeister. Ganz abgesehen davon diente ein Obersthofmeister dem Kaiser immer bis zu dessen (oder seinem) Tod, ein Rücktritt des ersten Mannes bei Hof war praktisch unmöglich, ganz abgesehen von der peinlichen Situation, dass der ranghöchste Mann bei Hof, vom Kaiser persönlich ausgewählt und eingesetzt, eine Fehlentscheidung gewesen sein könnte, die auf den Kaiser zurückfiel. Man darf zumindest annehmen, dass sich der Monarch vor einer endgültigen Neubesetzung des vakanten Obersthofmeisterpostens von der Richtigkeit seiner Wahl vergewissern wollte. Die Zukunft sollte ihm Recht geben, Hohenlohe war der richtige Mann. Er war willens, die ihm gestellten Anforderungen zu erfüllen, vor allem aber war er eines nicht: konfliktscheu.

Drei Tage nach Königgrätz wurde Hohenlohe zum Obersthofmeisterstellvertreter[96], zum ersten Mann am Hof des österreichischen Kaisers ernannt, ein deutscher Fürst, dessen Bruder Chlodwig zu diesem Zeitpunkt als Ministerpräsident von Bayern den Ausschluss Österreichs aus dem Deutschen Bund forderte. Diese demonstrative Ernennung Hohenlohes hatte Symbolkraft. Franz Joseph, der erleben musste, wie Österreich aus dem Deutschen Bund ausgeschlossen wurde, gab einem deutschen Fürsten die höchste Stellung an seinem Hof – eine deutliche Demonstration Richtung Preußen.

Konstantin Hohenlohes Herkunft und Verwandtschaftsverhältnisse ergaben ein ungewöhnliches Bild. Er selbst war ein deutscher Prinz, hatte aber die höchste Stellung am österreichischen Hof inne. Sein ältester Bruder, Chlodwig, war zuerst bayrischer Ministerpräsident, der ganz für eine Einigung Deutschlands unter der Führung Preußens eintrat und später deutscher Reichskanzler wurde. Sein zweiter Bruder, Victor, war Mitglied des preußischen Herrenhauses und der jüngste Bruder, Gustav, wurde Kardinal der katholischen Kirche. Ein damaliger Staatsmann bemerkte zynisch: *„Den Herren von Hohenlohe ist es sehr geglückt, der Eine besorgt die Geschäfte der Familie am österreichischen Hofe, der Andere besorgt sie am preußischen Hofe, der Dritte hat mit Erfolg den schwierigen Posten als Botschafter (in Paris), der Vierte ist Kardinal und Priester, um seinen älteren Brüdern für die zahlreichen Sünden Ablass zu erteilen, die sie begehen müssen."* [97]

Gleich Hohenlohes erste große Aufgabe als Obersthofmeister war nicht gerade geeignet, sich bei den anderen hohen Hofbeamten und der kaiserlichen Familie beliebt zu machen. Er musste auf kaiserlichen Wunsch ein Sparpaket schnüren. [98] In Hinblick auf die kommende Verfassung und damit einer kritischen Begutachtung durch die Parlamentarier, wollte der Kaiser den Hof als schlankes und sparsames Unternehmen präsentieren. Er entschloss sich deshalb zu einem radikalen Sparkurs. Anstatt von den für das Jahr 1867 längst beschlossenen 7,4 Millionen Gulden, [99] mit denen die einzelnen Stäbe des Hof gerechnet hatten, auszugehen, mussten nun stattdessen innerhalb eines halben Jahres 2,5 Millionen eingespart werden – immerhin ein Drittel des gesamten Jahresbudgets. Da die übliche Vorgangsweise des Hofes, nämlich durch Umstrukturierungen und langfristigen Personalaufnahmestopp Einsparungen zu erzielen – Entlassungen waren wie immer ausgeschlossen –, für den Zeitraum von sechs Monaten nicht möglich war, entschloss sich Hohenlohe zu einer radikalen Methode. Er ließ seine Beamten einerseits jede einzelne Rubrik in allen Abteilungen durchackern und forderte bei jeder Kleinigkeit eine *„allseitige Ökonomie"*, strich aber gleichzeitig ausnahmslos jeder Abteilung 36 Prozent ihrer Dotation. Hohenlohe ließ keine Einwände der Abteilungsvorstände gelten, es musste gespart werden, jede Abteilung musste kürzertreten, die Ankaufsbudgets der Kunstsammlungen und der Hofbibliothek wurden außerdem stillgelegt.

Doch all das reichte nicht, um kurzfristig 2,5 Millionen Gulden einzusparen. Hohenlohe entschloss sich deshalb gleichzeitig, Hofvermögen zu verkaufen, und begann unverzüglich Vermögenswerte abzustoßen. Am härtesten traf es das Oberststallmeisteramt. Der Obersthofmeister beschloss, die Hälfte der Pferde zu verkaufen. Allein 70 Lipizzaner und 30 Pferde aus dem Hofgestüt zu Kladrub mussten sofort versteigert werden. Die Wiener Zeitung brachte in großen Lettern die Kundmachung des Hofes über die stattfindende Versteigerung.[100] Die Öffentlichkeit konnte kaum glauben, dass sich der Hof von seinen Lipizzanern trennte – noch dazu mit einer öffentlichen Versteigerung! Graf Grünne, mittlerweile Oberststallmeister, glaubte zuerst, dass es sich um einen Scherz Hohenlohes handelte. Nachdem sich der Scherz aber als Wahrheit herausgestellt hatte, tobte er und schrieb bemerkenswert scharfe Beschwerden an den Kaiser: *„Mitten im Jahre* (müsse er) *verkaufen, verschleudern, zerstören, was ich in zwanzig Jahren mühsam geschaffen.“*[101] Grünne schrieb bitterböse Briefe an den Obersthofmeister, beschuldigte Hohenlohe nur an seinen eigenen Stab zu denken, beschwerte sich beim Kaiser über die seiner Meinung nach ungerechte Aufteilung der Einsparungen – aber es half nichts, der Marstall wurde reduziert. Hohenlohe setzte sich durch.

Nur bei einer einzigen Hofstelle verzichtete Hohenlohe auf Einsparungen – und das aus politischen Gründen: beim Tiergarten Schönbrunn. Hohenlohe an den Kaiser: *„Diese Sammlung erfreut sich stets der größten Teilnahme des Publikums, zumal dieselbe an Sonn- und Feiertagen von vielen Tausenden Menschen besucht wird. ›Panem et circenses!‹ ist der alte, aber ebenso politische als volkstümliche Spruch und diesem wird, neben Theaterspielen, auch durch das Spektakel einer Menagerie genügt. … Solche Volksbelustigungen dürften nicht gänzlich aufzulassen sein. Die – nicht übertriebenen – Kosten hiefür haben ihren Grund.“*[102]

Doch auch die Mitglieder der kaiserlichen Familie wurden zu Einsparungen gezwungen. Jeder einzelne Erzherzog, jede Erzherzogin musste auf ein Drittel ihrer Apanage verzichten, der Verkünder des kaiserlichen Willens war Hohenlohe. Franz Joseph an Kaiserin Elisabeth: *„Hohenlohe reist heute nach Ischl, Salzburg und Innsbruck, um die Herrschaften zu einer Verzichtleistung auf einen Theil ihrer Apanage zu bewegen.“*[103] Konstantin Hohenlohe erfüllte den kaiserlichen Wunsch. Er schaffte es, die Hofausgaben für 1867 von 7,4 auf 5 Millionen zu senken – und konnte sich damit bewähren.

Gleichzeitig mit dem großen Sparpaket von 1866 wurde bei Hof eine neue Abteilung geschaffen, die für die Zukunft die sparsame und effiziente Verwendung des Hofetats sichern sollte. Mit der Gründung des *„Rechnungsdepartements"* [104] verfügte der Oberst-hofmeisterstab zum ersten Mal über eine Buchhaltungs- beziehungsweise Controllingstelle im heutigen Sinn. Bis dahin gab es nur das Hofzahlamt, das zwar die Gelder des Hofes verwaltete, jedoch ausschließlich als Empfangsorgan und auszahlendes Organ – also als Kassa – fungierte. Das Hofzahlamt übernahm mit Jahresanfang das Hofbudget vom Finanzministerium und verwaltete die Gelder. Jeden Monat wurden der Etat an die vier Hofstäbe und die Löhne an die Angestellten ausgezahlt. Das Hofzahlamt sammelte zwar brav sämtliche Auszahlungsbelege und Quittungen, ein wesentlicher Punkt fehlte aber: nämlich die Kontrolle der zweckmäßigen Verwendung der Gelder. Um dies zu gewährleisten, schuf das Obersthofmeisteramt das Rechnungsdepartement, das nun als Kontrollorgan sämtliche Ausgaben des Hofes prüfte. Je größer der Hof und je differenzierter die Hofverwaltung wurde, desto größer wurde die Belegschaft des Rechnungsdepartements. Hohenlohe suchte 1866 die besten Buchhalter, die er bekommen konnte, ausgezeichnete Akademiker mit Erfahrung in adeligen Verwaltungsbetrieben wurden aufgenommen, die Besten des Hofzahlamtes wurden eingeschult – von niemand Geringerem als dem Präsidenten des Rechnungshofes. Das Rechnungsdepartement wurde zum Augapfel des Obersthofmeisteramtes, nur mit seiner Hilfe konnte Hohenlohe Schwächen und Verschwendung in der höfischen Finanzverwaltung rechtzeitig erkennen, es war eine völlig unabhängige Abteilung, die ausschließlich dem Obersthofmeister unterstand.

Im November 1867 wurde Konstantin Hohenlohe schließlich definitiver Erster Obersthofmeister. [105] Er erhielt nicht nur das obligatorische Jahresgehalt von knapp 13.000 Gulden, sondern auch noch das Augartenpalais im zweiten Wiener Gemeindebezirk als Wohnsitz. Das Augartenpalais war Hofvermögen, wurde Hohenlohe aber als Bonus zugewiesen. Sämtliches Personal wurde ebenfalls vom Kaiser zur Verfügung gestellt, außerdem Pferde und Kutschen aus dem kaiserlichen Marstall. [106] Dass Hohenlohe derart

Das Ehepaar Marie und Konstantin Hohenlohe-Schillingsfürst

kostspielige Vergünstigungen vom Kaiser bekam, lag nicht nur an der Dankbarkeit Franz Josephs, dass sein Obersthofmeister die Finanzierung des Hofes derart schnell sichergestellt hatte, sondern auch an der repräsentativen Rolle, die er der Familie Hohenlohe zukommen zu lassen gedachte.

Konstantin und Marie Hohenlohe waren wie geschaffen dafür, die führende Rolle im kulturellen Leben der Residenzstadt einzunehmen. Mit Hohenlohes Einzug wurde das Augartenpalais zum Mittelpunkt der Wiener Kulturszene. Die hier stattfindenden Bälle, Soireen und Diners waren legendär. Führende Persönlichkeiten der Diplomatie, der Armee und der Künstlerkreise trafen hier aufeinander. Mittelpunkt der Familie war Hohenlohes Ehefrau Marie, eine der außergewöhnlichsten Frauen ihrer Schicht. Sie zog Künstler, Literaten und Musiker an, suchte aber auch gezielt deren Nähe. Prinzessin Marie Hohenlohe war eine Frau, die wie keine andere Dame ihrer Zeit Verständnis für und vor allem auch fundiertes Wissen über Kunst aller Art hatte. Marie Hohenlohe verfügte über eine der außergewöhnlichsten Biographien ihrer

Zeit. Ihre Kindheit und Jugend schienen wie einem Roman entsprungen und waren die Wurzel für ihr späteres Kunstverständnis. Maries Mutter, eine geborene Prinzessin Caroline Iwanowska, wurde sehr jung mit dem Fürsten von Sayn-Wittgenstein verheiratet. Caroline war eine gute Partie, da sie enorme Ländereien in die Ehe einbrachte, jedoch alles andere als eine genügsame Hausfrau. Sie war eine Intellektuelle, betrieb philosophische Studien, schrieb sogar einen Kommentar zu Goethes Faust, einem Werk, das zu dieser Zeit als unmoralisch und als nicht geeigneter Lesestoff für hohe Damen galt, kurz: Prinzessin Caroline war für eine Aristokratin reichlich ungewöhnlich. Ihr Leben sollte aber noch weit ungewöhnlicher werden. Als Marie zehn Jahre alt war, traf ihre Mutter in Kiew mit Franz Liszt zusammen – ein Treffen, das auch Maries weiteres Schicksal mitbestimmen sollte, denn Caroline Wittgenstein und Liszt verliebten sich und Maries Mutter, deren Ehe unglücklich war, entschloss sich zu einem Schritt, der Anna Karenina Ehre gemacht hätte. Sie verließ ihren Mann, um mit Liszt zu leben. Dafür musste sie alles aufgeben. Sie verlor ihren Ruf, ihre Stellung und musste das Vermögen, das sie in die Ehe gebracht hatte, zurücklassen (erst ihre Kinder sollten später das große Vermögen erhalten). Caroline verlor auch ihre Heimat, denn sowohl die Kirche als auch der Zar legten Veto gegen ihre bei Gericht eingebrachte Scheidungsklage ein. Caroline und Liszt mussten nach Weimar flüchten. Caroline Sayn-Wittgenstein lebte ganz für ihre große Liebe Franz Liszt. Sie richtete ihr Leben nach seiner Karriere aus, ihr gemeinsames Haus stand allen Künstlern und Gelehrten offen. Richard Wagner, Alexander von Humboldt, der Maler Friedrich Kaulbach, der Schriftsteller Friedrich Hebbel, der Dichter und spätere Direktor der Hofoper Franz von Dingelstedt, aber auch Gottfried Semper, der später der Wiener Ringstraße seinen Stempel aufdrücken sollte, gingen ein und aus.[107]

In dieser regen Bohème-Atmosphäre wuchs die kleine Marie auf und wurde eine hoch gebildete und belesene Frau, voll Liebe für alle Kunstgattungen. Die Hofdame Marie Festetics erinnert sich an eine *„liebenswürdige Frau, voll Bildung, voll Interesse für Kunst und Poesie … Es ist sicher, dass sie auf ihren Mann den besten Einfluss hatte."*[108]

Marie Hohenlohe korrespondierte mit den führenden Künstlern ihrer Zeit, die sie ihrerseits überaus schätzten. Sie erkannte mit untrügbarem Instinkt neue Talente, war unvoreingenommen und holte hoffnungsvolle Nachwuchskünstler ins Augartenpalais. Sie war das Verbindungsglied zwischen der Kulturszene und dem Wiener Hof. Marie Hohenlohe knüpfte eifrig neue Kontakte, ließ sich von Künstlern, die bereits in ihrem Salon verkehrten, stets über junge Nachwuchskünstler berichten. Sie hatte ein untrügliches Gespür für Qualität, war modern und mutig und stellte ihrem Mann nur die Besten der Besten vor. Fast alle Architekten, Maler und Theatermacher, die Konstantin Hohenlohe in seiner Eigenschaft als Obersthofmeister für den Hof verpflichtete oder förderte, kannte er über seine Frau. Jene Architekten und Künstler, die in der zweiten Hälfte des 19. Jahrhunderts große Karrieren machen sollten, waren direkt oder indirekt auf Marie Hohenlohe zurückzuführen. Sie holte ihr bereits bekannte Männer wie Gottfried Semper nach Wien oder protegierte gezielt verheißungsvolle Künstler. Die Schriftsteller Ferdinand Saar, Friedrich Hebbel, aber auch der österreichische Komponist und Dirigent Felix Mottl sind nur einige der Künstler, die Marie Hohenlohe protegierte. Die Gesellschaften im Augartenpalais waren legendär. Eine derart einzigartige Mischung aus Aristokratie, Architekten, Schriftstellern, Musikern und Malern gab es kein zweites Mal in Wien. Der Kaiser selbst förderte diese Gesellschaften, indem er regelmäßig Hohenlohes Bälle besuchte, die dieser in jeder Wintersaison gab, und er vertraute Marie und Konstantin Hohenlohe blind bei ihrer Künstlerauswahl.

Der Kaiser mag Marie Hohenlohes inoffizielle Aufgabe als Kulturbeauftragte des Hofes bewusst herausgestrichen haben. Denn Kaiserin Elisabeth weigerte sich, irgendwelche kulturellen Aktivitäten zu entfalten. Sie absolvierte ihr höfisches Pflichtprogramm, das aus den beiden Hofbällen, der Fronleichnamsprozession und einigen Besuchen karitativer Vereine bestand – wobei sie auch diese eher sporadisch übernahm. Sie hatte aber keinerlei Ehrgeiz, eine traditionelle Rolle einer Kaiserin abzudecken, nämlich Kultur und Künste durch persönliches Engagement zu fördern. Durch persönliche Einladungen, Diners und Veranstaltungen hätte Elisabeth Künstler und Kulturschaffende an den Hof bringen können und nicht zuletzt die politisch nicht unwichtige Aufgabe erfüllt, die Kunst in den Dienst der Krone zu stellen. Durch ihre Weigerung wurde der Hof um seine potentielle Vorreiterrolle als Mäzen und

Konstantin Hohenlohe (rechts) mit seinen Söhnen Gottfried (links),
später österreichischer Botschafter in Berlin und Ehemann von
Erzherzogin Henriette, sowie Konrad (Mitte), später Ministerpräsident
Österreichs, dessen Tochter den Bruder von Kaiser Karl heiratete

identitätsstiftender kultureller Mittelpunkt des Reiches gebracht,
was gerade angesichts der immer geringer werdenden Realmacht
des Kaiser durch die Verfassung einen wichtigen Propagandawert
gehabt hätte.

Franz Joseph, selbst den Künsten gegenüber aufgeschlossen,
wusste um die Bedeutung, Kunst und Künstler in den Dienst der
Dynastie zu stellen, konnte aber diese zeitintensive Aufgabe nicht
zusätzlich übernehmen, sondern unterstützte Marie und Konstantin Hohenlohe in ihrem Engagement, die wichtigsten Kunst-
strömungen, ob bildnerischer, musikalischer oder belletristischer
Art, im Wiener Augartenpalais zu konzentrieren.

Hohenlohes Amtsbeginn fiel in den ersten Abschnitt des Jahr-
hundertprojekts Wiener Ringstraße. Fast alle Architekten und
gestaltenden Künstler wurden von Hohenlohe bestimmt, die Soireen und Salonabende der Familie Hohenlohe waren der Talent-
pool der Ringstraßenära. Doch die Hohenlohes gingen mit der

Zeit. Sie luden auch Wissenschafter, Entdecker, Weltreisende und Schauspieler ein. Hohenlohe selbst versuchte durch persönliche Intervention beim Kaiser zu erwirken, dass auch Wissenschafter, die Bedeutendes leisteten, vermehrt zu offiziellen Diners bei Hof geladen wurden.[109]

Mit Marie und Konstantin Hohenlohe stieg eine neue Familie in die allernächste Nähe des Kaiserhauses auf. Neben der Familie Liechtenstein, die schon seit langer Zeit in enger Verbindung zum Herrscherhaus stand, wurde die Hohenlohes zur einflussreichsten Familie der ausgehenden Monarchie. Mit den Söhnen Konstantin Hohenlohes setzte sich die enge Verbindung zur Familie Habsburg fort. Sie wurden Innenminister und Ministerpräsident sowie österreichischer Botschafter in Berlin unter Kaiser Franz Joseph, der letzte Kaiser Karl ernannte einen Sohn Konstantins zu seinem Obersthofmeister, und schließlich heirateten die Kinder und Enkelkinder von Konstantin Hohenlohe sogar in die kaiserliche Familie ein.

VII
Die goldenen Jahre

*Obersthofmeister Hohenlohes Stellung zur Hofgesellschaft
– Der Hof wirbt Personal ab – Das Problem der mangelnden
Arbeitsleistung – Die Löhne der Geringverdiener werden
deutlich angehoben – Die große Rangklassen- und Besoldungs-
reform des Wiener Hofes – Die Einführung eines modernen
Pensionsfonds – Aushilfsarbeiter bekommen ebenfalls eine
Versicherung – Die Gründung des kaiserlichen Ganztags-
kindergartens – Der medizinische Notfalldienst bei Hof –
Missbrauch in der Hofapotheke – Die Reformen Hohenlohes,
ein Gewinn für den Hof?*

Mit Konstantin Hohenlohes Ernennung zum Obersthofmeister
begann für Kaiser Franz Josephs Hof das goldene Zeitalter. Nachdem Hohenlohe die dringendsten Finanzprobleme gelöst hatte,
begann er sein umfassendes Reformwerk, im Zuge dessen kein
Stein auf dem anderen blieb. Kein Kaiser vor Franz Joseph hatte
je derart kompromisslos seinen Hof reformiert, keiner hatte je
einen entschlosseneren, konfliktbereiteren und derart unbeeinflussbaren Obersthofmeister ernannt.

Dass Hohenlohe so zielstrebig den Hof entstauben und verändern konnte, hing nicht zuletzt mit seiner völligen Unabhängigkeit
zusammen. Sein familiäres Netzwerk befand sich in Deutschland,
seine Frau, Prinzessin Marie, hatte ihre Verwandten ausschließlich in Russland und Italien. Hohenlohe war also von der miteinander verschwägerten Wiener Hofgesellschaft unabhängig. Er
musste auf keinerlei Netzwerke Rücksicht nehmen, war niemandem gegenüber zu Dankbarkeit verpflichtet, weil er vom Kaiser
direkt ernannt worden war, ohne dass man für ihn vorgegraben
hatte. Persönliche Freundschaften mit österreichischen Aristokraten pflegte Hohenlohe wenige, jene, die ihm näher standen, waren
aber genauso ungewöhnlich wie er selbst. Seine besten Freunde
waren der berühmte Abenteurer und Mäzen Graf Hans Wilczek und
der ehemalige österreichische Botschafter in Paris Fürst Richard
Metternich, der Sohn des ehemaligen Kanzlers, beide überkommenen Systemen gegenüber ebenso kritisch wie er selbst und für

Aristokraten reichlich ungewöhnlich. Wilczek war Förderer und Teilnehmer der Österreich-Ungarischen Nordpolexpedition und einer der Entdecker einer bisher unbekannten Inselgruppe, die den Namen Franz-Joseph-Land erhielt. Richard Metternich hingegen machte sich einen Namen als Kompositeur. Dem Rest der exklusiven Hofgesellschaft stand der neue Obersthofmeister distanziert gegenüber. Konstantin Hohenlohe konnte bei Hof sein Reformwerk beginnen, ohne auf alte Seilschaften und erwartete Dankbarkeit Rücksicht nehmen zu müssen.

Bevor Hohenlohe ansetzte, den Hof zu modernisieren, stellte er ein neues Team innerhalb der Kanzlei des Obersthofmeisteramtes zusammen. Der alte Kanzleidirektor wurde in Pension geschickt und junge, gut ausgebildete Kräfte nicht vom Hof, sondern von auswärts geholt. Hohenlohe wollte völlig neu beginnen. Er wollte junge, begabte und engagierte Juristen, die noch nicht mit dem Hof und seiner ansteckenden Laschheit in Berührung gekommen waren. Sie sollten gemeinsam mit ihm und ebenfalls ohne familiäre Verpflichtungen kühl bei der Umwandlung des Hofes agieren. Er begann ausgezeichnetes Personal bei seinen Standesgenossen abzuwerben. Von den Güterverwaltungen der Familien Schwarzenberg, Liechtenstein und Wilczek wurde gut geschultes Personal geholt, junge Männer, deren Eltern oft noch Bauern auf den herrschaftlichen Gründen waren und denen aufgrund ihrer ausgezeichneten schulischen Leistungen von den Grundherren ihrer Eltern ein Studium bezahlt worden war. Nach ihrem Studium mussten sie in den Wirtschaftskanzleien ihrer Unterstützer beweisen, dass sie sich ihr Studium verdient hatten und wurden deshalb zu leistungsorientierten und für die Herrschaft äußerst wertvollen Kanzleikräften – sie wollten sich durch ihr Engagement für die Chance, die ihnen als einfachen Bauersöhnen gegeben worden war, dankbar erweisen.[110]

Vom Obersthofmeisteramt selbst übernahm Hohenlohe nur die besten und engagiertesten jungen Kanzleikräfte. Mit dieser neuen Truppe an leistungsorientierten und gut ausgebildeten Mitarbeitern an seiner Seite, begann der Obersthofmeister seine große Aufgabe.

Nach dem großen Sparpaket von 1866 und der endgültigen Klärung der Hoffinanzierung im Zuge der Einführung der Verfassung, begann Hohenlohe mit seinem engagierten Plan, die Beschäftigungsverhältnisse auf eine moderne und zeitgemäße Grundlage zu stellen. Vereinfacht gesagt: Der Hof musste einen Weg finden, von einem altmodischen, vom Geist des Patriarchats getragenen Versorgungssystem, das dem Einzelnen Sicherheit garantierte, ohne Leistung wirklich einzufordern, auf ein modernes, leistungsbezogenes Beschäftigungssystem zu kommen, das es ermöglichte, Einsatz und Engagement gerecht zu entlohnen. Denn die bisherige Vorgangsweise des Hofes, unabhängig von der individuellen Leistung allen Hofbediensteten die gleichen Vorteile zu bieten, hatte zu einer Arbeits- und Geisteshaltung bei Hof geführt, die jegliches Engagement vermissen ließ. Wie seine Vorgänger hatte auch Hohenlohe die strenge Vorgabe des Kaisers erhalten, keine Entlassungen durchzuführen.

Obersthofmeister Konstantin Hohenlohe erkannte das Grundproblem der mangelnden Arbeitsleistung bei Hof sofort: die niederen Löhne, die durch Naturalzuschüsse abgefedert wurden. Die Hofbediensteten verdienten zwar wenig, mussten sich für ein abgesichertes Leben aber nicht anstrengen. Doch selbst jene, die sich im Dienst anstrengten, hatten außer einem reinen Gewissen kaum etwas davon, denn bessere Arbeitsleistung wurde bei Hof eben nicht besser entlohnt. Die Hofbediensteten hatten zwar alles, was sie zum Leben brauchten, konnten sich aber fast nichts zusätzlich sparen oder leisten – einen Grund, sich anzustrengen, um mehr zu bekommen, gab es nicht. Hohenlohe war sicher, dass mehr und bessere Leistung ausschließlich über den Anreiz einer höheren, vor allem aber individuelleren Entlohnung erfolgen konnte.

Hohenlohe wusste, dass das gesamte Besoldungssystem bei Hof reformiert gehörte. Sämtliche Löhne mussten endlich auf eine zeitgemäße Grundlage gestellt werden, die vielschichtige Angestelltenpyramide verlangte außerdem nach einem einheitlichen Rangklassensystem. Der Obersthofmeister wollte dem Staat aber nicht vorgreifen. Denn schon seit Jahren rangen die Staatsbeamten und Staatsdiener mit der Regierung um ein einheitliches Rangklassen- und Besoldungssystem – eine Reform auf staatlicher Ebene lag in greifbarer Nähe. Da ab Einführung der Verfassung auch die Hofbeamten im weitesten Sinn als Staatsbeamte galten (obwohl die rechtliche Definition nie eindeutig war und schon zeitgenössische Rechtsexperten hinsichtlich der unterschiedlichen Loyalitätsansprüche der Hof- und Staatsbeamten grobe Bedenken ob einer solchen Vereinfachung anmeldeten und lieber eine Unterscheidung in „Staatsdiener" und „Dienst am Fürsten" bevorzugt hätten), wollte der Hof seine Reformen zeitgleich mit jenen des Staates einführen.

Zumindest bei den untersten Gehaltsklassen musste aber sofort gehandelt werden. Die niederen Hofdiener und Hofbeamten hatten sehr niedrige Basisgehälter. Der Hof konnte sich aus Kostengründen nie zu einer einheitlichen und zeitgemäßen Anhebung aller Löhne durchringen, sondern bewilligte – da die Problematik der schlechten Löhne bekannt war – laufend neue Zulagen. Das verschlechterte aber die Situation zusehends. Einerseits bot ein geringes Einkommen wenig Ansporn sich anzustrengen. Durch die unzähligen Zulagen wussten sich die Beamten und Diener aber ihr Gehalt auszubessern. Zu allem Übel gab es im Laufe der Zeit schon so viele Zulagen, dass die einzelnen Abteilungen nicht mehr wussten, was denn die anderen an Zulagen zahlten (so zahlten manche Departements die gleichen Zulagen unter einem anderen Namen aus): Es gab Brennholz-, Kerzen-, Essens-, Kinder-, Waisen-, Stiefel-, Uniform-, Mäntel-, Schuh-, und Möbelzulagen, um nur ein paar zu nennen.

Es bot sich nun die paradoxe Situation, dass Personen, die auf der gleichen Gehaltsgrundlage standen, unterschiedlich viel Geld bekamen, je nachdem wie viele Zulagen sie sich zu sichern wussten. Der Weg zu mehr Geld führte also nicht über mehr Leistung, sondern über das Wissen, an welcher Stelle man sich Zulagen erbetteln konnte. Der Motivation und Disziplin des Dienstes war dieses System natürlich eine Hemmschuh – es gab keinen Ansporn, sich im Dienst anzustrengen, da die Hofdiener sahen, dass nicht die Fleißigsten „gefördert" wurden, sondern jene, die wussten, an welchen Stellen sie ansuchen mussten. Viele Hofdiener erhielten aus dem Versorgungsfonds des Hofes regelmäßig Zuschüsse, die vielen bewilligten Gnadenzuschüsse strapazierten aber auch die kaiserliche Privatschatulle arg.

Hohenlohe hob 1869 die Löhne des untersten Viertels aller Hofstaatsbediensteten deutlich an.[111] Damit war jenen, die am einkommensschwächsten waren, zumindest übergangsmäßig geholfen. Gleichzeitig wurde ein Versorgungsfonds für die Witwen und Waisen der Hofstaatsdiener gegründet.[112] Für einen winzigen Beitrag konnten die Hofstaatsdiener eine zusätzliche Absicherung für ihre Witwen und Waisen abschließen. In erster Linie wurde der

Fonds aber von Zuwendungen der Kaiserfamilie und den regelmäßigen Kanzleigebühren finanziert (jede Ernennung bei Hof war mit Taxen verbunden, die den Hofstaatsbediensteten zugute kamen).

Die längst erforderlichen Lohnerhöhungen waren zwar nur oberflächliche Kosmetik, aber ein wichtiger Schritt auf dem Weg zu einer zeitgemäßen Besoldung. Vier Jahre mussten der Hof noch für alle kleinen Lohnempfänger zuschießen und die Angestellten auf einen modernen Dienstvertrag warten, doch Hohenlohe verfolgte die Verhandlungen zwischen der Regierung und den Staatsbeamtenvertretungen genau. Er ließ sich die Zwischenberichte und Verhandlungserfolge bringen, um eine Vorlage für die Hofbeamten zu haben. 1872, als die wesentlichsten Punkte ausverhandelt waren, begannen er und sein Team das Besoldungs- und Rangklassensystem der Staatsbeamten für die Hofbeamten umzuarbeiten. In der Zwischenzeit wurde aber wegen der Teuerungsraten noch einmal eine Gehaltszulage für alle Hofbediensteten ausbezahlt.

Anfang 1873 war es dann soweit. Zeitgleich wurden die Staats- und Hofbeamten in eine neue Zeit geführt. Die lang erkämpfte Rangklassen- und Besoldungsreform war für den Hof nicht weniger bedeutend als für den Staat. Sämtliche Hofbeamte und Diener wurden nun in ein einheitliches, verbindliches Rangklassen- und Besoldungsschema eingegliedert. Jeder konnte genau einsehen, welche Rangklasse er einnahm, wie hoch sein Lohn war – vor allem aber hatten gerade die Diener endlich ein modernes Einkommen.[113]

Hohenlohe rechtfertigte die Kosten dieser Reform vor dem Kaiser mit dem Argument, dass jede Beibehaltung des alten Systems in Summe und auf Jahre gerechnet dieselben Kosten mit sich brächte, nur dass es sich nicht um eine einzige Summe handelt, sondern diese auf unzählige Kostenstellen verteilt würde – lieber also einmal eine größere Summe auslegen, um für die Zukunft eine geregelte und überschaubare Personalfinanzierung zu besitzen.

Die große Rangklassen- und Besoldungsreform war eine Zäsur in der Hofgeschichte. Zum ersten Mal verfügten die Beamten und Diener über eine genau definierte Stellung. Vor allem aber wurden zum ersten Mal sämtliche Beamte und Diener in ein Rangklassensystem aufgenommen. Verschwommene Graubereiche fielen weg. Der Aufstieg jedes einzelnen Hofbeamten war genau vorgegeben. Ungerechtigkeiten wurden dezimiert. Mit Einführung der Besoldungsreform fiel das alte Zulagensystem komplett weg. Jeder

Beamte und Diener erhielt nun ausschließlich seinen Lohn, eine regelmäßige Vorrückung, das Quartiergeld und seine drei Mahlzeiten bei Hof. Zulagen gab es nur mehr für Notfälle und als Überbrückungshilfe bei Krankheiten oder Schicksalsschlägen.

Auch die Löhne der Aristokraten, die bei Hof beschäftigt waren, die obersten Hofbeamten, die Inhaber der Hofdienste (der Oberstküchenmeister und der Oberstjägermeister) und die Hofdamen, wurden angehoben, jedoch erst 1875, nachdem die Gehälter der Hofbediensteten bereits erhöht worden waren.[114] Da hohe Herrschaften, auch wenn sie wie im Fall der Hofdamen gezwungen waren, zu verdienen, ungern Gehälter erhielten (die sie auf eine Stufe mit einfachen Bediensteten gestellt hätten), nannte der Hof die Löhne der Adeligen „Repräsentationsgelder".

Die zweite große Änderung lag beim Pensionssystem, auch hier sollten die großen Gewinner die Empfänger der unteren Gehaltsklassen sein. Bis jetzt musste der Hof (und wiederum der Kaiser mit seinem Privatvermögen) immer wieder den untersten Pensionsempfängern unter die Arme greifen. Die Pension machte nur circa ein Drittel des Gehalts aus, was bei den untersten Löhnen zu einer Pension führte, von der die Empfänger nicht leben konnten und wiederum auf Zuschüsse angewiesen waren.

Die vom Hofbudget festgesetzten monatlichen Pensionsbeiträge sollten in einem Sparfonds gesammelt werden, der durch zusätzliche Einnahmen aus Hoftaxen, Kanzleigebühren und Unterstützungsgeldern sowie Weihnachtsgeldern des Kaisers und der Spitzenbeamten und außerdem Jubiläumsgeldern genährt werden sollte. Der Hof sollte solange in diesen Fonds einzahlen, bis eine Gesamtsumme erreicht sei, die bei guter Verzinsung das Vermögen des Fonds so vermehrte, dass sich die Pensionen der Hofstaatsdiener eines Tages quasi selbst finanzierten (also aus den Zinsen dieses angelegten Geldes). So wollte man auf lange Sicht den Hof von dem großen Posten der Pensionen befreien – bei gleichzeitiger Sicherung der Pensionen. Hohenlohe: *Um dieses Ziel zu erreichen, wird, unter günstigen Verhältnissen, ein Zeitraum von wenigen Dezennien genügen."* [115] Die Verwirklichung dieser an sich guten Idee, die den Hof finanziell wirklich entlastet hätte (denn so wie heute waren auch damals Löhne und Pensionen die teuersten Budgetposten), erlebte die Institution Hof bis zu ihrem Untergang 1918 aber nicht mehr. Ein Gewinn war der neue Pensionsfonds jedoch auf alle Fälle. Die niedrigsten Pensionen, die Witwen- und Waisengelder wurden angehoben und der Fonds schüttete immer wieder Bonuszahlungen an jene aus, die ihrer bedurften.[116]

Nachdem die Finanzen des Hofes gesichert, die wichtigsten Einsparungen vorgenommen und die Löhne und Pensionen der Hofstaatsbediensteten auf eine moderne Grundlage gestellt worden waren, konnte Obersthofmeister Hohenlohe damit beginnen, auch all jene in den Genuss der sozialen Vergünstigungen kommen zu lassen, die zwar keine fixe Anstellung bei Hof hatten, jedoch permanente Aushilfen waren. Hier handelte es sich vor allem um Arbeiter oder Saisonbedienstete. Auch sie erhielten ein Jahr nach Einführung der Pensionsreform der Hofbediensteten endlich eine Absicherung ihrer Witwen und Waisen im Todesfall. Ab nun wurden alle, die auch nur zeitweise (aber regelmäßig) bei Hof arbeiteten, mit einer Ablebensversicherung bedacht.[117] Keine Witwe eines Mannes, der für den Hof gearbeitet hatte, sollte mehr in die Position einer Bittstellerin kommen. Für die Kinder wurden neben einer Waisenpension auch Unterstützungsgelder bereitgestellt.

Die 1870er und 1880er Jahre standen ganz im Zeichen der vielen sozialen Einführungen. Der Hof wirtschaftete ordentlich und der Obersthofmeister konnte nun endlich die vielen Sozialpläne, die ihm vorschwebten, umsetzen. Um etwa die Lage der geringsten Einkommensbezieher, der untersten Livreediener und des Stallpersonals, zu erleichtern, ließ er in den Büros des Stallgebäudes einen Kindergarten einrichten – die so genannte „Kinderbewahranstalt" des Hofes. Schulschwestern betreuten hier ganztägig jene Kinder, deren Eltern beide arbeiten mussten. Vor allem die Ehefrauen der Diener mussten – im Gegensatz zu den Gattinnen der Hofbeamten – dazuverdienen, um genügend Geld für oft mehrere Kinder zu haben. Die Frauen der Diener und Knechte arbeiteten meist ebenfalls in den untersten Tätigkeiten bei Hof, als Bodenwäscherinnen oder Küchenmägde. Damit die Kinder nicht unbeaufsichtigt blieben und innerhalb der Höfe herumstreunten (was wegen der oft mit großer Geschwindigkeit hereinfahrenden Kutschen auch äußerst gefährlich war), wurden sie von den Schulschwestern tagsüber betreut. Der Kindergarten war für die untersten Lohnbezieher gratis und hatte eine eigene Kassa, in die die weiblichen Mitglieder des Kaiserhauses an ihren Geburtstagen und zu Weihnachten Einzahlungen leisteten. Von diesen Geldern wurden für jene Kinder, die es nötig hatten, neue Mäntel, Schuhe oder auch Brillen angeschafft. Zu Weihnachten wurde im Kindergarten ein Christbaum aufgestellt und jedes Kind erhielt von der kaiserlichen Familie ein Geschenk sowie Naschereien. Solange die jüngste Tochter des Kaisers, Erzherzogin Marie Valerie, am Hof lebte, hatte sie die Schirmherrschaft für den kaiserlichen Kindergarten.[118]

Die medizinische Versorgung bei Hof wurde ebenfalls ausgebaut – es wurde ein ärztlicher Permanenzdienst eingeräumt.[119] Untertags befanden sich stets mehrere Ärzte in der Ordination des Hofes, wo reger Betrieb herrschte. Jeder Kranke, aber auch jedes Unfallopfer konnte jederzeit mit medizinischer Hilfe rechnen. In der Nacht sah die Sache schon anders aus. Die wenigsten Ärzte hatten eine Wohnung bei Hof, da viele noch eine Privatpraxis betrieben und ihre Privatwohnung dort angeschlossen war. Der einzige bei Hof lebende Arzt, *„der in der Stallburg wohnhafte k. k. Leibarzt Dr. Ritter von Bielka"* – nur er war in der Nacht schnell verfügbar –, hatte nach einiger Zeit genug, fast in jeder Nacht (während seiner freien Zeit) gerufen zu werden, und verbat sich schärfstens, *„während seiner Anwesenheit in Wien stets zur Verfügung zu stehen, wenn in der Zeit von ½ 10 abends bis ½ 10 morgens in der Hofburg eine ärztliche Hilfsleistung benötigt werden sollte".* Auch wenn der Protest von Dr. Bielka etwas harsch vorgetragen wurde, Obersthofmeister Hohenlohe verstand den Ärger des Arztes und nahm die Gelegenheit zum Anlass, einen Permanenzdienst einzuführen, nicht nur, um den erbosten bei Hof lebenden Hofarzt zu entlasten, sondern vor allem, um eine sichere und schnelle Hilfsleistung zu gewährleisten. Alle Hof- und Gardeärzte wurden ab sofort in einen Turnusdienst eingeteilt. Jeder Einzelne hatte abwechselnd Schichtdienst zu leisten, und zwar Tagdienst (von halb zehn Uhr morgens bis halb zehn Uhr abends) und Nachtdienst (die restlichen Stunden). Für den Permanenzdienst wurde ein eigenes Inspektorenzimmer eingerichtet, wo sich der diensthabende Arzt stets aufzuhalten hatte.

Zur gleichen Zeit wurden auch strikte Quarantänevorschriften erlassen. Jeder Arzt musste eine bei Hof auftretende Krankheit sofort melden. Der Kranke wurde daraufhin sofort in die hofeigene Quarantänestation verlegt. Familienangehörige musste in eigens dafür vorgesehene Ausweichquartiere übersiedeln und dort die

Inkubationszeit abwarten. Erst wenn sichergestellt war, dass keine Ansteckung drohte, durften sie wieder in ihre Wohnungen.[120] Der Kranke aber durfte erst nach völliger Ausheilung wieder zurück. Diese Übervorsicht des Hofes entspringt dem Wissen über die extrem hohe Übertragbarkeit von Krankheiten am kaiserlichen Hof. Die Menschen lebten derart eng bei Hof, kamen durch die Vielseitigkeit ihrer Tätigkeit mit soviel Mitbewohnern in Kontakt, dass eine gefährliche und ansteckende Krankheit einen Flächenbrand auslösen konnte. Angesichts der vielen Choleraepidemien des 19. Jahrhunderts war der Hof extrem vorsichtig.

Aus dem gleichen Grund wurden auch sehr früh Pflichtimpfungen bei Hof eingeführt. Zur Pockenimpfung mussten zum Beispiel alle Hofbediensteten erscheinen. Das Obersthofmeisteramt führte eigene Impfregister über sämtliche Personen, die neu bei Hof waren und noch keine Immunisierung erhalten hatten, und jene, die zu den vorgeschriebenen Impftagen nicht erschienen waren. Wer nach zweimaliger Aufforderung noch immer nicht zu den Impfterminen erschienen war, wurde ins Obersthofmeisteramt vorgeladen und mit Dienstentlassung verwarnt. Der Hof versuchte durch Strenge jede Gefährdung durch gefährliche Krankheiten zu vermeiden.[121]

Bei so viel medizinischer Betreuung gab es aber auch genug Missbrauch. Die Ärzte und Apotheker wurden regelmäßig wegen Verschreibungen und Ausfolgungen von Gratis-Medikamenten an Personen verwarnt, die für den kostenlosen Bezug nicht berechtigt waren. Nur die untersten Hofbediensteten hatten für sich und ihre Angehörigen in der Hofapotheke nichts zu bezahlen. Die besser bezahlten Hofbeamten mussten einen kleinen Selbstbehalt leisten. Schon in den ersten Jahren der Regierung Kaiser Franz Josephs wurden die Hofärzte und Apotheker regelmäßig daran erinnert, dass nicht alle Hofparteien freien Medikamentenbezug hatten, außerdem vermutete der Obersthofmeister, dass viele Rezepte erschlichen waren, das heißt für einen Hofbediensteten ausgestellt, aber für eine hoffremde Person gedacht. Das Obersthofmeisteramt stellte unmissverständlich klar: *„Sogenannte Gefälligkeitsverschreibungen, dh, Verschreibungen von Medikamenten, die eine arzneifreie Hofpartei selbst begehrt und meist durch Mittelsmann vom Hofarzte verlangt, sind nicht gestattet!"*[122] Da sich derartige Fälle häuften, wurden den Ärzten und Apothekern sogar Disziplinarverfahren angedroht, wenn sie nicht genauer auf die Notwendigkeit der Medikamente achteten.[123]

Auch bei der Verschreibung von Arzneien, die eher der Erfüllung kosmetischer Bedürfnisse als wirklicher Linderung von Krankheiten dienten, war der Hof äußerst streng. Stichprobenkontrollen ergaben immer wieder, dass sich von den Hofdamen abwärts bis zu den Dienern enorm viele Mitglieder des Hofes Badezusätze, Schönheitscremen, Zahnwässer und sogar Cognac und Weine verschreiben ließen (beziehungsweise von den Hofärzten und Apothekern verschrieben bekamen). Der Hof stellte in regelmäßigen Abständen klar, dass *„Haarwässer, Haaröle, Kolapastillen, Hühneraugenringe und Klettenwurzelöl"*[124] (für die Förderung des Haarwuchses) nicht gratis oder zum Selbstkostenpreis verschrieben werden durften. Immer wieder gab es Verwarnungen und Verbote: *„Da es der allerhöchste Wille ist, dass – ohne den arzneifreien Hofstaatsparteien es an etwas mangeln zu lassen – der Kostenaufwand nicht unnöthigerweise vermehrt werde, machen Seine k. k. apostolische Majestät es zur besonderen Pflicht, sich, in so fern der gleiche Zweck damit erreicht werden kann, nur der wohlfeileren Heilmittel zu bedienen und überflüssige, bloß dem Gaumen schmeckende, eine wirkliche Heilkraft nicht enthaltende Zuthaten zu vermeiden, zb. die gebrannten Wässer (aqua destillatae), die eingesottenen Früchte-Säfte (Syrupi) und dergleichen."*[125]

Die Ermahnungen halfen wenig, nichtsdestotrotz hielt der Hof an seinen sozialen Zusatzleistungen fest. Gegen Ende des Jahrhunderts dehnte der Kaiser die medizinische Versorgung sogar auf Wochen- und Tagelöhner aus, die nicht zum Hof gehörten, sondern für kurzfristige Arbeiten engagiert wurden. Auch Tagelöhner hatte nun Anspruch auf freie ärztliche Behandlung, allerdings nur durch die Hofärzte, die verschriebenen Medikamente konnten in der Hofapotheke eingelöst werden. Bei Krankheit erhielten Monats- und Tagelöhner ein Krankengeld in der Höhe von 70 Prozent ihres Taggeldes für den Zeitraum von fünf Monaten. Wer ins Spital musste, wurde an die Barmherzigen Brüder in Wien verwiesen, die Kosten dafür trug ebenfalls der Hof. Nur wenn sich Zeitarbeiter eine Krankheit durch schuldhafte Beteiligung an einem Raufhändel oder durch Trunksucht zuzogen, oder durch absichtliches Zuwiderhandeln gegen ärztliche Anweisungen, verwirkten sie ihren Anspruch auf Krankenversicherungen – doch auch diese Fälle überließ man nicht sich selbst, sondern fand stets eine Lösung. Und nicht nur die Familien von Hofstaatsbediensteten, die über wenig Geld verfügten, auch die Hinterbliebenen von Tagelöhnern erhielten im Todesfall eine Erstattung der Begräbniskosten. Wer für den Hof arbeitete, ob als festes Mitglied oder nicht, sollte nicht nur eine menschenwürdige Versorgung, sondern auch ein würdiges Begräbnis erhalten.

Neben den großen und regelmäßigen Zusatzleistungen bei Hof, gab es noch eine ganze Reihe von kleineren Unterstützungen, die den Lohn der einfachen Hofbediensteten regelmäßig aufbesserten. Bei Hof wurde zum Beispiel nichts weggeworfen. Was ausgemustert wurde, durfte nicht verkauft werden, sondern wurde versteigert. Der Erlös kam regelmäßig hilfsbedürftigen Hofdienern zugute. Ausgemusterte Wäsche aus der Hofwäschekammer überließ man den Hofämtern und Bediensteten gegen Schätzwert, den Erlös verwendete man für Leistungen an hilfsbedürftigen Hofdienern.[126] Bis zur Jahrhundertwende durften die Reste der kaiserlichen Tafel vom Personal der Tafel- und Silberkammer mitgenommen und selbst verkauft werden. Eingeführt worden war diese Tradition, um den Angestellten anstatt einer Gehaltserhöhung eine Möglichkeit zu schaffen, selbst ihren Gehalt aufzubessern. Im Lauf der Zeit wurde daraus ein fixes Körbchengeld. Ab 1896 verkaufte der Hof selbst und führte den Gewinn in den Hilfsfonds für Hofangestellte. Jene Diener, die nun um ihren Zusatzverdienst kamen, erhielten eine Entschädigung. Verkauft wurden die Speisen von der kaiserlichen Tafel im berühmten Lokal „Schmausbabel" oder auch „Schmauswaberl".[127] Selbst abgelegte Kleider des Kaisers, sogar dessen ausgemusterte Zahnbürsten wurden versteigert (sein Leibkammerdiener berichtete, dass es eine große Nachfrage nach solch persönlichen Dingen des Kaisers gab). Der Erlös wurde zugunsten der Hofdienerschaft verwendet.

Das Oberhofmeisteramt führte einen eigenen Fonds, in den sämtliche Taxen, die erlegt werden mussten, eingezahlt wurden. Bei jeder Ernennung zum Geheimen Rat, zum Truchsessen, Gardekapitän oder zu einer höheren Hofcharge musste von dem neuen Würdenträger eine Ernennungs- und Kanzleitaxe in der Kanzlei des Oberhofmeisteramtes erlegt werden. Am Ende des Jahres legte der Oberhofmeister noch 30 Prozent vom Gesamterlös auf das Guthaben. Nach Abzug einiger Ausgaben für das Amt (so wurden Trinkgelder aus diesen Einnahmen bezahlt) wurde der Jah-

resgewinn immer an die rangniedrigsten Mitarbeiter des Obersthofmeisterstabes ausgezahlt, an die einfachen Diener, Boten und
Träger. Mit der Zeit drängten auch die Beamten auf Anteile an der
Auszahlung, bis sich einbürgerte, dass auch die gut bezahlten Beamten ein regelmäßiges Zusatzeinkommen erhielten. Immer wieder
mussten jene von den Zusatztöpfen zurückgedrängt werden, die
nicht anspruchsberechtigt waren, und immer wieder musste der
Hof darauf aufmerksam machen, dass zusätzliche Unterstützungen nicht zu einem fixen Zusatzeinkommen werden durften. Noch
der letzte Obersthofmeister musste 1914 eine strenge Rüge aus-
sprechen und klarstellen, dass der Fonds nicht dazu diene, einem
gewissen Kreis von Bediensteten ständige Zulagen zu verschaffen,
sondern den Zweck habe, den Bediensteten beim Vorhandensein
besonders rücksichtswürdiger Umstände, wie Krankheit, unver-
schuldete Not oder außergewöhnlich großer Familienstand, eine
der Sachlage angemessene Unterstützung zu geben.[128]

Stellt man die Frage, ob sich die Arbeitsleistung bei Hof nach
Anhebung aller Löhne, nach Einführung eines transparenten und
gerechten Entlohnungssystems, nach Einführung von umfassenden Sozialplänen und Unterstützungen entscheidend verbessert
hat, so muss man als Forscher diese Frage mit einem deutlichen
Nein beantworten. Bis zum Ende des Hofes finden sich immer die
gleichen Verwarnungen, Verbote und Zurechtweisungen. Es gab
massenweise erschwindelte Krankenstände, so dass immer wieder
verwarnt wurde: *„Um die Simulierungen von Krankheiten bei Hofbediensteten hindanzuhalten, hat das hofärztliche Personale bei Ausstellung von Krankheitszeugnissen für dieselben mit der strengsten
Gewissenhaftigkeit und Genauigkeit vorzugehen“.*[129] Lasche Arbeits-
auffassung, Disziplinarprobleme, Alkoholmissbrauch und Verschwendung im großen Stil waren immer ein Problem.

Noch im 20. Jahrhundert ärgerte sich ein neuer Flügeladjutant über die schlechte Arbeitsleistung bei Hof und war über die
Nachsicht seines Herren gerührt und erstaunt: *„S. M. wunderte
sich über das nicht gepflegte Parkett, welches er lange kopfschüt-
telnd betrachtete, als wir zum Dejeuner wandelten. Das Holz ist
schon sehr schlecht, gut. Aber gewichst könnte es sein, einmal im
Jahr! Wenn ein hoher Gast da!“*[130]

Die großen Gewinner der Reformen Hohenlohes waren nicht
der Kaiser und sein Hof, sondern die Hofbediensteten, denn sie

hatten nun endlich zeitgemäße Entlohnungen, lebten aber trotzdem in einer Versorgungstradition, die eigentlich gar nicht mehr zeitgemäß war. Doch solange Kaiser Franz Joseph auch im Verfassungsstaat seinen althergebrachten Anspruch als Vater seiner Hausgemeinschaft nicht aufgab und sein Verhältnis zu seinem Hof von Nachsicht und nicht von Leistungsforderung getragen war, so lange konnte bei Hof eine Arbeitshaltung überleben, die durch alles, aber nicht durch Leistung definiert war.

Obersthofmeister Hohenlohe wollte den Hof aber auch nach außen öffnen. Er wollte sichtbar machen, dass der Hof mehr war als die Residenz des Kaisers und Schauplatz exklusiver Feste. Der Hof war ein Symbol, Zeichen einer jahrhundertealten Herrschaftstradition, die für Kontinuität stand. Zwar sollte der Hof stets autonom bleiben, die Residenz des Kaisers sollten aber alle Bürger sehen dürfen, freilich nur die alten Festsäle und Speisesäle, nicht die private Kammer des Kaisers. So vergab das Obersthofmeisteramt gegen einen minimalen Betrag Eintrittskarten für die Prunkappartements, und nach Voranmeldung durften kleine geführte Gruppen an Interessierten die kostbarsten Räume besichtigen.[131] Beaufsichtigt wurden die Besucher lediglich von den obligatorischen Saaltürhütern, die die allerhöchsten Appartements jederzeit bewachten und deren einzige weitere Aufgabe im Öffnen der hohen Prunktüren bestand.

Bis Mitte der 1880er Jahre ergaben sich keine Probleme durch diese Führungen. Nach und nach registrierte man jedoch Diebstähle. Zu Zeiten Franz Josephs waren die heutigen Schauräumen wesentlich befüllter, weil bewohnt. Nicht nur kostbares Mobiliar war aufgestellt, sämtliches Nippes, mit Blumen gefüllte Vasen, Bonbon- und Tabakdosen, kleine silberne Fotoständer, Bücher, lauter Zeichen wirklichen Lebens in den allerhöchsten Appartements waren sichtbar – und leider auch greifbar. Als die Zahl der verschwundenen Nippes und Dosen immer weiter anstieg, überprüfte das Obersthofmeisteramt, wie es zu diesem massiven Diebstahl kommen konnte. Genügend Saaltürhüter waren anwesend, dass Diebstähle so überhaupt nicht bemerkt wurden, schien kaum erklärbar. Das Ergebnis der Untersuchungen passte ganz zu den üblichen Vorkommnissen bei Hof. Die Besucher konnten sich deshalb so hemmungslos bedienen, weil die Saalthürhüter während ihres Dienstes stehend schliefen. In der darauf folgenden Spezialeinschulung wurde ihnen eingebläut, nicht nur körperlich, sondern auch geistig anwesend zu sein, vor allem aber sollten sie nicht die Augen schließen und im Stehen kleine Nickerchen halten. Von gewissenhafter und ordentlicher Dienstverrichtung konnte also auch nach den Reformen Hohenlohes keine Rede sein.

VIII
Die Finanzierung des Hofes

Hofkammer und Finanzministerium – Die Hofstaats-
dotation – Die junge Republik vernichtet die Hofzahlbücher –
Die Kosten des Hofes – Die Einführung der Verfassung:
Das Parlament darf über das Hofbudget abstimmen –
Österreich und Ungarn teilen sich die Hofkosten –Einnahmen
des Hofes – Das Hofvermögen – Das kaiserliche Privatver-
mögen

Bis zu Kaiser Franz Josephs Regierungsantritt erfolgte die Finanzierung des kaiserlichen Hofes durch die „Hofkammer". Die Länder
mussten ihre so genannte „Kammerquote" – das war der verblei-
bende Rest nach Abzug ihrer Verwaltungsauslagen – an die Wiener
Hofkammer abführen, die daraus die Auslagen für die Zentralver-
waltung und den Hofstaat bestritt. Die Hofkammer verwaltete traditionell das Vermögen des Reiches und unterstand der Verantwortung des Herrschers, der frei über das „Kammergut" verfügen
konnte. Kurz vor Kaiser Franz Josephs Regierungsantritt wurde
die Hofkammer aufgelöst, an ihre Stelle trat 1848 das Finanzministerium. Auch nach Umwandlung der Hofkammer in das k. k.
Finanzministerium hatte der Kaiser das alleinige Verfügungsrecht
über die Finanzen, konnte aber gerade was seinen Hof betraf nicht
aus dem Vollen schöpfen, da jede Mehrausgabe für den Hof unweigerlich die Staatsfinanzen schrumpfen ließ. Kaiser Franz Joseph
war deshalb seit seiner Thronbesteigung gezwungen, die Kosten
für den Hof so niedrig wie möglich zu halten. Die wirtschaftliche
Lage der 1850er Jahre war geradezu katastrophal, enorme Ausgaben für das Militär, eine erfolglose Wirtschaftspolitik und mangeln-
des Vertrauen ausländischer Investoren in die politische Sicherheit
Österreichs führten zu extremen Schwankungen der Währung.

Der Kaiser setzte selbstständig die Höhe der Hofstaatsdotation
(ab 1868 in den Akten auch Zivilliste genannt) [132] fest, hielt seine
Hofverwalter jedoch immer an, so knapp wie möglich zu kalku-
lieren. Denn jede zu große Ausgabe für den Hof belastete unweigerlich den Staat. Die noch nicht vollzogene finanzielle Trennung
zwischen Hof- und Staatsausgaben bedeutete nicht etwa, dass der

Kaiser unbegrenzt aus dem Staatsschatz schöpfen konnte, sondern dass er, der für beides die alleinige Verantwortung trug, umso sparsamer bei seinem Hof sein musste. Zuerst mussten die Staatsausgaben sichergestellt sein, dann erst kam der Hof an die Reihe.

Die Kosten des Hofes exakt zu eruieren, stellt das größte Problem der Hofforschung dar. Denn die berühmten „Hofzahlbücher" und die Akten des Rechnungsdepartements, in denen alle Einnahmen und Ausgaben des Hofes genau aufgelistet wurden, sind die einzigen historischen Dokumente der Hofarchive, die den Systemwechsel 1918 nicht überlebt haben – sie wurden 1923 auf Anordnung des Ersparungskommissärs der Bundesregierung aus Platzgründen und da sie „nicht mehr aktuell" waren gegen den Protest der Staatsarchivare zur Skartierung (Aktenausscheidung durch Vernichtung) freigegeben. Die mit der Aktenvernichtung betraute Firma, der über 8.000 Kilo wertvollen historischen Materials übergeben worden war, konnte schon nach kurzer Zeit stolz berichten, dass es ihr gelungen war, 550 Kilo noch brauchbares Papier aus den Dokumenten zu produzieren (eine Aussage, die Historikern Tränen in die Augen treibt).[133] Gerade die Akten aus der Regierungszeit Kaiser Franz Josephs befanden sich bei jenen Dokumenten, die ausgemustert und vernichtet wurden.

Aus den monatlichen Abrechnungslisten des Obersthofmeisteramtes können jedoch relativ zuverlässige Aussagen über die Kosten des Hofes und die Apanagen der kaiserlichen Familie gezogen werden – wenn auch Quellenlage und Informationsgehalt gegen Ende der Monarchie immer dürftiger werden.

Der Erhalt des kaiserlichen Hofes kostete zu Beginn der Regierung Franz Josephs um die 350.000 Gulden monatlich und stieg bis zur Einführung der Verfassung 1867 – die auch eine Änderung der bisherigen Berechnungsmodalitäten brachte – auf 500.000 Gulden an.[134] Die Steigerung der Kosten um fast ein Drittel bei gleichbleibenden Ausgaben lässt sich nur auf die unsichere Wirtschafts-, vor allem aber auf die schwankende Währungssituation Österreichs zurückführen.

Umrechnungen auf die heutige Währung sind angesichts der extremen Währungsschwankungen gerade im ersten Drittel von Kaiser Franz Josephs Regierungszeit äußerst vorsichtig anzuwenden. Nach konservativer Schätzung kann man davon ausgehen, dass 350.000 Gulden in den 1850er Jahren ungefähr 5,3 Millionen

Euro entsprachen. Die Jahreskosten für den Wiener Hof betrugen zur Mitte des 19. Jahrhunderts also etwa 63 Millionen Euro.[135]

In der Praxis funktionierte die Anforderung und Auszahlung des Hofbudgets nach einem strikten Schema. Der Obersthofmeister informierte den Kaiser am Ende jeden Kalenderjahres über die Summe, die er für das folgende Jahr zur Aufrechterhaltung des Hofes benötigte. Der Kaiser kontrollierte die Schätzung und duldete in der Regel keine Erhöhung. Brauchte der Obersthofmeister im kommenden Jahr mehr Geld, musste er dies exakt begründen. In den Jahren des Neoabsolutismus stieg das Hofbudget kaum, denn gerade in den ersten zehn Jahren seiner Regierung fuhr Franz Joseph einen eisernen Sparkurs. Der Kaiser beauftragte seinen Finanzminister, dem Hofzahlamt die Summe für das kommende Jahr zu überweisen, und das Zahlamt überwies dem Obersthofmeisteramt in monatlichen Raten das Geld. Das Obersthofmeisteramt wiederum leitete die Gelder an die vier Hofstäbe weiter. Zu Beginn der Regierung Franz Josephs war das Hofbudget derart knapp kalkuliert, dass der Kaiser seinen Finanzminister immer wieder zu Nachdotationen anwies, die stets nur dem Unterstützungsfonds zugute kamen, aus dem Gnadengelder für in Not geratene Hofbedienstete geleistet wurden.

Eine Auflistung der monatlichen Hofkosten zeigt, dass das meiste Geld nicht für die kaiserliche Familie oder für Repräsentation aufgewendet wurde, sondern für die Löhne und Verpflegung der Hofbediensteten. Der Aufwand für Löhne, Pensionen, Gnadenabgaben betrug an die 80.000 Gulden, alle drei Monate kamen noch 40.000 Gulden an Quartiergeldern hinzu (die vierteljährlich ausgezahlt wurden) – zusammen ein Drittel der gesamten Dotation. An zweiter Stelle der Hofkosten wechselten sich regelmäßig die Hofwirtschaft (Nahrung sowie Brennholz und Kerzen) und der kaiserliche Marstall (zu dem auch der teure Erhalt der Gestüte gehörte) ab. Die Kosten für Hofwirtschaft und Marstall schwankten zwischen 30.000 und 50.000 Gulden. Danach folgten die Kosten für den Erhalt der Hofgebäude sowie den Erhalt der Garden und der Hofburgwache (deren Gehälter extra ausgewiesen wurden), der mit monatlich 15.000 Gulden zu Buche schlug.[136] Erst an fünfter Stelle kamen die Auslagen für die kaiserliche Familie, die die Apanagen aller Familienmitglieder beinhaltete und um die 12.000 Gulden betrug.

Die jährliche Kostenaufteilung des Hofbudgets
in absteigender Größenordnung (in Prozent)

Besoldungen und Pensionen	26,4 %
Hofstallungen und Gestüte	19,8 %
Hofwirtschaft (Lebensmittel, Holz etc.)	16,3 %
Erhalt der Schlösser	11,6 %
Garden	5,7 %
Unterhalt der kaiserlichen Familie	3,6 %
Hofburgtheater und Hofoper	3,5 %
Jägerei	3,3 %
Kunstsammlungen	2,8 %
Hofgärten und Tiergarten	2,3 %
Gnadenabgaben und Stiftungen	1,3 %
Unterstützungsfonds	1,2 %
Ordenskanzleien	1,2 %
Zuschuss zur Kabinettskanzlei	0,7 %
Hofmusikkapelle	0,1 %
Livreen	0,1 %
Sonstige Kosten	0,1 %

Interessanterweise wurde nie ausgewiesen, wie viel Franz Joseph selbst erhielt (im Gegensatz zu den Apanagen seiner Familienmitglieder), ob er sich überhaupt etwas zuteilen ließ oder gar auf seinen Anteil aus den Apanagen verzichtete – was bei seiner persönlichen Bedürfnislosigkeit nicht unwahrscheinlich ist. Wie viel sein Vorgänger und Onkel, der abgedankte Exkaiser Ferdinand, erhielt, hat sich dafür erhalten: 50.000 Gulden monatlich, die nicht im Hofbudget aufschienen, sondern extra angewiesen wurden – jene Summe, die stets der regierende Monarch erhielt und auf die der Exkaiser nicht verzichten wollte (und auch nicht musste).[137] Ferdinand hatte also nicht nur das größere Privatvermögen, sondern auch die weitaus größte Apanage und dachte nicht daran, seinem Neffen Teile davon zu überschreiben. Bis zu Ferdinands Tod 1875 musste Franz Joseph bei seinem reichen Onkel immer wieder vorstellig werden.

Mit Einführung der Verfassung 1867 kam es zu bedeutenden Veränderungen für den Hof. Denn durch die Umwandlung Österreichs in einen Verfassungsstaat musste der Kaiser das alleinige Verfügungsrecht über die Staatsfinanzen abgeben – ja, er musste sich ab nun sein Hofbudget vom Parlament bewilligen lassen! So mancher Parlamentarier hatte sich schon die Hände gerieben und sich auf heftige öffentliche Debatten über die Höhe des Budgets gefreut, denn bis dahin waren die genauen Ausgaben des Hofes, vor allem aber die Art und Weise der Hoffinanzverwaltung, nicht für die Öffentlichkeit bestimmt gewesen. Doch der Finanzminister und das Herrenhaus machten den Abgeordneten einen Strich durch die Rechnung. Die Mitglieder des Herrenhauses, das Oberhaus des Parlaments, in dem ausschließlich kaisertreue Aristokraten und vom Kaiser persönlich ernannte Mitglieder saßen, gaben sofort bekannt, dass sie sicherlich nicht über die Bewilligung des Hofetats abstimmen würden, da sie es als würdelos betrachteten, den Kaiser und seinen Hof einer öffentlichen Abstimmung zu unterziehen. Der Finanzminister ließ die Abgeordneten wissen, dass sie zwar das Recht hatten, das Hofbudget abzulehnen, er aber sicherlich nicht zulasse, dass vom Hof die genaue Verwendung seiner einzelnen Budgetposten verlangt würde. Es sei nicht mit der Würde des kaiserlichen Hauses vereinbar, wenn über jede einzelne Ausgabe – von Lebensmitteleinkäufen bis zu Holzkäufen oder gar bis zu den Apanagen für die kaiserliche Familie – einzeln abgestimmt würde. Das vom Obersthofmeister veranschlagte Hofbudget konnte nur als Ganzes angenommen oder abgelehnt werden. Auch stellte der Finanzminister klar, dass das Parlament kein Kontrollrecht über den Hof hatte und das Hofwesen außerhalb des Wirkungskreises des verantwortlichen Ministeriums liege. Die Mitwirkung des Parlaments beschränkte sich ausschließlich auf die Festsetzung des Hofbudgets, die Art und Weise der Verwendung des Geldes war eine interne Angelegenheit des Herrscherhauses.[138]

Die Abgeordneten mussten wohl oder übel die Vorgaben schlucken. Das Hofbudget wurde als „Kapitel 1 des Staatsvoranschlags" als Erstes vom Staatsbudget abgezogen und zur Abstimmung gebracht, erst dann wurde der Rest des Staatsbudgets auf die Ministerien aufgeteilt. Mit der Umwandlung Österreichs zur Doppelmonarchie wurde auch das Hofbudget zwischen Österreich und Ungarn geteilt und zwar zu je 50 Prozent (im Unterschied zum Staatshaushalt, zu dem Ungarn nur 30 Prozent beitragen musste). Da Ungarn und Österreich in einer Personalunion verbunden waren (der Kaiser allein war als König von Ungarn das verbindende Glied), musste Ungarn auch die Hälfte des Hofes Franz Josephs zahlen.

Bis 1869 wurde das Hofbudget jährlich festgesetzt, ab 1870 ging man aber zu einer Zehn-Jahres-Dotation über, das Hofbudget wurde für die kommenden zehn Jahre festgesetzt und jährlich zur Auszahlung gebracht. Erst 1912 ging man wieder zu jährlichen Dotationen über, vermutlich auf Grund von Streitigkeiten zwischen dem ungarischen und dem österreichischen Parlament wegen einer Erhöhung der Dotation. Mit 1870 betrug das Hofbudget 7,300.000 Gulden, pro Jahr auf jede Reichshälfte fielen also 3,650.000 Gulden.

Der Hof war eine reine Aufwandswirtschaft mit knapper Dotation. Die Hofverwaltung hatte einige eigene Einnahmen, jedoch zu wenige, als dass diese wirklich entscheidend zum Hofbudget beitragen konnten. Gewinne warfen lediglich die gut besuchte Hofapotheke und die Hofgärtnereien ab, die nicht nur einen Schnittblumenverkauf betrieben, sondern sogar Zwiebel und Samen ins Ausland verkauften.[139] Durch Pachteinkünfte und verkaufte Abschüsse der Hofjagdverwaltung konnte auch das Oberstjägermeisteramt trotz vieler Ausgaben einige Einnahmen aufweisen. Außerdem konnten die Weinbergverwaltungen von Tarczal und Tolcsva kleinere Gewinne erzielen. Bedeutende Einnahmen hätten die Hoftheater liefern können, die besten Bühnen Wiens, sie waren jedoch immer defizitär und mussten vom Hof massiv gestützt werden.

Der Hof erwirtschaftete zwar nicht viel, verfügte aber über bedeutendes eigenes Vermögen. Denn nicht dem Kaiser als Privatperson, sondern dem „k. u. k. Hofärar" gehörten die Schlösser, Gärten und die bedeutendsten Kunstsammlungen. Per Definition war das Hofärar eine gebundene Vermögenschaft, die den Zweck hatte, dem Monarchen und Staatsoberhaupt eine fürstliche Hofhaltung zu ermöglichen. Der Hof hatte das alleinige Nutzungsrecht über das Hofvermögen, durfte die hofärarischen Besitzungen aber nicht verkaufen – denn sie gehörten dem Staat, der sie aber dem jeweiligen rechtmäßigen Herrscher zur Verfügung stellte. Der Kaiser hätte Schlösser, Gärten oder Kunstwerke also auch nie seinen Kindern vererben können, da bei seinem Tod das

Nutzungsrecht auf den nächsten Kaiser überging. In den Grundbüchern waren sämtliche Hofobjekte auch nicht als Besitz des Kaisers, sondern als Besitz des „k. u. k. Hofärars" eingetragen.[140]

Streng getrennt von der Verwaltung des Hofvermögens war das persönliche Vermögen der kaiserlichen Familie, die „Generaldirektion der allerhöchsten Privat- und Familienfonde". Eine deutlich feststellbare Trennung zwischen Staatsvermögen und persönlichem Vermögen des Herrscherhauses gab es seit Marie Theresia. Deren Mann, Franz von Lothringen, brachte nicht nur große Vermögenswerte in die Ehe, er war auch ein ausgewiesener Finanzexperte und schaffte es, durch kluge Anlagen und geschickte Börsenspekulationen ein bedeutendes Vermögen aufzubauen. Als Franz Stephan starb, benutzten seine Erben – Marie Theresia und Kronprinz Joseph – den Großteil des Erbes, um Staatsschulden zu tilgen, einen Teil des riesigen Erbes stifteten sie jedoch zur Entlastung des Staates mit der Gründung eines Familienversorgungsfonds, der dazu bestimmt war, die Mitglieder des Kaiserhauses standesgemäß zu versorgen, ohne dass der Staat dafür aufkommen musste.

Dieser Familienfonds unterstand traditionell dem Familienchef und regierendem Kaiser, gehörte aber nicht ihm persönlich, sondern der gesamten Familie. Jedes einzelne Mitglied der Habsburger hatte Anspruch auf eine fixe Quote aus dem Fonds, das Verfügungsrecht hatte jedoch ausschließlich der Kaiser.

Kaiser Franz Joseph selbst besaß bis 1875 kaum eigenes Vermögen. Das Privatvermögen von Kaiser Franz erbte sein Vorgänger Exkaiser Ferdinand, der auch noch das Erbe des Herzogs von Reichstadt antrat, das aus riesigem Grundbesitz in Böhmen sowie bedeutendem Barvermögen bestand. Außerdem hatte der als einfältig bezeichnete Kaiser Ferdinand eine goldene Nase in finanziellen Dingen. Er investierte zur richtigen Zeit in gewinnbringende Unternehmungen, besaß etwa große Aktienpakte von drei Eisenbahnlinien. Zu seinem Erben bestimmte der kinderlose Ferdinand seine Neffen, und erst jetzt war Kaiser Franz Joseph selbst ein reicher Mann. Teile des Vermögens überschrieb er dem Versorgungsfonds, einzelne Teile behielt er und vererbte sie später seinen Töchtern und Enkeln.

Das kaiserliche Privatvermögen bestand aus Liegenschaften in Niederösterreich und Oberösterreich, Schloss Eckartsau, Zinshäusern in Wien, riesigen Gütern in Böhmen und Mähren sowie großen Aktienpaketen. Allein der Wert des im heutigen Österreich liegenden Habsburgervermögens vom Jahre 1938 wird auf ungefähr 93 Millionen Euro geschätzt, wobei die bedeutenden Güter und Beteiligungen, die in der heutigen tschechischen Republik liegen, gar nicht mehr dazugezählt werden konnten.[141]

Die Privat- und Familienfonde waren zwar innerhalb des Hofburgkomplexes eingemietet, ihr Verwaltungspersonal, rund 200 Personen in Wien und Prag sowie vor Ort der Besitzungen, finanzierte der Kaiser aber ausschließlich aus seinem Privatvermögen. Die Angestellten des Familienfonds waren keine Hofbeamten, sondern Privatangestellte des Kaisers – alle Löhne und Pensionen wurden nicht aus dem Hofbudget bezahlt, sondern durch den Familienfonds. Aus dem Versorgungsfonds erhielten alle Familienmitglieder regelmäßig Anteile aus der Gewinnausschüttung. Der Großteil des Gewinns wurde jedoch sofort wieder investiert, um auch in Zukunft die Versorgung des Erzhauses sicherzustellen.

Wenn der kaiserliche Familienfonds am Jahresabschluss ein Minus zeigte, dann nicht aufgrund schlechter Finanzgebarung – denn der Kaiser engagierte ausgezeichnete Vermögensverwalter –, sondern weil er wieder einmal viele Skandale mit seiner üblichen Taktik gar nicht erst aufkommen ließ: Er zahlte stillschweigend große Summen, um Schlimmeres zu verhindern. Das Minus von über 200.000 Kronen, das sich zum Beispiel 1907 zeigte, ging ausschließlich auf kaiserliche „Direktzahlungen" zurück. Knappe 400.000 Kronen zahlte der Kaiser seiner ehemaligen Nichte Marie Larisch dafür, dass sie es unterließ, pikante Memoiren über ihre verstorbene Tante Kaiserin Elisabeth zu schreiben und sich auch sonst von Wien fernhielt. 100.000 Kronen erhielt eine Dame namens Caecilie Obermayer, damit sie ihre Beziehung zu Erzherzog Heinrich Ferdinand aus der Linie Toscana zu lösen gedenke.[142]

Nach dem Ende der Monarchie ging das hofärarische Vermögen in Staatsbesitz über, das kaiserliche Privatvermögen wurde dem Kriegsgeschädigtenfonds einverleibt – um Teile des ehemaligen Vermögens prozessieren Mitglieder der Familie Habsburg bis heute.[143]

IX
Kunst und Kultur
am Hof Kaiser Franz Josephs

*Kaiser Franz Joseph und die Kunst – Der junge Kaiser
bricht mit der Kunstakademie – Oberstkämmerer Graf Karl
Lanckoroński – Ein verurteilter Revolutionsanhänger
wird zum ersten Hofburgtheaterdirektor des jungen Kaisers
ernannt – Der strenge Militär Graf Franz Crenneville und
die kaiserlichen Kunstsammlungen – Kaiser Franz Josephs
Bekenntnis zu der Zukunft der Sammlungen – Die schwierige
Stellung Gustav Mahlers an der Hofoper – Obersthofmeister
Montenuovo stellt sich hinter seinen angefeindeten Direktor –
Die Hofzensur wird zum Problem*

Im Allgemeinen wird die Person Kaiser Franz Josephs mit keinem
besonderen Engagement in der Kunst in Verbindung gebracht. Die
gängige Überlieferung besagt, dass der Kaiser weder Interesse für
Musik noch für die bildenden Künste, Literatur oder Architek-
tur besaß. Lediglich dem Theater sei er zugeneigt gewesen, aber
auch hier hätten ihn natürlich nur die leichten Stücke interessiert.

Betrachtet man aber die Hintergründe der wesentlichsten Beru-
fungen an Oper, Burgtheater und der Ringstraßenarchitekten, so
ergibt sich ein völlig neues Bild von Kaiser Franz Joseph und seinem Umgang mit Kultur. Dass über die persönlichen Vorlieben des
Kaisers nichts bekannt beziehungsweise überliefert ist, hat einen
einfachen Grund: Der Kaiser konnte sich persönliche Vorlieben
bei seiner Kulturpolitik nicht erlauben – seine Zurückhaltung ent-
sprang keinem mangelnden Interesse, sondern dem Bewusstsein,
dass jedes zu persönliche Engagement nicht im Einklang mit seiner offiziellen Kulturpolitik gestanden wäre, die jede Richtung
gleichwertig zu fördern hatte. Selbst Kunstrichtungen oder Ent-
wicklungen in der Musik, die der Kaiser persönlich nicht nachvollziehen konnte, fanden dennoch Eingang in die Kunstförderung des Hofes – Franz Joseph sah sich, was seine Rolle als Förderer der Kultur betraf, nicht als Privatmäzen, sondern wie in all
seinen Entscheidungen als Staatsmann.

Die bedeutendsten Änderungen bei Theater, Oper und Sammlungspolitik während der franzisko-josephinischen Ära gingen jedoch direkt auf Kaiser Franz Joseph und die von ihm berufenen Oberstkämmerer und Obersthofmeister zurück, denn die wichtigsten kulturellen Institutionen standen unter der alleinigen Verwaltung des Wiener Hofes: das Hofburgtheater, die Hofoper, die kunsthistorischen Sammlungen (das heutige Kunsthistorische Museum), die naturhistorischen Sammlungen (das heutige Naturhistorische Museum), die Gemäldegalerie im Unteren Belvedere, die Schatzkammer sowie die Ambraser Sammlung in Tirol.

Zu Beginn der Regierung Kaiser Franz Josephs war für sämtliche künstlerische Belange bei Hof ausschließlich der Oberstkämmerer zuständig, ab 1867 auch der Obersthofmeister, der zu diesem Zeitpunkt die Leitung sämtlicher Bühnen übernahm. Als inoffizieller Kulturminister bestimmte der Oberstkämmerer – immer mit der letzten Absegnung durch den Kaiser – die Ankäufe für die kaiserlichen Sammlungen, die Förderung bestimmter Kunstschulen und die Direktoren des Burgtheaters und der Oper. Die Auswahl des richtigen Oberstkämmerers war die erste grundlegende Entscheidung, die Kaiser Franz Joseph treffen musste. Alle sieben Oberstkämmerer, die Franz Joseph im Laufe seines Lebens berief, hatten fundierte Kunstkenntnisse, großes Verständnis für Künstler und Wissenschafter und standen neuen Strömungen aufgeschlossen gegenüber.

Lange Zeit wurde von der Kunstgeschichtsforschung behauptet, dass Kaiser Franz Joseph kein persönliches Engagement in die Auswahl der zu fördernden bildenden Kunst einbrachte, sondern sich ausschließlich auf sein Oberstkämmereramt verließ und außerdem überhaupt nicht auf dem jeweiligen Stand der Kunstentwicklung war. Er ließ angeblich andere auswählen, was angekauft wurde, und interessierte sich für keine spezielle Förderung.

Jüngste Quellenauswertungen ergeben aber das genaue Gegenteil.[144] Franz Joseph hatte entgegen allen Überlieferungen enormes Interesse an der bildenden Kunst und dementsprechend gezielt wollte er für einen Aufschwung bei der bildenden Kunst sorgen.

In der Vergangenheit hatte immer die k. u. k. Akademie der bildenden Künste dem Oberstkämmereramt Vorschläge für Auftragsarbeiten und förderungswürdige Künstler gemacht, denen unter den beiden Vorgängern Franz und Ferdinand unhinterfragt entsprochen wurde. Herausgekommen ist selten das Beste für den Hof. Es wurden oft wenig begabte Künstler gefördert, die auch noch viel zu hohe Preise verlangten und selten zeitgerecht ihre Werke abgaben (Verzögerungen von bis zu zwei Jahren waren keine Seltenheit). Neue Strömungen wurden kaum forciert, die Historienmalerei lag überhaupt brach.

Die Mitglieder der Kunstakademie glaubten, dass sie den neuen, 18-jährigen Kaiser Franz Joseph genauso manipulieren konnten wie seinen Vorgänger. Franz Joseph erklärte jedoch deutlich, dass es sein Wille war, von nun an auch wieder Werke der vaterländischen Geschichte und der neuesten Zeit zu fördern. Als ihm nun die Kunstakademie ausschließlich Genremalerei und Portraits zum Kauf empfahl, reagierte er mehr als gereizt und ließ kein einziges Werk ankaufen.

Franz Joseph stellte die bisher allmächtige Kunstakademie kalt und ließ eine eigene Kunstkommission einberufen. Er hatte wenig Vertrauen in die honorigen Herren der Kunstakademie, die seinen Vorgänger und Onkel so schlecht beraten hatten, und lud in seine neue Beratungskommission nur wenige Mitglieder der Akademie, dafür aber Privatsammler, Mäzene, und diverse Künstler, die in Zukunft jene Vorgaben in der Auftragsvergabe umsetzen sollten, die der Kaiser formulierte. Auch wenn die vom Kaiser favorisierte Historienmalerei in der Folge nicht so erfolgreich war, wie er erhofft hatte, zeigt das Engagement Franz Josephs doch deutlich, dass er aktiv in die Kunstförderung eingriff und sich vor allem gegen jede Manipulation durch seine Umgebung wehrte.

Auch im Bereich der Hoftheater ging Franz Joseph neue Wege: Für die bedeutende Berufung Heinrich Laubes zum Direktor des Wiener Hofburgtheaters (des ersten Hofburgtheaterdirektors unter Kaiser Franz Joseph) 1849 war der erste Oberstkämmerer Kaiser Franz Josephs verantwortlich: Graf Karl Lanckoroński, ein Mitglied eines alten polnischen Geschlechts, der von der kaiserlichen Familie äußerst geschätzt wurde. Lanckoroński war ruhig, zurückhaltend, besonders liebenswürdig und überhaupt nicht konfliktfreudig.[145] Dass ausgerechnet Graf Lanckoroński eine derart mutige Entscheidung zugunsten des Hofburgtheaters traf, zeugt sowohl von dessen Wissen um die Erfordernisse des Theaters als auch von Kaiser Franz Josephs richtiger Entscheidung, Lanckoroński die künstlerischen Belange des Hofes anzuvertrauen.

Mit der Berufung Heinrich Laubes zum künstlerischen Direktor des Hofburgtheaters wurde der entscheidende Schritt zum Aufstieg „der Burg" an die Spitze des deutschen Theaterhimmels unternommen. Doch die Wahl des Hofes war umstritten, Laube war alles andere als ein unbeschriebenes Blatt. Seit seiner Studienzeit aktiver Burschenschafter (die zu diesem Zeitpunkt als reine Revolutionäre betrachtet wurden), hing er den Ideen der französischen Julirevolution an. Als politischer Redakteur wurde er von der sächsischen Regierung ausgewiesen und wegen burschenschaftlicher Umtriebe und Anstiftung zur Unzufriedenheit gegen den Deutschen Bund zu sieben Jahren Festungshaft verurteilt (die allerdings durch die Fürsprache einflussreicher Freunde auf 18 Monate herabgesetzt wurde).

Nach seiner Haft ging Heinrich Laube nach Paris, studierte französische Literatur, begann anschließend in Leipzig für die Bühne zu schreiben und ab 1845 Kontakte zu Wiener Bühnen zu knüpfen. Doch auch politisch blieb er aktiv. Nach der Märzrevolution zog er 1848 mit einem deutsch-böhmischen Mandat ins erste demokratisch gewählte gesamtdeutsche Parlament ein. Dass sich Franz Joseph ein Jahr, nachdem er vor den Revolutionären nach Tirol flüchten hätte müssen, für einen Mann mit solch einem Hintergrund entschied, zeugt von der nüchternen, emotionslosen Entscheidungsfähigkeit des Kaisers. Wenn Laube dem Hofburgtheater jene Stellung sichern konnte, die ihm als kaiserliches Theater zustand, dann sollte seine Vergangenheit kein Hindernis sein.

Heinrich Laubes Berufung durch Oberstkämmerer Lanckoroński war also reichlich ungewöhnlich, der Gewinn für das Haus aber unbezahlbar, denn erst unter diesem Direktor stieg das Hofburgtheater zur ersten Instanz im deutschsprachigen Raum auf. Sein umfangreiches Repertoire setzte sich aus beispielgebenden Klassikeraufführungen und Konversationsstücken zusammen, er forcierte aber auch die Aufführung von Gegenwartsstücken und war ein besonderer Förderer von Franz Grillparzer.

Die Direktionszeit Laubes war *die* traditionsbildende Zeit des Wiener Burgtheaters. Mit der Ära Laubes, die fast gleichzeitig mit jener des Kaisers begann, entwickelte sich im österreichischen Kulturleben erstmals ein bewusster Hoftheaterpatriotismus, und die beinahe mythische Burgtheatertradition nahm ihren Anfang. Das Theater wurde Mittelpunkt eifriger Berichterstattung, der Spielplan und die Allüren der Schauspieler wurden Gegenstand jedes Wiener Kaffeehaus- und Salongesprächs. Die höfische Theaterintendanz bot den organisatorischen und gesellschaftlichen Rahmen, in dem sich der Mittelpunkt des Wiener Kulturlebens entwickeln konnte. Das Burgtheater konnte beinahe als unsichtbares Band zwischen dem Hof und dem Volk betrachtet werden, denn auf keinem Gebiet traf der elitäre Wiener Hof näher auf die bürgerliche Kulturwelt als in seiner Funktion als Chefbehörde des Wiener Burgtheaters.

Im Jahr 1867, dem Jahr des Ausgleichs mit Ungarn und der Einführung der Verfassung, ernannte der Kaiser seinen früheren Generaladjutanten Graf Franz Crenneville zum Oberstkämmerer – einen Mann, auf den nichts weniger zu passen schien als Kunst und Kultur. Crenneville war ein Militär, wurde (wenn auch zu Unrecht) der Kriegspartei bei Hof zugerechnet, galt als äußerst konservativ und war auch noch extrem unbeliebt – dass er Ahnung von Kunst haben sollte, konnten sich seine vielen Feinde nicht vorstellen. Und doch sollte es Crenneville sein, der die kaiserlichen Kunstsammlungen in die moderne Zeit führte. Dass Graf Crenneville äußerst kunstaffin war und über ein ungewöhnlich großes Wissen im Bereich der bildenden Künste verfügte, wussten nur seine engsten Freunde und der Kaiser. Die Überraschung war also groß, als sich herausstellte, dass der neue Oberstkämmerer nicht nur über ein gutes Konzept für die zukünftige Sammlungspolitik verfügte, sondern sich bei Streitigkeiten zwischen Hofbehörden und Künstlern und Wissenschaftern auch noch demonstrativ hinter die Künstler stellte.

Crenneville war einer der bedeutendsten Oberstkämmerer unter Kaiser Franz Joseph. Er förderte nicht einzelne Künstler oder gar massenwirksame Stars, sondern investierte in ganze Branchen, vor allem aber unterstützte er die Stiefkinder der Kunstszene: die Kupferstecher, Restauratoren, die Wissenschafter und Kunsthistoriker. Crenneville setzte sich auch für den künstlerischen Nachwuchs ein, kaiserliche Auslandsstipendien wurden in großer Zahl zur Verfügung gestellt. Oberstkämmerer Crenneville betrachtete diese Maßnahmen als reine Zukunftsinvestition und setzte sich dementsprechend stark beim Obersthofmeister für ausreichende Geldmittel ein.

Auch bei den Ankäufen achtete der Hof darauf, den Nachwuchs zu fördern. Die Kulturredakteure der Wiener Zeitung jubelten: *„… daß nicht nur die Schöpfungen Ersten Ranges, sondern auch die Werke solcher Künstler möglichst berücksichtigt werden, welche Talent zeigen und eine größere Leistungsfähigkeit erwarten lassen. Hierdurch sollen besonders jüngere Kräfte aufgemuntert und in die Lage gesetzt werden, sich weiter auszubilden. Es braucht hier wohl nicht hervorgehoben zu werden, daß dieser des kaiserlichen Mäcens würdige Grundsatz, die Kunst nicht nur in ihren höchsten Leistungen, sondern schon von ihrem Entwicklungsstadium zu unterstützen, den Beifall jedes Kunstfreundes finden muß."* [146]

Bei den Neuerwerbungen für die kaiserlichen Sammlungen musste Crenneville stets mit beschränkten Mitteln auskommen, hochpreisige Kunstwerke konnten überhaupt nur aus Verlassenschaftsversteigerungen erworben werden, für den regulären Kunsthandel fehlten dem Oberstkämmereramt die Mittel. In der Regel reichte die Dotation des Oberstkämmererstabes nicht aus, um eine systematische Ankaufspolitik verfolgen zu können, immer wieder musste der Kaiser mit Geld aus seiner Privatschatulle einspringen und so die Akquisitionspolitik am Leben erhalten. Mit großer Anstrengung sollte es Crenneville jedoch schaffen, den Sammlungen stets neue Werke einzugliedern, so dass auch weiterhin jede Epoche repräsentiert werden konnte.

Die Kunstsammlungen, aber auch die naturwissenschaftlichen Sammlungen, platzten aus allen Nähten, das heutige Kunsthistorische Museum gab es noch nicht. Teile des großen Ringstraßenprojektes waren die beiden heutigen großen Museen am Ring. Mit der Planung der neuen Ausstellungsplätze wurde aber auch eine innere Revision vorgenommen. Die Sammlungen mussten neu positioniert und zukünftigen Erfordernissen angepasst werden. Oberstkämmerer Crenneville wurde beauftragt, ein Generalprogramm für die künftige Entwicklung der Sammlungen auszuarbeiten. Im Mai 1876 überreichte Crenneville dem Kaiser das gedruckte Generalprogramm, in dem die wissenschaftlichen Ziele sowie die künftige innere Struktur der Sammlungen für die nächsten Jahrzehnte festgeschrieben waren. In diesem sehr modernen, durchdachten Konzept wurde festgehalten, dass die in den kunsthistorischen Sammlungen vereinigten Bestände niemals sehr große Geldmittel zur Verfügung haben würden. *„Es ist daher mit Berück-*

Kaiser Franz Joseph besucht eine Ausstellung

sichtigung des in manchen Partien unvergleichlichen reichen Grund-
stockes die weise Beherrschung geboten, lieber in engen, aber syste-
matisch gestreckten Grenzen Hervorragendes zu leisten, als nebu-
losen Zielen nachzustreben und nach allen Richtungen zu sammeln,
um schließlich doch immer nur Lückenhaftes zu bieten."[147] Was die
künftige Personalpolitik betraf, forderte der Oberstkämmerer an
leitenden Persönlichkeiten und Kustoden *„rücksichtslos die her-*
vorragendsten und durch wissenschaftliche Leistung Bewährtesten"
auszuwählen, denn nur so könne man sicher sein *„bahnbrechende*
Männer an die gehörige Stelle zu bringen".[148]

Das Generalprogramm kann durchaus als Kaiser Franz Josephs
Bekenntnis zur Kulturpolitik gewertet werden, denn die Forderungen des Oberstkämmerers wurden eins zu eins umgesetzt: Ausschließlich wissenschaftliches Personal wurde an die führenden
Positionen der kaiserlichen Museen gesetzt, die Sammlungen wurden gezielt und in Einklang mit den Beständen erweitert. Dem Pub-
likumsgeschmack wurde nicht nachgelaufen, was heute modern
und beliebt war, konnte sich schon morgen als nicht zukunftsfähig

erweisen – der Hof dachte in größeren Zeitdimensionen als nur einigen Jahren. Den Abschluss der jahrzehntelangen Umwandlung der kaiserlichen Sammlungen bildete die prunkvolle Eröffnung der beiden Museen am Ring im Jahre 1891.

Auch im Bereich der Oper zeigte der Hof ein modernes Gesicht. Den neuen musikalischen Strömungen der Jahrhundertwende wurde von Obersthofmeister Montenuovo, der für die Oper verantwortlich war, Rechnung getragen. Die künstlerische Erneuerung der Hofoper ging wesentlich auf seine Entscheidung zurück, den äußerst umstrittenen Gustav Mahler als Direktor der Hofoper zu engagieren. Die für die Wiener Oper so bedeutende Ära Gustav Mahler war nur durch die starke Unterstützung des Obersthofmeisters für den begabten, aber auch kompromisslosen Künstler möglich. Denn Mahlers erste Jahre als Direktor waren ein einziger Kampf zwischen dem Direktor, den Hofbehörden und der Presse, deren Berichterstattung auch noch stark antisemitische Züge trug. Weder die Beamten der Hofbehörden noch die Presse hatten Verständnis für die Emanzipationsversuche Mahlers, dessen Vertrag mit dem Hof nur geringe künstlerische Selbstbestimmung erlaubte. Sie sahen in Mahlers Beharren auf künstlerischer Autonomie eine permanente Renitenzhaltung gegen die Hofverwaltung und gegen den herrschenden Musikgeschmack. Montenuovo unterstützte Mahler in seinem Streben nach mehr künstlerischer Freiheit und nahm ihn oft gegen die höheren Beamten und die Generalintendanz in Schutz. Die Blüten des Hofbeamtentums führten gerade im Umgang mit dem Operndirektor Mahler auch immer wieder zu Rüffel an seine engsten Mitarbeiter. Als sich die Generalintendanz wieder einmal anschickte, einen weiteren Akt über Mahler anzulegen, erteilte Montenuovo dem Generalintendanten eine scharfe Absage und war erbost wegen der *„nicht zu rechtfertigenden, von starrem Bürokratismus diktierten, sich stets vermehrenden Korrespondenz zwischen Generalintendanz und Theaterleitungen, wo, pardon jeder Dreck 3× hin und her geht, nur damit ein Akt geboren wird unter möglichst wenig Denken!"* [149]

Montenuovos Unterstützung für Mahler machte sich nicht nur in künstlerischer, sondern auch in finanzieller Hinsicht bezahlt, denn in den ersten fünf Jahren seiner Direktion schaffte der unbequeme Direktor neben einer Öffnung der Hofoper für die Moderne auch glänzende Einnahmeerfolge. Doch Mahlers permanentes Streben nicht nur als Hofoperndirektor, sondern auch als Komponist tätig zu sein, führte zu einem Dauerstreit mit dem Hof. Als nach den ersten glorreichen Jahren die Besucherzahlen rückläufig waren, Mahler gleichzeitig immer deutlicher signalisierte, dass er seine eigentliche Lebensaufgabe in seinen eigenen Werken sah, beschloss Montenuovo, den geschätzten Direktor ziehen zu lassen. Mahler verließ den Wiener Hof, aber voller Auszeichnungen. Montenuovo selbst beantragte in Anbetracht von Mahlers *„rastlosem Streben, dem Institut neues Leben zuzuführen"* [150] die Höchstpension sowie eine hohe Abfertigung, die der Kaiser persönlich bewilligte. Mahler sollte später von Montenuovo behaupten, dieser sei *„das Ideal eines Intendanten, voll Verständnis für die Erfordernisse des Kunstbetriebes"* gewesen.[151] In der kompromisslosen Unterstützung Mahlers, gegen dessen neue Opernführung in der Presse ein regelrechtes Kesseltreiben veranstaltet wurde, zeigten die kulturpolitisch Verantwortlichen bei Hof ein erstaunlich modernes Gesicht.

So sehr sich der Hof auch bemühte, den modernen Ansprüchen der Kunst gerecht zu werden, in einem Punkt erkannten weder der Kaiser noch seine obersten Würdenträger die Notwendigkeit zu einer radikalen Neuerung. Trotz aller Probleme konnte sich der Hof nicht dazu durchringen, die Hofzensur, der sämtliche neue Stücke unterworfen waren, abzuschaffen. Schon die Vorauswahl der Stücke für das Hofburgtheater war viel zu kompliziert. Das Hofzensuramt, das von den staatlichen Zensurbehörden unabhängig war, wurde zu Beginn der Herrschaft Franz Josephs in den postrevolutionären Wirren von der Polizeiabteilung des Ministerialpräsidiums und in späteren Zeiten von bestellten Funktionären ausgeübt. Mit Beginn des Verfassungsstaates 1867 hatte der jeweilige Generalintendant die Hoftheaterzensur inne, der in steter Absprache mit dem Obersthofmeister agierte. Nach dem Tod des selbstbewussten und äußerst entscheidungsstarken Oberst-hofmeister Hohenlohe begann sich um die Jahrhundertwende bei den nun Verantwortlichen ein ungutes Gefühl in der Handhabung der Hofzensur zu verbreiten – nicht zuletzt im Wissen um die heikle Materie einer Theaterzensur im modernen Rechtsstaat. Weder der Generalintendant noch der neue Obersthofmeister Liechtenstein wollten die Letztverantwortung für einen derart heiklen Bereich haben und übergaben die Hofzensur an das Büro des Ministeriums des Äußeren (gleichzeitig das Ministerium des kaiserlichen Hauses), welches zumindest immer ein Mitspracherecht bei der Beurteilung von Stücken hatte. Doch auch Außenminister Goluchowski hatte Bedenken über das Ausmaß seiner neuen Verantwortung und wollte nicht ohne genaue Definition die höfische Zensurausübung übernehmen.[152] Liechtenstein wiederum wollte und konnte auch gar nicht genau sagen, wo denn nun die Grenzen für den Hof lagen und vertröstete den Außenminister, dass es ja nur *„um Grundsätze der Moral und Ästhetik sowie … Rücksichten auf das ah. Kaiserhaus und die politischen Verhältnisse ging"*[153]. Das Hin und Her der Letztverantwortung führte zu einer Kompetenzteilung, die die zukünftige Überprüfung von neuen Stücken extrem erschwerte. Hof und Außenministerium einigten sich auf einen Sektionschef des Außenministerium, der nun die offizielle Verantwortung für die Zensur hatte. Da dieser aber nur ein Verbots-, jedoch kein Genehmigungsrecht besaß, musste erst recht wieder der Generalintendant die Vorzensur ausüben. Die Folge dieser Kompetenzteilung war ein überkomplizierter, zeitraubender und auch völlig intransparenter Instanzenweg, der zu massiver öffentlicher Kritik am Hof führte, die wiederum das Wesen der Hofzensur grundsätzlich in Frage stellte.

Das Gerangel um die Hofzensur zeigt die Probleme, denen der Hof und seine Beamten in der Endphase der Monarchie unterworfen waren. Das Thema Zensur war im ausgereiften Rechtsstaat der späten franzisko-josephinschen Ära bereits ein so heikles Thema, dass niemand ohne Absicherung die Verantwortung tragen wollte. Die verantwortlichen Hofbeamten wollten das heiße Eisen Zensur nicht mehr in ihrer alleinigen Verantwortung wissen. Die staatlichen Behörden wollten ohne genaue Vorgaben durch den Hof jedoch auch nicht alleine entscheiden. Das Ergebnis war eine Doppelgleisigkeit, die die Hofstrategie in der Öffentlichkeit erst recht undurchschaubar und voller Mauscheleien erscheinen ließ – und das war genau jener öffentliche Ruf, den die Hofleitung eigentlich vermeiden wollte.

Dabei waren die Richtlinien, die neue Stücke erfüllen mussten, eigentlich klar definiert. Die Unantastbarkeit der staatstragenden Funktion des Kaiserhauses, die Abwehr dynastiefeindlicher Tendenzen sowie die Unterlassung von tendenziösen Hin weisen oder Allegorien auf die verschiedenen Nationalitäten der Habsburgermonarchie oder gar Beleidigung von Landesgruppen, außerdem keine Beschimpfungen von Kirche und Klerus, waren die wichtigsten Kriterien für eine Stückfreigabe.

Der Hof scheute sich nicht vor modernen Stücken, denn schließlich hatten bedeutende Autoren der Jung-Wien-Gruppe bereits an der Burg debütiert – zum Teil sehr zum Missfallen der konservativen Besucher. Angst vor ungewöhnlichen Stücken kannte der Hof also nicht. Hermann Bahr, der vor allem durch seine heftigen öffentlichen Angriffe auf die Hofbehörden und den Burgtheaterdirektor aufgefallen war, wurde am Hofburgtheater gespielt.[154] Politisch unangepasste Autoren wurden vom Hof regelmäßig engagiert. Auch politisch hatte der Kaiser nichts zu befürchten, seine Person stand unangetastet an der Spitze Reiches, als dessen letzter Garant er galt. Kaiser und Hofbehörden konnten sich einfach nicht zu einer prinzipiellen Abschaffung der Zensur durchringen (die bei Beibehaltung der Grundregel, dass weder Kaiser, Staat noch Volksgruppen angegriffen werden durften, nicht mehr nötig gewesen wäre). Am ehesten lässt sich das Zögern des Hofes in Fragen der Zensur der Stücke wohl mit der Angst vor dem Unvorstellbaren erklären. Auch wenn die Hofzensur, mehr Schwierigkeiten bereitete, als sie wirklich nützte, der Abkehr von der Zensur dürfte wohl Angst vor unvorhergesehenen Skandalen im Weg gestanden sein.

War die Freigabe neuer Stücke durch die Hofzensur an sich schon ein heikles Thema, wirklich schwierig wurde es für Autoren, wenn einzelne Mitglieder der kaiserlichen Familie versuchten, bereits freigegebene Stücke durch direkte Einflussnahme abzusetzen. Denn geradezu grotesk wirkte das öffentliche Auftreten des Hofes, wenn Stücke wegen „höherer Intervention" abgesetzt wurden, ohne dass ein deutliches Zensurverbot nach den genau definierten Richtlinien erfolgt war. Arthur Schnitzlers Stück „Der grüne Kakadu" erfuhr dieses Schicksal. Es musste wegen der Intervention der Kaisertochter Marie Valerie aufgrund von moralischen Bedenken der Erzherzogin abgesetzt werden, obwohl das Stück von der Zensur offiziell freigegeben worden war. Für den Künstler bedeutete solch eine Intervention durch ein konservatives Mitglied der kaiserlichen Familie eine Katastrophe. Denn einerseits konnte das Stück nun nicht mehr aufgeführt werden, zusätzlich verlor der Autor seine Tantiemen, und anderen Bühnen durfte er sein Werk nicht anbieten, da er ja einen gültigen Vertrag mit dem Burgtheater hatte. Im Fall des „grünen Kakadu" blieb Schnitzler gar nichts anderes übrig, als den Burgtheaterdirektor geradezu anzuflehen, ein öffentliches Verbot gegen sein Stück auszusprechen, da er nur so aus dem Vertrag mit dem Hof aussteigen und mit anderen Bühnen einen neuen Kontrakt abschließen konnte. Der Hof wiederum konnte natürlich nicht zugeben, dass ein Stück wegen der moralischen Bedenken einer Erzherzogin trotz Freigabe durch die offizielle Zensur nicht aufgeführt werden konnte.

Durch solche inoffiziellen Aufführungsverbote versuchten die Hofbehörden zwar den Interventionen durch Mitglieder der kaiserlichen Familie gerecht zu werden, sie lieferten der Öffentlichkeit damit aber ein bereits überwunden geglaubtes anachronistisches Verhalten der Hofbehörden. Die Öffentlichkeit und die Burgtheaterbesucher erahnten sehr wohl die Gründe der zum Teil eigenartigen Absetzung bereits aufgeführter Stücke und ergingen sich in Kritik am Hof. Die Presse nutzte Vorkommnisse wie diese, um gegen die Theaterleitung und damit die Hofbehörden zu agitieren. Das überalterte und überkomplizierte Hofzensurwesen, das aufgrund der fehlenden Verantwortungen monatelang brauchte, um Stücke freizugeben, außerdem die willkürliche Spielplanstreichung von Stücken wegen Einsprüchen durch Mitglieder der Kaiserfamilie waren der Hauptgrund für die nun auch öffentlich einsetzende Kritik am Wiener Hof.

X
Die kaiserliche Familie –
der Versuch eines Privatlebens

*Kaiser Franz Josephs Rolle als Familienchef – Die einzelnen
Linien des Hauses Habsburg – Aufgaben der Familienmit-
glieder – Kontrolle durch den Kaiser – Die Familiensonntage –
Schriftlicher Kontakt zwischen dem Kaiser und seiner
Familie – Die Rolle des Kaisers bei Streitigkeiten innerhalb
der Familie – Die Auswahl der persönlichen Umgebung –
Einflussversuche durch die Familie*

Zu Zeiten Kaiser Franz Josephs war die Anzahl der Erzherzöge
und Erzherzoginnen so groß wie nie zuvor. Die verschiedenen
Linien des Hauses Habsburg gediehen im 19. Jahrhundert prächtig,
die Sorge um männlichen Nachwuchs, die unter Karl VI. bei Hof
noch vorherrschte, verschwand schon unter Kaiser Franz völlig.
Die Herausforderungen, denen sich Kaiser Franz Joseph stellen
musste, lagen weniger in einer gesicherten Nachfolge, als in der
Aufrechterhaltung der Disziplin innerhalb der Familie.

Die Hierarchie innerhalb der kaiserlichen Familie war genauso
streng wie jene der Aristokraten bei Hof. An der Spitze der kaiserlichen Familie stand Kaiser Franz Joseph. Sein Wort war im
wahrsten Sinn des Wortes Gesetz. Das Familienstatut von 1839
– die familieneigene Verfassung der Habsburger – sicherte dem
regierenden Kaiser die volle Hausmacht über seine Familie, und
zwar wesentlich strenger als in den Jahrhunderten davor. Franz
Joseph allein bestimmte den Aufenthaltsort seiner Verwandten,
entschied über ihren persönlichen Hofstaat und den Werdegang
der männlichen Habsburger (der in der Regel das Militär war).
Er war die letzte Instanz bei der Erteilung von Heiratserlaubnis-
sen, bestimmte die Höhe der Apanagen und konnte im Extrem-
fall Erzherzöge, die nicht das gewünschte Verhalten an den Tag
legten, aus dem Kaiserhaus ausschließen.

Franz Joseph war seiner Familie gegenüber sehr streng, bisweilen hart. Den eigenen hohen Maßstab legte er auch bei seinen Verwandten an. Diese hatten schon vor dem jungen Kaiser
enormen Respekt, teilweise sogar Angst. Der Kaiser war unbe-

einflussbar und hatte aufgrund seines strengen Pflichtbewusstseins und seiner völligen Aufopferung für seine Aufgaben überhaupt kein Verständnis für individuelle Lebenskonzepte, die er also reine Pflichtvergessenheit betrachtete. Ein Habsburger hatte von Geburt an seine vorgegebenen Aufgaben: durch eine tadellose Lebensweise das Ansehen der Familie würdig zu vertreten, die Pflichten des Herrschers zu unterstützen, vor allem aber sein Leben in den Dienst der Dynastie zu stellen.

Seit Kaiser Leopold II., dem Urgroßvater Franz Josephs, gab es fünf Familien des Hauses Habsburg-Lothringen. Die Hauptlinie des Kaisers, die Linie Toscana (die ehemaligen Großherzöge der Toscana bis 1859), die Linie Rainer (ehemalige Vizekönige der Lombardei), die ungarische Joseph-Linie, die die Palatine Ungarns stellten und auch in Ungarn lebten, und die militärische Karl-Linie, die Nachkommen des Siegers von Aspern Erzherzog Karl. Die Stellung der einzelnen Familienmitglieder richtete sich nach ihren Familien und deren Nähe zum Thron. Zuerst kamen der Kaiser, sein Sohn, seine Brüder, dann die Familie Toscana, die Familie Karl, danach die Linien Joseph und Rainer.

Auch wenn sich alle Habsburger an diese Regelung hielten, führte dieses Rangsystem in der Praxis doch zu Spannungen innerhalb der Familie, vor allem, seitdem die Habsburg-Toscanas nach dem Ende ihrer Herrschaft in Italien 1859 zahlreich nach Wien zurückkehrten. Sie hatten zwar nun die zweite Stellung nach der engsten Familie des Kaisers inne, verfügten aber, da der neue italienische Staat einen Großteil ihres Vermögens eingezogen hatte, über sehr wenig Geld und mussten vom Kaiser finanziell unterstützt werden. Dagegen war die rangniedrigere Familie, die „Karl"-Linie, der angesehenste und reichste Zweig der Habsburger. Sie stellten mit Erzherzog Karl und Erzherzog Albrecht nicht nur die einzig erfolgreichen Feldherren, die das Haus Habsburg im 19. Jahrhundert hervorbrachte, sondern waren durch ihren Reichtum finanziell vom Kaiser völlig unabhängig. Gerade Erzherzog Albrecht war nach dem Kaiser der Doyen des Hauses, rangierte aber rein formal hinter dem Jüngsten der weniger reichen und in der Gesamtfamilie noch nicht fest verankerten Toscanas. Der aus dem Kaiserhaus ausgetretene Erzherzog Leopold erinnerte sich: *„Der eigentümliche Zwang des Familienranges brachte es auch mit sich, dass man innerhalb eines Zweiges des Hauses, ja innerhalb der-*

selben Familie, streng auf Rangordnung hielt. Schon seit der frühesten Kindheit wurde dieser Brauch eingeprägt und immer wieder hervorgekehrt. Man war damit aufgewachsen und fand die Abstufungen ganz selbstverständlich." [155]

Nach außen hin wurde der Rang strikt gewahrt, nur bei den privaten Familiendiners oder rein familiären Zusammenkünften war der Rang der Familie aufgehoben, dann wurde rein auf die Anciennität geachtet. Keinem jungen Erzherzog aus einer ranghöheren Familie wäre es eingefallen, sich vor einen alten Erzherzog Albrecht oder Rainer zu drängen.

Das persönliche Leben der Habsburger unterlag strengen Vorgaben und Regeln. Schon die Lehrpläne der Kinder mussten vom Kaiser abgesegnet werden. Junge Erzherzöge hatten selbstverständlich eine Karriere beim Militär einzuschlagen, geborene Erzherzoginnen nur die Aufgabe, in souveräne Herrscherhäuser einzuheiraten und sich in der Familie ihres Gatten unterzuordnen. Angeheiratete Habsburgerinnen hatten in erster Linie Gattin und Mutter zu sein, zuweilen wurden sie mit Protektoraten bedacht, für Waisenhäuser oder Armenausspeisungen. Ihre öffentlichen Aufgaben beschränkten sich ganz auf den sozialen Bereich. Jene Protektorate, die Erzherzogen übergeben wurden, fanden sich eher – wenn auch nicht ausschließlich – im kulturellen Bereich. Individuelle Lebenswege waren für Habsburger ausgeschlossen. Das Beharren auf eigenen Lebensentwürfen und Heiratswünschen, die vom Kaiser nicht gebilligt wurden, führte zu schweren Zerwürfnissen mit dem Kaiser – bis hin zum Familienausschluss. Um die Jahrhundertwende stieg die Zahl jener jungen Habsburger, die sich nicht mehr bedingungslos den Vorschriften durch den Familienchef unterwarfen – und dadurch die Familie in eine große Krise stürzten.

Nur jene Habsburger, die über ein großes Privatvermögen verfügten (durch Erbschaft oder Heirat), konnten es sich leisten, nicht in der Hofburg und damit fernab der Beobachtung durch den strengen Kaiser zu leben. Erzherzog Albrecht und seine Familie lebten etwa in der Albertina in Wien und der Weilburg bei Baden, der Bruder des Kaisers, Karl Ludwig baute sich in den 1870er Jahren ein eigenes Palais in Wien, Erzherzog Rainer lebte mit seiner Familie in einem Palais im vierten Wiener Gemeindebezirk. Wer finanziell vom Familienchef abhängig war, lebte auch unter größerer Beobachtung beziehungsweise musste öfter mit finanziellen Wünschen vorstellig werden, die der Kaiser oft genug auch ablehnte. Jene Mitglieder der kaiserlichen Familie, die kein großes Privatvermögen besaßen, hatten Anspruch auf ein Appartement in der Hofburg oder in einem der Schlösser, auf einen eigenen kleinen Hofstaat sowie einen Wagen aus der Stallburg. Den Toscanas wurde nach ihrer Exilierung etwa die Salzburger Residenz zugewiesen, in Wien stellte ihnen der Kaiser Appartements innerhalb der Hofburg zur Verfügung.

Finanziell vom Familienoberhaupt unabhängige Familienmitglieder verzichteten nicht nur auf Appartement, Wagen und Dienerschaft, sondern auch auf die staatliche Apanage, die jedem erwachsenen Mitglied des Hauses Habsburg zustand. Dafür hatten sie jedoch wesentlich größere Möglichkeiten, ein ungezwungenes Leben fern der strengen Etikette zu führen. Die Töchter Erzherzog Friedrichs etwa, des Erben der schwer reichen Karl-Linie, lebten um die Jahrhundertwende in Pressburg ein für weibliche Mitglieder der Kaiserfamilie recht modernes Leben. Sie durften Rad fahren, Tennis spielen und waren für ihre Zeit sehr selbstbewusste Damen, die mit ihrer Meinung nicht hinter dem Berg hielten. In der unmittelbaren Umgebung des Kaisers wäre ein derart freies Leben nicht möglich gewesen. Eine Erzherzogin, die im Burggarten Rad fährt, das war für den Kaiser unvorstellbar.

Vor allem auf die jungen Erzherzöge hatte Franz Joseph ein scharfes Auge. Er ließ sich über ihre Erfolge – oder Misserfolge – beim Militär berichten, wollte ihren Umgang kennen, vor allem aber liebte er es nicht, wenn sich die Erzherzöge nachts davonschlichen, um sich mit Kameraden oder Liebschaften zu treffen. Die Gendarmen der Burgwache mussten alle Ein- und Ausgänge notieren. Die Liste wurde jeden Morgen dem Kaiser vorgelegt, der interessiert las, wer wann die Burg verlassen hatte. Durch unerwartete Fragen, was den Betreffenden denn in jener Nacht zu jener Stunde aus der Burg gezogen hat, brachte er die jungen Erzherzöge in Verlegenheit – bis sie erkannten, dass es nur ein Antwort gab, die den Kaiser von weiteren Fragen Abstand nehmen ließ: Sie erklärten wegen Kopfschmerzen einen nächtlichen Spaziergang gemacht zu haben.[156] Als der Kaiser bald nur mehr diese Antwort erhielt, gab er es auf, nachzufragen – allerdings beobachtete er die Leistungen und das Verhalten jener Erzherzöge noch genauer.

Der Kaiser sah seine Familie stets nur Sonntagabend beim Familiendiner, zu dem jedes in Wien und Umgebung anwesende Familienmitglied erscheinen musste. Nur Krankheit oder eine offizielle Aufgabe galten als Entschuldigungsgrund. Schriftliche Entschuldigungen hatten beim Obersthofmeister zeitgerecht einzutreffen. Vermutete der Kaiser reinen Unwillen oder Simulierung hinter einer Entschuldigung, ließ er durchaus auch seinen Leibarzt schicken, um sicherzugehen – Unehrlichkeit konnte der Kaiser nicht leiden.

War die kaiserliche Familie wie bei den sonntäglichen Familiendiners völlig unter sich, ging es durchaus lebhaft zu: *„Das Gespräch bei Tisch wurde bald lebhaft, ebenso nachher, wenn man in kleinen Gruppen – ich möchte beinahe versucht sein „Symphatiegruppen" zu sagen – beisammensaß oder in den Fensternischen stand. Es wurde da ungezwungen von allem und jedem gesprochen und der Kaiser, der ein scharfer Zuhörer war, griff da und dort ein oder verteidigte mit der ihm eigentümlichen Lebhaftigkeit einen Standpunkt ... So hörte man bei diesen geselligen Zusammenkünften allerlei interessante Geschichten aus der ›guten alten Zeit‹, wo weder Eisenbahn noch Telegraph die Gemüter erregten."* [157] Diese Erinnerungen stammen von einem jener Erzherzöge, der aus dem Kaiserhaus ausgeschlossen worden war, also überhaupt keinen Grund hatte, das Familienleben der Habsburger positiv darzustellen.

Dass das kaiserliche Familienleben langweilig gewesen sein soll, wird interessanterweise nur von Außenstehenden so beurteilt, stets von Personen, die zu offiziellen Diners eingeladen waren, bei denen sich die Familie völlig zurücknahm und reine Repräsentationspflichten ausübte. Dann ließ man den Ranghöchsten das Wort, erzählte nichts Privates und ließ schon gar nicht die eigene Meinung durchblicken. Auch vor den Hofbediensteten, oftmals auch vor den eigenen Hofdamen und Obersthofmeistern, versuchte man nicht allzu intim zu sein. Von klein auf waren sich die Mitglieder der Familie Habsburg ihrer dauernden Beobachtung durch ihre Umwelt bewusst. Jede unbedachte Äußerung konnte nach außen dringen. Nicht zuletzt die offene Art, mit der Kronprinz Rudolf seine Meinung zu tagespolitischen Themen wissen ließ, führte zu Kritik durch einige Familienmitglieder. Durch seinen offenen, manchmal auch unbedarften Umgang mit Außenstehenden war die politische Meinung Rudolfs (die oft genug im Gegensatz zur offiziellen Regierung stand) der Gesellschaft bekannt. Er selbst wurde dadurch angreifbar, setzte sich der öffentlichen Kritik aus und war, weil er sein Herz zu leicht auf der Zunge trug, leicht manipulierbar.

Der Umgangston in der Familie war förmlich, aber herzlich. Die Anrede des Kaisers war immer „Majestät", war man unter sich durfte der Kaiser zusätzlich geduzt werden, die Anrede blieb aber auch hier immer „Majestät". Selbst die Kinder des Kaisers sprachen ihn vor anderen Familienmitgliedern mit „Majestät" an, nur alleine mit ihm nannten sie ihn Papa.

Außerhalb der sonntäglichen Treffen sah der Kaiser nicht einmal jene Familienmitglieder, die innerhalb der Burg wohnten. Zwar hatte die Familie des Kaisers das Recht auf jederzeitigen Zutritt, der Betreffende musste sich also nicht beim Obersthofmeister anmelden, sondern durfte direkt beim Kammertürhüter des Kaisers um Eintritt bitten, doch kaum jemand wagte, dieses Recht auch wirklich in Anspruch zu nehmen. Selbst die Brüder des Kaisers meldeten sich beim Obersthofmeister an. Nur die Mutter des Kaisers, seine Frau und seine Kinder wagten, dieses Vorrecht auch anzuwenden, doch nur in dringenden Fällen.

Der Kontakt des Kaisers mit der Familie beschränkte sich auf den schriftlichen Verkehr und vereinzelt auf die Jagd. Hatten die Mitglieder der Familie zu Zeremonien, Empfängen, Besuchen ausländischer Herrscher oder Bällen zu erscheinen, schickte das Obersthofmeisteramt an alle Erzherzöge und Erzherzoginnen so genannte „Circularien" aus. Auf diesen gedruckten Informationsblättern wurden den Familienmitgliedern der Anlass, Zeitpunkt und Kleidervorschrift für ein Ereignis, das ihre Anwesenheit erforderte, bekanntgegeben. Das Erscheinen wurde vorausgesetzt, wer nicht kommen konnte, dessen persönlicher Obersthofmeister musste dem Obersthofmeisteramt Bescheid geben.

Die Familie stand völlig unter des Kaisers Kontrolle. Jeder Verkehr mit der Außenwelt musste dem Kaiser angezeigt werden, nur bei Einladungen in die Burg war der Kaiser großzügiger. Einige Familienmitglieder luden regelmäßige Freunde aus der Aristokratie ein (diese Einladungen galten dann aber nicht als offizielle Hofeinladungen), meist aber dinierten die Erzherzöge alleine mit ihrem eigenen kleinen Hofstaat. Für jede Teilnahme an einer privaten oder öffentlichen Veranstaltung außerhalb der Burg musste der

Kaiser vorher um Erlaubnis gebeten werden, und zwar schriftlich beim Obersthofmeister, der die Anfrage dem Kaiser vorlegte. Das zeigt zum Beispiel eine Notiz des Prinzen Hohenlohe an den Kaiser aus dem Jahre 1870, mit der er anfragte, ob Erzherzog Ludwig mit Familie bei einem Kinderball des Fürsten Dietrichstein erscheinen dürfe. Die kurze Antwort des Kaisers in Rotstift: *„Kann auf den Ball gehen."* Die Antwort des Kaisers wurde in vollendeter Form, auf offiziellem Papier, dem Erzherzog überreicht.[158] Die meisten Familienmitglieder verbrachten ihre Abende eher im Kreis ihrer Familie oder nutzten die Privatlogen für Vorstellungen im Burgtheater oder der Oper – die einzigen öffentlichen Veranstaltungen, die sie ohne vorherige Erlaubnis des Kaisers besuchen durften.

Der Kaiser wachte nicht nur über die öffentlichen Auftritte seiner Familienmitglieder, er bestimmte auch ihre Umgebung. Jeder Erzherzog hatte einen eigenen Obersthofmeister, der die formellen Anfragen für seinen Erzherzog beantwortete, einen Sekretär, der die Korrespondenz übernahm, und persönliches Kammerpersonal. Die Erzherzoginnen hatten Hofdamen und Kammerpersonal, Kinder eigenes Erziehungspersonal. Je näher man zum Thron stand, desto größer wurde der persönliche Haushalt. Bei der Besetzung der persönlichen Obersthofmeister ging der Kaiser nicht nach Verträglichkeit oder persönlichen Wünschen, sondern lediglich danach, welche Aristokraten er durch eine solche Hofstelle auszeichnen wollte. Die meisten fügten sich und akzeptierten ihren – oftmals ungeliebten – Obersthofmeister.

Manchmal musste aber selbst der Kaiser einsehen, dass zwei Menschen überhaupt nicht miteinander harmonierten. Erzherzog Otto, den Vater des letzten Kaisers, „erlöste" Franz Joseph im wahrsten Sinn des Wortes von seinem Obersthofmeister Montenuovo, der, bevor er kaiserlicher Obersthofmeister wurde, als persönlicher Obersthofmeister Erzherzog Otto zugeteilt war. Otto, der als äußerst liebenswert, aber locker im Umgang mit der Etikette galt, wurde vom dominanten Montenuovo völlig unterdrückt, dem jegliches Einfühlungsvermögen fehlte. Da sowohl Erzherzog Otto als auch Montenuovo den Kaiser baten, sie voneinander zu befreien, hatte Franz Joseph ein Einsehen.

Thronfolger Franz Ferdinand war der Einzige, der es wagte, seine eigenen Vertrauensleute beim Kaiser – wenn nötig auch durch Sturheit – durchzusetzen. Der Rest der Familie ergab sich in sein

Schicksal, wobei freilich die meisten recht harmonisch mit ihren Kammervorstehern und Obersthofmeistern lebten, oftmals ergaben sich durch viele gemeinsame Jahre freundschaftsähnliche Verhältnisse. Nur die reichen und unabhängigen Familienmitglieder wie die Erzherzöge Albrecht oder Friedrich konnten ihre Umgebung selbst bestimmen, kamen aber in den meisten Fällen auch selbst für deren Unterhalt auf.

Bei einer derart großen Familie gab es auch regelmäßig Streitigkeiten. Franz Joseph als Familienchef vermittelte stets: *„Zu seiner Ehre sei gesagt, dass er stets loyal beide Parteien anhörte und dann erschöpfend befragte, um dann nach reiflicher Überlegung seinen Entschluss kund zu geben. Er war unerbitterlich dahinter, dass sein Richtspruch auch befolgt wurde ... kleinliche Streitigkeiten irritierten ihn über alle Maßen und er konnte, wenn seine Geduld erschöpft war, manchmal wie ein Donnerwetter hineinfahren. Aber bald wieder zeigt sich bei ihm der blaue Himmel und nach einigem Nachgrollen war er besänftigt.“* [159]

Persönlichen Einfluss auf den Kaiser hatte außer Kaiserin Elisabeth niemand, die meisten Familienmitglieder kamen außerhalb der Familiendiners allein nie in die Nähe des Kaisers, und der Kaiser lehnte auch bei seiner Familie jegliche Einmischung strikt ab. Ein Familienmitglied: *„Direkt an ihn zu gelangen war nahezu unmöglich; er selbst wollte vorher von allem unterrichtet sein, was im Laufe des Tages an ihn herantrat ... Versuche von uns Erzherzogen, die Vermittlung einzelner Fälle zu übernehmen, wurden als Kompetenzüberschreitung abgewiesen.“* [160]

Wenn Erzherzöge beim Kaiser etwas erreichen wollten, versuchten sie es fast immer über den Obersthofmeister, wodurch sich auch dessen enormer Einfluss bei Hof erklärt. Ein gutes Verhältnis zum Obersthofmeister garantierte, dass persönlich wichtige Agenden dem Kaiser vorgelegt wurden. Alle Obersthofmeister Franz Josephs hüteten sich davor, sich instrumentalisieren zu lassen, konnten Anfragen von Seiten mancher Erzherzöge aber nicht kühl begegnen. Oftmals wurde vor einer Bitte an den Obersthofmeister die Lage sondiert, die Stimmung ausgelotet und erst zum Schluss mit dem eigentlichen Begehren herausgerückt. Der Sohn von Obersthofmeister Hohenlohe berichtet seinem Vater über ein eigenartiges Gespräch mit Thronfolger Franz Ferdinand: *„Neulich bin ich den ganzen Nachmittag mit dem Eh. Franz spazie-*

ren gegangen, er war ungeheuer freundlich, fragt zehnmal wann Du wieder kommst, am selben Tag war auch Marie Thérese (die Stiefmutter Ferdinands, Anm.) *bei Mudding* (Mutter: Anm. der Kosename Marie Hohenlohes in der Familie), *was mich auf den glaube ich nicht ganz ungerechtfertigten Gedanken brachte, dass die ganze Familie etwas von Dir haben will, denn umsonst verschenken die ihre Gnade nicht"* [161], und einige Tage später, nachdem Franz Ferdinand bis dahin noch immer keinen Termin bei Hohenlohe hatte: *„Ich gehe fast jeden Tag mit dem Eh. Franz spazieren, wobei mich Serenissimus mit Gnaden überschüttet, eher unheimlich!"* [162]

In der Regel nutzten solche Einflussversuche gar nichts, der Kaiser hielt seine Familie auf Distanz und erlaubte keinerlei Einmischung in fremde Angelegenheiten. Seine Verwandten kontrollierte der Kaiser bis zum Schluss unvermindert streng, und bei nüchterner Betrachtung zeigt sich: Wenn auch die Mitglieder der kaiserlichen Familien in Reichtum und höchste soziale Stellung geboren wurden, sie mussten ein persönlich unfreieres Leben führen als so mancher Aristokrat oder Bürger.

XI
Skandale bei Hof

Hofdiener verkaufen Informationen über den Hof –
Kaiserliche Verlautbarungen auf Toilettenpapier – Nackt-
bilder aus der Silberkammer – Ein Erzherzog heiratet eine
Prostituierte – Ein Erzherzog ruft den Obersten Gerichtshof
gegen den Kaiser an – Ganz Wien lacht über den Nepotismus
des Obersthofmeisters

Schon zu Zeiten Kaiser Franz Josephs gab es eine rege Nachfrage
nach Neuigkeiten aus kaiserlichen und königlichen Höfen und
Berichten über das allerhöchste Privatleben. Wegen der strengen Zensur konnte freie politische Berichterstattung nicht statt-
finden, auch Persönlichkeiten des Erzhauses durften nicht Gegenstand öffentlicher Diskussionen sein. Gerade noch möglich waren
Berichte über den Hof, möglich aber nur dann, wenn der Hof öffentliche Verlautbarungen wie die Ernennung von Geheimen Räten
und Palastdamen, Audienzlisten und Daten offizieller Reisen den
Zeitungen zukommen ließ. Diese Berichte waren vorher vom Hof
abgesegnet, nicht selten auch Wort für Wort vom Obersthofmeisteramt diktiert.

Der Hof hielt eifrig an seiner strengen Trennung von der
Außenwelt fest. Selbst der offizielle Schriftverkehr zwischen
Hof und Ministerien durfte nur über das Außenministerium (das
gleichzeitig auch das Ministerium des kaiserlichen Hauses war)
laufen – man wollte jeglichen zu engen Kontakt vermeiden – die
Würde des Hauses sollte auch durch seine Unnahbarkeit demonstriert werden. Der Hof durfte nicht Gegenstand des öffentlichen
Gesprächs werden, ob politisch oder durch private Informationen über seine Bewohner.

Schon seit der Thronbesteigung Franz Josephs 1848 interessierte sich die Leserschaft der damals enorm vielfältigen österreichischen Zeitungslandschaft – die auch noch darin geübt war, zwischen den Zeilen zu lesen – für den neuen Kaiser. Franz Joseph war
jung, gut aussehend und noch nicht verheiratet. Jeder ausländische
Besuch, jede Einladung an den Hof konnte einen ernsten Hintergrund haben. Dass Erzherzogin Sophie das erste Treffen des Kai-

sers mit seiner späteren Ehefrau Elisabeth ausgerechnet in Ischl arrangierte, kam nicht zuletzt, weil der Hof bereits Erfahrungen mit vorschnellen Gerüchten in Wien hatte – jeder Einladung hübscher Komtessen an den Hof, die außerhalb der offiziellen Hofbälle ausgesprochen wurde, folgten Spekulationen und Gerüchte.

Den ersten Skandal und das erste kaiserliche Donnerwetter erlebten Hof und Hofbedienstete, als im ersten Jahr der Regierung Kaiser Franz Josephs plötzlich gehäuft in den Zeitungen Berichte und Ankündigungen über den Hof zu finden waren. Die Informanten – so viel war dem Kaiser beim ersten Durchlesen klar – konnten nur aus der Hofburg, eher noch aus dem direkten Umfeld des Obersthofmeisteramtes kommen. Besuche hoher Persönlichkeiten, die nicht in der Öffentlichkeit bekannt werden sollten, Daten kleinster privater Tanzfeste, die Erzherzogin Sophie für ihren Sohn veranstaltete, damit auch er wie jeder 18-Jährige auf seine Faschingsfreuden kam und zu denen ausgewählte hübsche Komtessen eingeladen wurden, die ihren Namen plötzlich in der Zeitung lesen konnten (und dadurch prompt die Eifersucht nicht geladener Familien auslösten), Berichte über Kammerkonzerte und private Diners – dies alles war plötzlich in den Zeitungen zu lesen.

Ganz abgesehen davon, dass der junge Kaiser in der öffentlichen Wahrnehmung nicht mit privaten Vergnügungen (so spärlich sie auch gewesen sein mochten) verknüpft werden sollte, wollte der Hof auf keinen Fall, dass über irgendwelche Brautschau-Absichten des Monarchen Vermutungen angestellt wurden. Dass zu den Hofinterna auch noch einiges dazu gedichtet wurde, empörte den Kaiser besonders.

Franz Joseph ließ seinen Obersthofmeister einen Vortrag ausarbeiten, der jedem einzelnen Hofbediensteten zur Kenntnis gebracht werden musste. Jeder Stabstellenleiter musste mit seiner Unterschrift bürgen, dass er den Mitarbeitern seiner Abteilung den kaiserlichen Unmut nahegebracht hatte: *„Seit einiger Zeit bringen öffentliche Blätter häufig Artikel über den kaiserlichen Hof, in welchen aus Unkenntnis oder absichtlich die berichteten Tatsachen entstellt und sogar allerhöchsten Personen aus der Luft gegriffene Äußerungen und Handlungen angedichtet werden. Aber unter diesen Unrichtigkeiten sind auch Daten zu finden, die nur von internen Personen bei Hof kommen können ... Wirklich haben S.M. Ah. Selbst diesen Unfug mit großen Missfallen bemerkt.“*[163] Alle Hofbediensteten wurden auf ihre Verschwiegenheitspflicht hingewiesen und strengste Verwarnungen ausgesprochen.

Für Obersthofmeister Liechtenstein war es aber wichtig, zu erfahren, wie der Informationsfluss vom Hof zu den Zeitungen funktionierte. Da die meisten Informationen mündlich weitergegeben wurden, konnte der Hof gar nichts machen. Doch die Ermahnung an die Hofwachen, Auffälligkeiten zu melden, hatte Erfolg. Ein aufmerksamer Hofwachebeamter konnte einen Diener in flagranti erwischen, wie er einem Passanten allzu verstohlen etwas zusteckte. Es stellte sich heraus, dass der Passant ein Journalist der Wiener Zeitung war, dem Informationen übergeben worden waren. Durch das darauf folgende Disziplinarverhör gegen den Diener erfuhr das Obersthofmeisteramt, wie der Informationstransfer in der Vergangenheit funktioniert hatte. Der Diener hatte alles, was er an Informationen im Hofgebäude aufgeschnappt hatte, auf kleine Zettelchen geschrieben und diese dann an vorher ausgemachten Plätzen hinterlassen. Einige Zeit später wurden diese dann von dem Journalisten abgeholt. Im Laufe des Verhörs gestand der Diener, dass er einen jährlichen Betrag von 100 Gulden, immerhin mehr als ein Jahresdrittel seines Lohns, für seine Indiskretionen bekommen hatte, also ein gutes Zusatzgeschäft.[164]

Das Problem, dass immer wieder Hofinterna in den Zeitungen landeten, bekam der Hof bis zum Ende der Monarchie nicht in den Griff. Kein Verbot findet sich so oft im Archiv des Hofes wie jenes, nicht mit Zeitungen zu sprechen, keine Ermahnung wurde so oft ausgesprochen wie jene. Mindestens alle fünf Jahre wurde das gesamte Hofpersonal aufs Neue auf seine Verschwiegenheit eingeschworen – und doch fanden sich stets interne Informationen in den Zeitungen.

Die Tagespolitik zog sich nur selten bis in den Hof. Mit Einführung des Parlamentarismus wurden politische Streitigkeiten dort ausgetragen, wo sie hingehörten: im Reichsrat. Doch hin und wieder ließen politisch engagierte Bürger ihren Unmut über die Tagespolitik auch den Hof spüren, so geschehen im Jahre 1871, als Kaiser Franz Joseph in letzter Sekunde den Ausgleich mit der tschechischen Opposition platzen ließ.

Die Tschechen, eines der dynastieloyalsten Völker der Habsburgischen Krone, waren vier Jahre zuvor, beim Ausgleich mit Ungarn, der Österreich in eine Doppelmonarchie verwandelte und

Ungarn Autonomie garantierte, kühl übergangen worden. Die tschechische Bevölkerung Böhmens war tief getroffen und verärgert, dass die alten Kronrechte Böhmens durch eine weitere Krönung Franz Josephs – diesmal zum König von Böhmen – nicht bestätigt wurden, sollte doch auch das treueste Kronland des Habsburgerreiches, das sich im Unterschied zu Ungarn während der Revolution 1848 nicht gegen die Habsburger erhoben hatte, in den Genuss politischer Vorrechte kommen, genau so wie Ungarn.

Böhmen setzte nun auf passiven Widerstand und weigerte sich, den Reichsrat mit ihren Abgeordneten zu beschicken. Man begann damit, Sand ins parlamentarische Getriebe zu leeren. Kaiser Franz Joseph entschied sich 1871 für den Versuch eines Ausgleichs mit Böhmen. Er ließ offiziell verlauten: „... eingedenk der unerschütterlichen Treue, mit welcher die Bevölkerung Böhmens jederzeit Unseren Thron stützte, erkennen Wir gerne die Rechte dieses Königreiches an und sind bereit, diese Anerkennung mit Unserem Krönungseide zu erneuern".[165]

Die Tschechen waren außer sich vor Begeisterung, endlich würde auch Böhmen in seinen alten Rechten bestätigt werden. Doch der böhmische Ausgleich, der so kurz vor seiner Verwirklichung stand, kam nicht zustande. Die deutschen und ungarischen Politiker forderten nachträgliche Veränderungen der Verhandlungsergebnisse, da die „Fundamentalartikel", wie der ausformulierte Ausgleich genannt wurde, nicht im Einklang mit der Verfassung von 1867 standen, die ja eben dieses Sonderrecht der deutschen und der ungarischen Reichshälfte unter Benachteiligung der slawischen Völker formulierte.

In Böhmen kippte nun die Stimmung. In den Augen der Bevölkerung hatte der Kaiser sein Wort gebrochen – auch wenn er sich rein rechtlich an die Verfassungsbestimmungen gehalten hatte. Bei der kollektiven Trauer und Wut gegen die Wiener und Budapester Politik fand zu diesem Zeitpunkt nüchterne Betrachtung keinen Zugang. Die Tschechen fielen in eine alle Stände vereinigende nationale Sentimentalität. Die nicht umgesetzte kaiserliche Ankündigung des Ausgleichs, das „Septemberreskript", hing gerahmt in jedem tschechischen Haushalt und jeder tschechischen Gaststätte, an jedem Kiosk in Prag – die „Gültigkeit" der kaiserlichen Versprechungen wurde durch derart demonstrative Gesten ins Lächerliche gezogen. Die Prager Polizei musste auf Anordnung Wiens sämtliche Plakate und Bilder, die als Inhalt die kaiserliche Verlautbarung hatten, sofort entfernen (was die Tschechen freilich nicht hinderte, gleich wieder neue Verlautbarungen aufzuhängen).[166]

Der tschechische Medienmogul Jan Stanislav Skrejšovský, einer der reichsten Männer Böhmens, der hinter den Kulissen eifrig für einen Ausgleich Böhmens arbeitete und dessen Blätter die öffentliche Meinung lenkten, druckte das kaiserliche Reskript in großen Mengen in Plakatform, schließlich kam er auf die giftige Idee, das kaiserliche Versprechen auch noch anders zu drucken, nämlich *„in einem viel kleineren, sog. Taschenformat und zwar auf feinem, dünnen Papier bräunlicher Farbe, auf solchem Papier, das nur Aristokraten und einige steinreiche Bürger in der intimsten Privatsphäre benutzten. Das Papier von solchem Kulturzweck wurde in Lagen von mehreren hunderten Blättern mit der Bezeichnung ›W.C. Paper‹ verkauft. Es wurde mit dem Nagel durchgeschlagen und wurde auch auf die Wände gehängt, allerdings nur in solchen Boudoirs, die auch der Kaiser zu Fuß besuchte".*[167]

Skrejšovský, ein bekannter Zyniker, wollte mit seiner Erfindung den „Wert" des kaiserlichen Papiers vorführen. Das „kaiserliche" Toilettenpapier war ein Renner, es wurde in großer Auflage gedruckt und verbreitet, während die Polizei verzweifelt versuchte, den Umlauf einzubremsen. Selbst an den Hof wurde dieses Toilettenpapier geschickt. Der Posteinlauf staunte nicht wenig über diese Sendung aus Prag und leitete das „Papier" weiter in die Kabinettskanzlei. Kaiser Franz Joseph zeigte anfangs noch Humor beziehungsweise wollte er gegenüber dieser offensichtlichen Provokation bewusst Gelassenheit demonstrieren, und so ließ er bekanntgeben, dass der sich über *„diese besondere Aufmerksamkeit sehr freute"*[168].

Der Witz des Unternehmers Skrejšovský verselbstständigte sich aber, als die Kritiker des Kaisers das Papier seinem natürlichen Zweck zuführten und nach Verwendung dem Kaiser schickten. Diesmal freilich wurde auf das Papier nicht die Zusage zur Krönung gedruckt, sondern das spätere Reskript, das die Vereinbarungen zwischen Monarch und tschechischen politischen Repräsentanten annullierte. Als nun in der Kabinettskanzlei des Kaisers „benutzte" Exemplare dieses einstigen Witzes eintrudelten, hatte die Nachsicht des Kaisers ein Ende. Seine Kanzlei wandte sich an die Prager Polizei mit „dienstfreundlichem Ersuchen" um Hilfe bei der Fahndung *„nach dem Urheber dieses Bubenstückes"* – erfolglos freilich. [169] Der Hof, nach jahrhundertelanger Übung ein Meister in der Aktenablage, legte diese Toilettenpapiere, die bis heute deutliche Spuren strikt privaten Gebrauchs aufweisen, wie jedes Schriftstück ordentlich bezeichnet ins Archiv – und dort zeugen sie noch heute vom Ärger der Tschechen über die geplatzte Krönung Franz Josephs zum böhmischen König.

Peinlichkeiten drangen nicht nur von außen an den Hof, auch im Inneren gab es so manches, was gar nicht zu einem apostolischen Hof passte. Ministerpräsident Eduard Taaffe, ein Jugendfreund des Kaisers, hatte ein ganzes Heer an Spitzeln in seinen Diensten, die sämtliche dynastiefeindlichen und politisch auffälligen Bewegungen innerhalb der Residenz in Erfahrung bringen sollten. Auch bei Hof hatte er Konfidenten, die berichten sollten, ob nicht gar Beleidigungen gegen den Kaiser ausgesprochen wurden. Der Spitzel des Hofes konnte nichts Derartiges in Erfahrung bringen, der Kaiser war bei seinen Hofbediensteten beliebt und hoch geachtet. Der Konfident brachte allerdings eine vertrauliche Information, die zeigte, dass vieles bei Hof möglich war, das die Hofspitzen nicht einmal vermutet hätten: *„Der Burghauptmann Montoje* (sic; eigentlich Montoyer) *hat vor einigen Jahren seine zwei Nichten, die Töchter des Verurteilten und fallierten Fleischhackers Max Wös, zwei üppige Schönheiten, zu sich genommen, und, wie die bösen Zungen es aussprengten, sie gleichzeitig als seine eigenen Gattinnen behandelt. Wie gewöhnlich durch Protektion setzte er auch durch, dass die Ältere als Silberaufbewahrerin beim a. h. Hofe angestellt wurde. Gestern Abend zeigte mir der Lieferant Unterwalder eine Photographie mit dem Bedeuten, er hätte sie von einer Kupplerin als non plus ultra Ware zu 10.fl erhalten. Welch war mein Erstaunen, als ich in dem photographischen Abbilde die Hofsilberbewahrerin erblickte!"* [170]

Ministerpräsident Taaffe legte diese äußerst pikante Mitteilung nicht einmal in den offiziellen Akten ab, sondern ließ sie unauffällig in seinem Privatarchiv verschwinden, wo sie erst lange nach seinem Tod wieder auftauchte.

Um die Jahrhundertwende waren es die jüngeren Mitglieder der kaiserlichen Familie, die für diverse Skandale sorgten und damit das Ansehen des Hauses schwächten. Der Wunsch nach individuellen Lebenswegen und Liebesheiraten kam in massiven Konflikt mit den Hausgesetzen der Habsburger, vor allem aber mit dem strikten Pflichtbewusstsein Franz Josephs, das er auch von den jüngsten Mitgliedern seines Hauses einforderte.

Eines der größten Sorgenkinder des Kaisers war Erzherzog Leopold Ferdinand, der erstgeborene Sohn des Großherzogs Ferdinand IV., des letzten habsburgischen Herrschers der Toscana, der seit der Einigung Italiens mit seiner großen Familie in Österreich lebte. Der *„ungerathene Jüngling"* [171], wie ihn der Kaiser nannte, hatte die Familie schon in einige peinliche Situationen gebracht. Leopold Ferdinand war ein eigenartiger Charakter. Er war ein Aufwiegler, der mit Vorliebe Dienstreglements hintertrieb, um sich dann an der Unruhe, die er ausgelöst hatte, zu weiden. Ein bezeichnender Vorfall ereignete sich während der Weltreise des Thronfolgers Franz Ferdinand, dessen Reisebegleiter Leopold war. Leopold Ferdinand suchte entgegen den kaiserlichen Vorschriften ausschließlich Kontakt mit dem untersten Personal und wiegelte die Mannschaft auch noch gegen die Schiffsleitung auf. Als ihn der Kommandant zur Rede stellte, beleidigte er diesen vor seiner gesamten Mannschaft und drohte auch noch mit Selbstmord. Franz Ferdinand, der Zeuge dieses Verhaltens war, wollte seinen Cousin unverzüglich aus der Armee ausschließen lassen, doch noch versuchten die Familienältesten die Probleme zu vertuschen. Erzherzog Albrecht, nach dem Kaiser der Doyen des Hauses Habsburg, flehte Franz Ferdinand an, dass *„selbst der Schein eines Risses in der Familie vermieden werden"* müsse. [172]

Auch Kaiser Franz Joseph scheute sich noch vor ernsteren Konsequenzen und gab dem schwarzen Schaf der Familie noch eine Chance. Selbst als Leopold Ferdinand ein Verhältnis mit einer ehemaligen Prostituierten einging, die nicht nur wegen Gassenstrichs, sondern auch noch wegen anarchischer Tendenzen polizeilich bekannt war, tolerierte er anfangs noch zähneknirschend diese Liaison. Als das Verhältnis schließlich publik wurde, verlangte der Kaiser von Leopold endgültig die Beendigung dieses für das Kaiserhaus so peinlichen Verhältnisses. Der Erzherzog sollte sich schriftlich verpflichten, sein Verhältnis mit der Prostituierten zu lösen. Anfangs beugte sich Leopold noch dem kaiserlichen Machtwort, er löste die Verbindung und seine Geliebte wurde mit einer großen Geldsumme abgefunden. Doch wenige Tage nach Abschluss der „Verzichtserklärung" ließ Erzherzog Leopold den Kaiser wissen, dass ihm eine Trennung von seiner Freundin auf Dauer unmöglich erscheine.

Der folgende Schritt Erzherzog Leopolds sollte sein Schicksal als Mitglied des Hauses Habsburg endgültig beenden. Er flüchtete gemeinsam mit seiner Schwester, der verheirateten Kronprinzessin von Sachsen, die ihren Mann mit einem Sprachlehrer betrog, in die Schweiz. Das skurrile Quartett – Erzherzog Leopold mit seiner ehemaligen Prostituierten und die Kronprinzessin von Sachsen mit ihrem Sprachlehrer – ließ die Höfe von Wien und Dresden wissen, dass an eine Rückkehr nicht zu denken sei. Die Nachricht von der Flucht schlug in Wien wie eine Bombe ein. Der Erzherzog kam mit seiner Verzichtserklärung, die er aus dem Ausland schickte, einem Ausschluss durch den Kaiser zuvor. Er wolle von Stellung und Rang eines Erzherzogs zurücktreten und in Zukunft als Leopold Wölfling fernab von Familie und Hof leben. Der nunmehrige bürgerliche Leopold Wölfling sollte das Kaiserhaus und die österreichischen Behörden aber noch monatelang in Atem halten. Denn Wölfling trat zwar aus dem Kaiserhaus aus, er dachte aber gar nicht daran, auf die Geldmittel, die einem Mitglied des Erzhauses zustanden, zu verzichten. Jeder Erzherzog hatte Anspruch auf eine Hofstaatsapanage und eine festgelegte Quote aus dem Familienfonds, dem Privatvermögen der Habsburger. Wölfling nahm sich einen Anwalt und ließ nun bei Außenminister Goluchowski anfragen, wie er denn ohne die entsprechenden Barmittel leben sollte, da es der Würde des Erzhauses doch widerspreche, dass ein Mitglied desselben darbe. Der Außenminister antwortete, wahrscheinlich nicht ohne mit dem Kaiser Rücksprache gehalten zu haben, dass sich Wölfling bis jetzt herzlich wenig um die Würde des Kaiserhauses gekümmert habe und als einziges Vermögen auf eine Erbschaft seines Vaters hoffen könne, da die persönlichen Erbrechte auch durch einen Ausschluss aus dem Erzhaus nicht berührt wurden.

Wölfling gab aber nicht auf. Mit Hilfe seines gewieften Anwalts wollte er einen öffentlichen Prozess erzwingen, um eine Trennung von Geburts- und Ehrenrechten eines Mitglieds des Erzhauses juristisch bestätigen zu lassen. Wölflings Anwalt argumentierte, dass man seinem Mandanten mit dessen Austritt aus dem Kaiserhaus zwar die Ehrenrechte nehmen konnte (also die Offizierscharge), nicht jedoch die Geburtsrechte (seinen Anteil am Vermögen der Habsburger). Leopold Wölfling erzwang mit seiner Hartnäckigkeit sogar einen Spruch des Obersten Gerichtshofes, der bestätigte, dass selbst der Kaiser einem ausgetretenen Erzherzog zwar die Ehrenrechte, nicht jedoch das Unterhalts- und Erbfolgerecht nehmen könne.[173] Der Weg für ein ordentliches Gerichtsverfahren Kaiser vs. Wölfling um Unterhalt und Anteil am Familienvermögen war für den ehemaligen Erzherzog nun frei. Obersthofmarschall Graf Cziraky, dem Rechtsvertreter des Kaisers, schauderte vor einem öffentlichen Prozess, der ihn zwingen würde, das geheime Familienstatut offenzulegen. Er plädierte für einen Konsensweg. Die Familie würde Leopold unterstützen müssen. Der Kaiser verlangte vom Großherzog für seinen Sohn zu zahlen, die Gefahr eines Gerichtsverfahrens war zu groß. Leopold Wölfling verzichtete nach einer großzügigen Abfindung auf seine Ansprüche. Er heiratete seine Geliebte, wurde Schweizer Staatsbürger, hielt sich nach seiner Scheidung im Münchener Zuhältermilieu auf und kehrte nach dem Ersten Weltkrieg nach Wien zurück, wo er nach Ausflügen in die Schauspielerei einen Gemischtwarenladen in Kaisermühlen betrieb.[174]

Leopolds Schwester, die Kronprinzessin von Sachsen, hielt den Wiener und Dresdner Hof weiterhin in Atem. Sie erwog kurz, zu ihrem Mann zurückzukehren, stieß aber – nachdem auch noch mehrere frühere Liebschaften bekannt geworden waren – bei diesem auf taube Ohren: Er wollte die Scheidung. Bei einer schuldhaften Scheidung konnte der Mann von der Frau verlangen, den Mannesnamen zurückzugeben. Der Wiener Hof wollte aber auf gar keinen Fall, dass die schuldig geschiedene ehemalige Erzherzogin den Namen Luise von Österreich-Toscana zurückerhielt, auch wenn er ihr nach geltendem Recht zustand. Nach etlichen Verhandlungen und sicherlich auch auf Drängen ihrer Vaters, dem wiederum der Kaiser auf die Füße trat, nahm Louise schließlich den Namen Montignoso an. Sie heiratete nach einigen Affären 1907 den italienischen Pianisten Enrico Toselli.

Graf Béla Cziraky stand in seiner Eigenschaft als Obersthofmarschall an einer Zeitenwende. Durch den Fall Leopold Wölfling war man am Hof alarmiert. Zum ersten Mal hatte ein Familienmitglied eine öffentliche Diskussion provoziert und versucht, den Zivilrechtsweg gegen Beschlüsse des habsburgischen Familienoberhauptes einzuschlagen. Auch hatte sich die Hilflosigkeit der Behörden und des Hofes in diesem Fall gezeigt. Vor den Augen der Öffentlichkeit konnten Familienbeschlüsse nur umgesetzt werden, wenn sie auch auf zivilrechtlich einwandfreien Bedingungen basierten, um einem öffentlichen Verfahren standzuhalten. Der Obersthofmarschall vertrat von Anfang an den vernünftigen Standpunkt, dass in Fällen wie diesem nur auf dem Konsensweg Erfolg zu erzielen war. Jede öffentliche Diskussion oder gar ein Prozess über die zivilrechtliche Gültigkeit von hausrechtlichen Fragen wären am Anfang einer Entwicklung gestanden, an deren Ende das habsburgische Familienstatut an Gültigkeit verloren hätte.[175]

Doch auch in dynastischer Hinsicht waren die Skandale innerhalb der kaiserlichen Familie, die in den letzten Jahren unter den Augen der Öffentlichkeit abliefen, mehr als schädlich für das Ansehen des Erzhauses. Bedenkt man, wie sehr Franz Joseph seit seinem Regierungsantritt 1848, vor mittlerweile mehr als 50 Jahren, stets versucht hatte, jegliche öffentliche Diskussion über den Hof zu unterbinden, ja wie zur Mitte des vorangegangenen Jahrhunderts selbst der kleinsten unautorisierten Information über das Innenleben des Hofes, die sich in Zeitungsartikeln fand, nachgegangen wurde, selbst wenn es sich nur um die Veröffentlichung von Menüfolgen gehandelt hatte, weil es des Kaisers Prinzip war, dass der Hof niemals Gegenstand des öffentlichen Gesprächs werden durfte, dann kann man sich die Aufregung und das Entsetzen bei Hof über die Skandale einiger Mitglieder der kaiserlichen Familie vorstellen. Das Erzhaus hatte sich derart exponiert, dass es nun nicht mehr ohne hämische Bemerkungen von Presse und öffentlicher Meinung Zurückhaltung fordern konnte. Ministerpräsident Graf Franz Thun sprach aus, was viele seiner Standesgenossen über die habsburgischen Skandale der Jahrhundertwende dachten: *„Es ist eine schreckliche Tragödie. Wie arbeiten doch die höchsten Kreise für die Revolution."* [176]

Auch ein Obersthofmeister sollte zum Stadtgespräch Wiens werden. Nachdem Rudolf Liechtenstein Erster Mann am Kaiserhof geworden war, setzte er sich sofort für die Kinder und Schwiegersöhne seiner Lieblingsschwester Marie Kinsky ein, vor allem für jene, die wie er als Nachgeborene über kein Vermögen verfügten. Für sie erwirkte er beim Kaiser Hofposten. In der Wiener Gesellschaft wurde der Einfluss des Fürsten Liechtenstein und der Kinskys eifrig beklatscht. Liechtensteins Nichte Franziska Kinsky hatte Alfred Montenuovo geheiratet, den es nunmehr zu versorgen galt. Liechtenstein schaffte es nicht nur, seinen Neffen bei Hof unterzubringen, er schuf sogar einen eigenen Posten für ihn. Die neue Position eines Zweiten Obersthofmeisters wurde schon im ersten Jahr seiner Amtszeit eingeführt und mit Alfred Montenuovo besetzt. Auch für Neffe Ferdinand Kinsky wurde eine Stelle geschaffen: Er erhielt den ebenfalls neu gegründeten Posten eines Ersten Stallmeisters und unterstand direkt seinem Onkel Rudolf, da Liechtenstein die Stelle des Oberststallmeisters trotz Ernennung zum Obersthofmeister aus Leidenschaft weiter behielt. August Bellegarde, ein Schwiegersohn der Fürstin Kinsky, wurde zum Oberstküchenmeister ernannt – von dem die Hofgesellschaft behauptete, er verstünde rein gar nichts von kulinarischen Genüssen.

Die Hofgesellschaft war außer sich. Dermaßen offensichtlicher Nepotismus war noch nie vorgekommen, vor allem die Neugründung von Positionen, deren einziger Zweck es war, die Neffen Rudolf Liechtensteins zu versorgen, verärgerte viele Aristokraten. Der ob seiner boshaften Reden berühmt-berüchtigte Graf Adalbert „Montschi" Sternberg schrieb ein Couplet, das zum allgemeinem Gaudium in den Wiener Salons vorgetragen wurde. Der Refrain lautete: *„Fragt nur Freyung viere an, wie man so avancieren kann!"* (Das Palais Kinsky hatte die Adresse „Freyung Nr. 4".) Die für den Auftritt engagierten Volkssänger, denen Sternberg den Text überließ, trugen das Couplet auch in der Öffentlichkeit vor, und das Lied wurde prompt zum Gassenhauer. Nun griff allerdings der Kaiser ein. Er war außer sich, dass man sich über den Hof öffentlich lustig machte, und veranlasste, dass den Volkssängern die Texte durch Polizisten abgenommen wurden.[177] Der Hof war schon seit Jahrzehnten nicht mehr so sehr im Mittelpunkt des Geredes gestanden. Zwar konnten immer wieder hohe Hofchargen Vertraute an freiwerdenden Stellen unterbringen, und der Hof hat sich ja auch immer bis zu einem bestimmten Grad aus sich selbst rekrutiert, auch setzten Besetzungen an wichtigen Stellen stets ein bereits bestehendes Vertrauensverhältnis voraus. Dass jedoch halb

Wien über den Nepotismus bei Hof sprach, war in der Zeit Franz Josephs noch nie vorgekommen. Ob es mit der Couplet-Affäre in Zusammenhang stand oder nicht, der Kaiser ließ jedenfalls bis an sein Lebensende keine neuen Posten mehr kreieren, die mit engsten Verwandten hoher Hofbeamten besetzt wurden.

XII
Hof und Politik

*Der junge Kaiser und seine Berater – Die obersten Hofbeamten
und ihre politische Bedeutung – Die Hofwürdenträger werden
ins Herrenhaus berufen – Obersthofmeister Hohenlohe stimmt
für die liberalen Ehegesetze – Die Konservativen kritisieren
den liberalen Hof – Kaiser und Hof sind für das allgemeine
Wahlrecht – Obersthofmeister Montenuovo will den Ministerpräsidenten stürzen*

Es gibt kaum ein Vorurteil über den Hof, das sich länger und hart-
näckiger gehalten hat: Kaiser Franz Josephs Hofs sei konservativ,
ja reaktionär gewesen, und eine angebliche Hofkamarilla, die aus
politisch konservativen Einflüstern bestand, hätte den Kaiser nicht
nur beeinflusst, sondern auch gelenkt. Umso mehr erstaunt, dass
sich bei wissenschaftlicher Untersuchung des Hofes unter Kaiser
Franz Joseph das genaue Gegenteil herausstellt. Weder stellten
Männer, die im politisch konservativen Lager standen, die Mehrzahl der Umgebung des Kaisers – es findet sich im Gegenteil kaum
jemand, der nicht dem verfassungstreuen (wie die eher liberalen
Mitglieder der Verfassungspartei genannt wurden) Lager zugerechnet wurde – und der Kaiser ließ sich überhaupt nicht beeinflussen.

Franz Joseph galt als absolut beratungsresistent. Auch seiner
engsten Umgebung wurde schnell klar, dass der Kaiser nichts mehr
ablehnte, als ungefragte politische Meinungsäußerung. Doch auch
jene, deren Aufgabe es war, dem Kaiser beratend zur Seite zu stehen, mussten sich hüten, ihren eng gesteckten Rahmen zu verlassen.
Selbst von den Mitgliedern der Regierung lehnte er alle ressortfremden Einflussnahmen auf das schärfste ab, ein bitterböser Blick
des Kaisers brachte die derart Unwissenden immer schnell zum
Verstummen. Auch Männer, die hoch in seiner Gunst standen, hatten weder die Möglichkeit, auf die politischen Entscheidungen des
Kaisers einzuwirken noch in Bezug auf ressortfremde Angelegenheiten zu intervenieren.

Prinz Rudolf Liechtenstein, einer der Lieblinge Franz Josephs
und ein von ihm ob seiner persönlichen Liebenswürdigkeit und
Treue hochgeschätzter Jugendfreund und späterer Obersthofmeis-

ter des Kaisers, machte ein einziges Mal den Fehler, seine Kompetenzen zu überschreiten. Er warnte seinen Neffen und designierten Nachfolger Fürst Montenuovo, ja nicht den Kaiser mit irgendeiner Angelegenheit zu belangen, die außerhalb der Kompetenzen eines Obersthofmeisters standen, denn er selbst habe einmal den Fehler gemacht *„über dringende Bitte hoch stehender Freunde Seine Majestät auf einen Würdenträger aufmerksam gemacht, der sich schon manche Verdienste um öffentliche Interessen erworben habe und nun sehnlichst eine Allerhöchste Auszeichnung erwarte. Der Kaiser habe ihn ruhig angehört, ihm dann aber trocken gesagt: ›Sagen Sie mir zunächst, wieso diese Angelegenheit Sie angeht‹. Nie wieder habe er gewagt, unberufen etwas vorzubringen."* [178]

Die Tatsache, dass selbst ein geschätzter Mann wie Liechtenstein mit einer derart harmlosen Bitte kühl abgewiesen wurde, zeigt, dass Franz Joseph ressortfremden Interventionen aus Prinzip ablehnend gegenüberstand. Wenn schon solche politisch bedeutungslosen Einflussversuche abgelehnt wurden, lässt sich nachvollziehen, um wie viel weniger der Kaiser bereit war, Versuche, ihn politisch zu beeinflussen, hinzunehmen.

Schon der 18-jährige Kaiser ließ sich von niemandem beraten. Den früheren Generaladjutanten Graf Grünne, seinen väterlichen Freund, dem er sogar das kaiserliche Privatvermögen, seinen Hof und seine Militärkanzlei anvertraute, brachte er mit seiner unbeeinflussbaren Haltung zur Verzweiflung. Grünne, der sehr gerne seine eigenen politischen Ansichten beim Kaiser durchgesetzt hätte und in der Öffentlichkeit – wenn auch zu Unrecht – als unheilvoller Einflüsterer des Monarchen galt, hatte in Wirklichkeit kaum Möglichkeiten, auf den Kaiser politisch einzuwirken. So bekämpfte zum Beispiel der als so konservativ geltenden Grünne die Einführung des Konkordats, das der Kirche Mitsprache in staatlichen Angelegenheiten sicherte, auf das schärfste. Allein – Graf Grünne konnte dies nur im Verborgenen tun, denn der Kaiser wollte von Grünnes Meinung rein gar nichts hören. Als Vorsteher seiner Militärkanzlei stand ihm eine Meinung zu einer politischen Entscheidung des Kaisers nicht zu. Grünne, der definitiv der mutigste Mann war, der jemals in der engsten Umgebung des Kaisers zu finden war, traute sich zumindest als Einziger, dem Kaiser ungefragt seine Meinung zu sagen, bis auch er einsah, dass der Kaiser seine ungefragten Meinungen nicht einmal zur Kenntnis nahm und beinah ungehalten reagierte. Grünne erzählte einem Vertrauten, dass er beim Kaiser schon als „*Totenvogel*" gelte, weil er so oft gegen die kaiserliche Politik rede.[179] Mit der Zeit wusste sich Grünne nicht mehr anders zu helfen und legte dem Kaiser ausländische Zeitungsberichte auf den Schreibtisch, um ihm eine andere Meinung zukommen zu lassen, beispielsweise in Bezug auf die kaiserliche Politik, die vor allem von den ausländischen Medien scharf kritisiert wurde.[180] Mit der Zeit legte sich Grünne aber eine völlig neue Taktik zu, um den Kaiser zu beeinflussen. Er hatte längst erkannt, dass Franz Joseph allzu engagierten politischen Ratschlägen äußerst misstrauisch gegenüberstand. Als er nun gemeinsam mit seinem engen Vertrauten, dem Polizeiminister Kempen, die damaligen Minister Buol und Bach beim Kaiser anschwärzen wollte, hütete er sich vor einer direkten Vorgangsweise. Der Kaiser hätte eine direkte Einmischung Grünnes in innenpolitische Angelegenheiten scharf verurteilt, dementsprechend vorsichtig musste dieser agieren. Der Polizeiminister in seinem Tagebuch: „*Um 1 Uhr war ich bei Graf Grünne. Er legte eine von mir übergebene Notiz über die Diskreditierung der Minister Buol und Bach beiseite und wird sie dem Kaiser vorenthalten, um den Schein einer Insistenz in solchen Noten von unserer Seite zu vermeiden.*"[181]

Nach dem Sturz Grünnes, der nach der für Österreich desaströsen Schlacht von Solferino als Generaladjutant und Vorsteher der Militärkanzlei abgesetzt und zum Oberststallmeister ernannt wurde, wollte Kaiser Franz Joseph noch weniger beraten werden als je zuvor. Kein Vertrauter konnte ab nun jemals wieder in eine Position kommen, die Grünne trotz allem gehabt hatte – dem Kaiser ungefragt die Meinung sagen zu dürfen, selbst wenn dieser sie partout nicht umsetzte.

Der Kaiser wurde mit der Zeit geradezu empfindlich, was seine Unbeeinflussbarkeit betraf. Jeder Versuch, mit ihm zu politisieren, ärgerte den Monarchen, der die Wahrung der Ressortzuständigkeit als oberstes Prinzip seiner Regierung betrachtete.

Auch Personen, die dem Kaiser langjährige politische Dienste geleistet hatten und sich dadurch berechtigt fühlten, ein politisches Statement abzugeben, blitzten ab. Statthalter Kielmansegg: „*Der Kaiser hasste es, wenn seine Regierungsmitglieder oder gar Hofchargen unaufgefordert allgemeine politische Ansichten zum Besten gaben. Selbst als sein langjähriger Ministerpräsident Fürst*

Adolph Auersperg sich nach Jahren als Regierungschef anlässlich einer Dankesaudienz für seinen neuen Posten als Rechnungshofpräsident bemüßigt fühlte, dem Kaiser nach einer Danksagung noch einige Bemerkungen allgemein politischer Natur zu sagen (weil er sich nach seiner jahrelangen Arbeit als Regierungschef als berechtigt erachtete), ließ ihn Franz Joseph deutlich wissen, dass er nicht mehr berufen sei, politische Ratschläge zu geben." [182] Der Kaiser brach teilweise sogar Gespräche brüsk ab, wenn jemand unaufgefordert politische Ansichten verbreitete.[183]

Doch auch mit Schmeicheleien kam man bei Kaiser Franz Joseph nicht weiter. Wer glaubte, durch Kriecherei und demutsvolles Schmeicheln zu Einfluss zu kommen, wurde ebenso enttäuscht. Mit der Zeit versuchte dies auch niemand mehr, wie ein Neffe des Kaisers nach dessen Tod schrieb: *„Da der Kaiser Schönredner schwer vertragen konnte, und sie mit einem wohlgemeinten ›Na, so arg wird es ja doch nicht sein‹ abfertigte, wagten sie sich nicht näher an ihn heran."* [184]

Wenn es also als erwiesen gilt, dass der Kaiser seine Entscheidungen allein, frei und unbeeinflusst getroffen hat, bleibt doch die Frage, was denn die berühmt-berüchtigte „Hofkamarilla" war, jenes legendenumwobene und verschworene Grüppchen an hohen Hofwürdenträgern, das den Kaiser dunkel beeinflusst haben soll. Es war bis jetzt fixer Bestandteil jeglicher Franz-Joseph-Literatur, dass die höfische Umgebung des Kaisers erzkonservativ, zuweilen auch klerikal gewesen sein soll. Jene Aristokraten, die der Kaiser an die Spitzen seines Hofes setzte, zeigen jedoch bei genauer Betrachtung eine völlig andere politische Ausrichtung. Alle obersten Hofbeamten, und nur um diese kann es sich bei der Bezeichnung „Hofkamarilla" handeln, standen politisch auf Seiten der so genannten „Verfassungstreuen", die sich im scharfen Gegensatz zur zweiten großen Partei des Reichsratsherrenhauses sahen, zu den „Feudal-Konservativen". Das heißt, der Kaiser war in erster Linie von Männern umgeben, die zwar wertkonservativ und dynastietreu waren, aber alles andere als politisch konservativ. Franz Joseph hatte also nicht konservative Einflüsterer um sich, sondern im Gegenteil dezent-liberale, antiklerikale Hofbeamte, deren Problem es war, dass der Kaiser nichts von ihrer politischen Überzeugung wissen wollte beziehungsweise diese erst gar nicht zur Kenntnis nahm.

Schon die beiden ersten Vertrauten des jungen Franz Joseph, sein Generaladjutant Graf Grünne, der unbestritten großen privaten Einfluss hatte, sowie Obersthofmeister Franz Liechtenstein, standen in Opposition zur offiziellen Politik ihres Kaisers – der eine offen, der andere verdeckt. Generaladjutant Grünne, Vorsteher der Militärkanzlei, und Obersthofmeister Liechtenstein waren Gegner des politischen Kurses des jungen Franz Joseph. Beide waren antiklerikal, lehnten das Konkordat völlig ab, weil sie einen zu großen Einfluss der Kirche auf den Staat für schädlich hielten, und waren auch mit dem Wirtschaftskurs des Neoabsolutismus nicht einverstanden. Über Liechtenstein wussten seine Vertrauten: *„Er sprach freimütig über viele Verwaltungsgebrechen, er bedauerte die Ohnmacht des Reichsrats, weil hierdurch keine Kontrolle der Staatsmaschine möglich, und insbesondere ergoss sich sein Tadel über das Konkordat ...“* [185] *„Er bedauerte den Abschluss des letzten Anlehens, den Verkauf der Eisenbahnen an eine französische Gesellschaft, am meisten aber den Abschluss des Konkordats, bei welcher Gelegenheit er den Erzbischof Kardinal Fürst Schwarzenberg einen Esel nannte.“* [186] Auch Grünne *„staunte, dass der Kaiser, der bei vielen Gelegenheiten mit scharfer Eifersucht seine Rechte hütet, durch das Konkordat sie lähmen ließ“* [187]. In seiner ersten Regierungszeit standen sämtliche vertraute Hofchargen des Kaisers der offiziellen Regierung äußerst skeptisch gegenüber, Einfluss nehmen auf die Entscheidungen ihres Herrn konnten sie freilich nicht.

Nach dem verlorenen Italienfeldzug von 1859, der das Ende des Neoabsolutismus bedeutete, begann der Siegeszug des Parlamentarismus in Österreich. Der Kaiser musste, ob er wollte oder nicht, breiteren Bevölkerungsschichten Zugeständnisse in der politischen Mitbestimmung machen. Mit Einführung der Verfassung 1867 wurde Österreich zur konstitutionellen Monarchie. Der Kaiser musste ab nun seine Macht mit den gewählten Volksvertretern teilen (die freilich nicht die Gesamtbevölkerung repräsentierten, denn das Kurienwahlrecht, das das Wahlrecht erst ab einer gewissen jährlichen Steuerzahlung gewährte, schloss den Großteil der Bevölkerung weiterhin von jeglicher Mitbestimmung aus). Als wichtigste Konsequenz der Einführung der parlamentarischen Mitbestimmung musste der Kaiser das alleinige Verfügungsrecht über die Staatsfinanzen aufgeben. Der Kaiser ernannte und entließ Regierungen, Gesetze mussten ab jetzt jedoch das Abgeordnetenhaus und das Herrenhaus passieren, ein Vetorecht verblieb allerdings bei Franz Joseph. Fest in Händen des Kaisers blieben die Außenpolitik sowie der Oberbefehl über die Armee, kaiserliches Vorrecht hatte er über sämtliche Ordensangelegenheiten und Standeserhebungen.

Franz Joseph hielt sich sein Leben lang strikt an die Verfassung. Der Kaiser konnte nicht mehr im Alleingang Gesetze beschließen, wollte aber natürlich trotzdem, dass jene Gesetze, die er für guthieß, angenommen wurden. Wie also konnte Franz Joseph am Abgeordnetenhaus vorbei jene Gesetze, deren Annahme ihm für sein Reich wichtig erschienen, durchsetzen? Die Franz-Joseph-Literatur hat bis heute – durch fehlende, oftmals aber auch einseitige Quellenanalyse – überhaupt nicht wahrgenommen, welch brillanter Taktiker der Kaiser ab seinem mittleren Alter gewesen ist, vor allem der alte Franz Joseph war ein Meister der feinen Diplomatie. Er wusste, welche Hebel er zu bedienen hatte, um den Ausgang einer parlamentarischen Abstimmung zu beeinflussen. Das Herrenhaus, die zweite Kammer des Parlaments, die alle Gesetze absegnen musste, setzte sich ausschließlich aus Aristokraten und einigen verdienten Würdenträgern des Reiches zusammen. War nun zu befürchten, dass eine Abstimmung nicht im Sinne des Kaisers ausging, oder war das Ergebnis nicht wirklich abzusehen, schickte Franz Joseph stets seine obersten Hofbeamten – die alle eine Stimme und einen Sitz im Herrenhaus hatten, aber nie erschienen, da der Kaiser nicht wünschte, dass der Hof ins tägliche Gespräch kam –, damit sie diesmal für alle sichtbar und deutlich ihre Stimme abgaben (im Kaiserreich gab es ausschließlich öffentliche Abstimmungen). Jeder Aristokrat im Herrenhaus wusste nun also, welchen Ausgang der Kaiser wünschte, vor allem aber, was der Kaiser von loyalen Adeligen erwartete.

Die erste deutliche Demonstration des kaiserlichen Abstimmungswunsches erfolgte ein Jahr nach Einführung der Verfassung. Die strittige Verabschiedung der Ehegesetze, die nichts weniger bedeutete, als dass das Konkordat von 1855 gekippt werden würde, stand auf dem Tagespunkt. Die Auflösung des Konkordats war eine der Bedingungen der liberalen Partei für ihre Zustimmung zum ungarischen Ausgleich, und der Kaiser war fest entschlossen, sein Wort zu halten. Der Ausgang der Abstimmung war ungewiss, vor allem die konservativen Herrenhausmitglieder lehnten die liberalen Ehegesetze ab. Zur Abstimmung erschien plötzlich zum ersten Mal Obersthofmeister Prinz Konstantin Hohenlohe. Er stimmte für die Annahme der Ehegesetze. Diesen Wink hatten nun wirklich alle anwesenden Aristokraten verstanden: Wenn Obersthofmeister Hohenlohe erschien und öffentlich für die Ehegesetze stimmte, so hatte dies nur eines zu bedeuten: Der Kaiser wünschte die Annahme des Gesetzes. In der Folge ging die Abstimmung zur Zufriedenheit Franz Josephs aus – die Herrenhausmitglieder hatten verstanden.[188]

Es zeigt sich also deutlich, dass nicht die höfische Umgebung des Kaisers diesen manipulierte, sondern der Kaiser seine obersten Hofwürdenträger „benutzte", um seine Wünsche deutlich sichtbar zu machen. Im Jahr 1879 erfolgte sogar eine Parteigründung auf den Wunsch des Kaisers. Wieder bediente sich der Kaiser seines Obersthofmeisters. Die Liberalen waren gestürzt und des Kaisers Jugendfreund Graf Taaffe wurde zum neuen Ministerpräsidenten ernannt. Taaffe stützte sich auf die Konservativen, brauchte aber für die anstehenden Reformen unbedingt eine größere Mehrheit im Parlament. Der Kaiser wusste genau, dass sämtliche Gegner seines neuen Ministerpräsidenten (die auch im Herrenhaus saßen) nur darauf warteten, Taaffe mitsamt seinen Reformplänen bei Abstimmungen fallenzulassen. Was der neue Ministerpräsident brauchte, aber nicht hatte, war eine Partei, die ihm in entscheidenden Abstimmungen die Mehrheit sicherte. In dieser Situation wurde der Kaiser abseits der öffentlichen Wahrnehmung aktiv. Offiziell durfte er ja nicht in den parlamentarischen Ablauf eingreifen, es musste daher ein anderer Weg gefunden werden, um dem kaiserlichen Wunschregierungschef die Mehrheiten im Parlament zu sichern. Obersthofmeister Hohenlohe wurde wieder aktiv. Er ließ seine aristokratischen Freunde dezent wissen, dass der Kaiser es sehr begrüßen würde, wenn sich die kaisertreuen Herren zu einer kleinen, feinen, gemäßigt konservativen, staatstragenden Partei zusammenschließen würden, mit dem Ziel, eine geregelte, kontinuierliche und effektive Staatstätigkeit zu fördern.[189] Politische Grundsatzfragen wie die verfassungsrechtliche Organisation der Monarchie, das böhmische Staatsrecht und das Verhältnis zwischen Kirche und Staat sollten ausgespart bleiben, jedoch Entscheidungen, die der Staat in seiner momentanen Situation treffen musste, durch eine alle Parteigrenzen überwindende Interessengemeinschaft ermöglicht werden. Als Folge dieses kaiserlichen Wunsches formierte sich ein wichtiger Teil des Adels zur „Mittelpartei" im Herrenhaus, deren Mitglieder ihre Aufgabe ausschließlich in der Unterstützung der kaiserlichen Regierungen sahen. Die Idee Franz Josephs glückte. Die Mittelpartei wurde nicht nur für die kommende Taaffe-Ära zum Zünglein an der Waage, sämtliche Abstimmungen wurden von der Mittelpartei im Sinne der kaiserlichen Regierungen getragen.

Kaiser Franz Joseph wusste also seine obersten Hofbeamten ganz in seinem Sinne zu nutzen, sie waren seine Werkzeuge, um den Wunsch des Monarchen auszuführen. Von einem manipulativen Einfluss der Hofchargen auf den Kaiser kann keine Rede sein. Statthalter Kielmansegg lag völlig richtig, als er sagte, dass „... alles, was man bisweilen von dem Bestande einer Hofkamarilla oder gar einer geheimen Tarockpartie beim Kaiser hörte, die unkontrollierbaren Einfluss in die Regierungsgeschäfte genommen, eitel Geflunker ist"[190].

Eines der weiteren Vorurteile gegenüber dem Hof und den höchsten Hofchargen war seine vermeintlich konservativ-klerikale Einstellung. Doch auch hier zeigt eine nähere Betrachtung, das genaue Gegenteil. Kein einziger der im Laufe der Jahre höchsten Persönlichkeiten bei Hof beziehungsweise keine einzige Person, die einen – zumindest persönlichen – Einfluss bei Hof hatte, war der klerikalen Seite zuzurechnen. Wie der Kaiser waren alle hohen Hofchargen gläubige Katholiken, aber keinesfalls Klerikale. Im Gegenteil lehnten alle die Einflussversuche der Klerikalen ab, oder wurden von ihnen sogar angegriffen. Schon Graf Grünne versuchte in den ersten Regierungsjahren des Kaisers sämtliche Einflussversuche der Klerikalen abzuwehren und betrachtete den Kreis um die Kaiserinmutter als gefährlich. Auch Franz Liechtenstein stand dem Konkordat äußerst kritisch gegenüber.

Obersthofmeister Hohenlohe war von klerikaler Seite besonders massiven Angriffen ausgesetzt, nicht nur seine Abstimmung im Herrenhaus wurde nicht vergessen, Hohenlohes Familie wurde ebenso angegriffen. Anlässlich seiner Entsendung als Vertreter des Kaisers zum 25-Jahr-Jubiläum Papst Pius IX. 1871 nach Rom schrieb die römische Korrespondenz des Wiener „Vaterland": „Der Kaiser wünscht gewiss von Herzen dem Heiligen Vater alles Gute und sendet ihm daher ein eigenhändiges Gratulationsschreiben, aber Fürst Hohenlohe erweckt für seine eigene Person wenig Vertrauen. Denn man weiß im Vatikan gut, wie er im Herrenhause gegen das Concordat und für die Ehe- und Schulgesetze stimmte und daher mehreren Hofherren glauben machte, er stimme nach den Wünschen des Kaisers, weshalb sie auch seinem Beispiele folgten. Der Bruder des Gesandten, Fürst Clodwig, hat sich als bayrischer Ministerpräsident durch seinen Krieg gegen das Vaticanische Concil einen traurigen Namen gemacht, während Cardinal Hohenlohe, der dritte Bruder, da er den nunmehr excommunizierten Professor Friedrich zu seinem Theologen berief und noch immer mit ihm in freundschaftlicher Beziehung stehen soll, sich nicht wenig compromitierte."[191] Dass auch noch einer der Adjutanten Hohenlohes bei feierlichen Auftritten mit einer großen Medaille prunkte, auf der „Gottes Freund, der Pfaffen Feind" stand, wie die klerikale Presse verbreitete, tat dem Misstrauen der Klerikalen gegen Hohenlohe auch nicht gerade einen Abbruch.[192]

Auch Obersthofmeister Rudolf Liechtenstein, der vorletzte oberste Würdenträger des Hofes, war alles andere als klerikal. Der deutsche Botschafter, der Kaiser Wilhelm II. alles, was er in Wien über den Hof in Erfahrung bringen konnte, schleunigst schrieb, berichtete über Liechtenstein, er sei *„Freidenker und den Jesuiten sehr feind, doch zeigt er dieses Antlitz nicht jedem"*[193].

Der letzte Obersthofmeister, Fürst Alfred Montenuovo, wurde für die Öffentlichkeit geradezu zum Garanten, dass der um die Jahrhundertwende innerhalb der kaiserlichen Familie aufkommende Klerikalismus, der vor allem von Thronfolger Franz Ferdinand und von der Kaisertochter Marie Valerie getragen wurde, bei höfischen Entscheidungen nicht zum Zug kam. Denn mit den steigenden Einflussversuchen des Thronfolgers sahen auch jene plötzlich Aufwind, die im Hintergrund einiger Mitglieder des Kaiserhauses eine konservativ-klerikale Linie bei Hof stärken wollten. Franz Ferdinand und die Kaisertochter Marie Valerie, der einzige persönliche Kontakt des Kaisers, versuchten das klerikale Element zu stärken und den alternden Kaiser in diese Richtung zu beeinflussen. Die kritische Öffentlichkeit, die Verwaltungsspitzen und große Teile der aufgeklärten Aristokratie fürchteten den alten Kaiser schon im Fahrwasser der Klerikalen, allerdings scheiterte der Einfluss der Konservativen, denn Montenuovo schmetterte jeden Versuch einzelner Mitglieder des Kaiserhauses, Klerikale an bedeutende Stellen des Hofes zu bringen, kühl ab. Der Preis für seinen Widerstand war freilich hoch – der Thronfolger sollte Montenuovo bis an sein Lebensende hassen.

Die bedeutungsschwerste politische Demonstration des Hofes fand 1906/1907 statt. Das parlamentarische Leben war seit der berühmten „Badeni-Krise" von 1897 auf dem absoluten Tiefpunkt angelangt. Die Sprachenverordnung des Ministerpräsidenten Badeni, die die doppelsprachige Amtsführung (tschechisch und deutsch) in Böhmen und Mähren vorsah, führte nicht nur zu Demonstrationen in Wien und Prag, sondern auch zu einem Abgeordnetenhaus, das einem Narrenhaus glich. Deutschnationale Abgeordnete attackierten Abgeordnete der slawischen Völker. Schrei- und Rededuelle zwischen Deutschen und Tschechen sowie Saalschlachten waren an der Tagesordnung. Ministerbänke wurden gestürmt, die Manuskripte der Stenografen zerrissen. Als mit der Verjagung des Präsidiums und der Minister durch die Abgeordneten die Obstruktion einen Höhepunkt erreicht hatte, entschloss sich der Ministerpräsident, die parlamentarische Revolte mit Gewalt niederzuschlagen. Nach der Badeni-Krise arbeiteten die meisten der nun schnell wechselnden Regierungen zum Großteil nur mehr mit dem Notverordnungsrecht – dem berühmten Paragraphen 14.

Den bürgerlichen Parteien, die sich über zehn Jahre in der buchstäblichen Demolierung des Parlaments gegenseitig aufrieben und jegliche konstruktive Arbeit verhinderten, erwuchs über die Jahre ein Konkurrent, den sie durch die Verweigerung einer Wahlrechtsreform bis dahin erfolgreich vom Parlament fernhalten konnten: die Arbeiterschaft, eine nicht mehr zu unterschätzende Massenbewegung.

Und nun geschah etwas, das die Parteien und auch breite Teile der Öffentlichkeit völlig überraschte: Der Kaiser wollte die Sozialisten ins Parlament holen. Er beauftragte seinen Ministerpräsidenten Beck, einen Gesetzesentwurf vorzubereiten, der das Wahlrecht auf jeden männlichen Bürger, der 24 Jahre alt war, ausdehnte. Die Mindeststeuerleistung, die man bisher erbringen musste, um an Wahlen teilzunehmen, sollte fallen.

Der Kaiser sah in den Sozialisten einen Katalysator für eine ordentliche Parlamentsarbeit. Bei einem derart mächtigen neuen Mitspieler mussten sich die viel zu selbstbewussten und disziplinlosen bürgerlichen Parteien mächtig anstrengen, um ihre starke

Der Kaiser bei der jährlichen Eröffnung des Reichsrats in der Hofburg

Stellung zu behaupten. Mit den Vertretern einer Massenbewegung als Konkurrent, so hoffte der Kaiser, würden die Parteien, da sie um ihr Überleben kämpfen mussten, endlich eine konstruktive Sachpolitik an den Tag legen.

Der Kaiser wollte, dass jeder über seinen Wunsch, dass die Wahlgesetze anstandslos angenommen werden, informiert war. Es war sein unbedingter Wille, dass das allgemeine Wahlrecht endlich angenommen wurde. Zur Abstimmung im Herrenhaus schickte der Kaiser jeden einzelnen verfügbaren hohen Würdenträger seines Hofes. Als selbst der berühmte Dandy, Oberststallmeister Prinz Ferdinand Kinsky, der in den letzten Jahren kaum das Parlament betreten hatte und sich bekannterweise nur für Pferde und Jagd interessierte, zur Abstimmung erschien und wie die anderen Hofbeamten deutlich für die Annahme des Wahlgesetzes stimmte, erzählte man sich in Wien lachend, dass der Kaiser sogar den kaiserlichen Stall mobilisiert habe, um die Wahlreform durchzubringen.

Im Jänner 1907 wurden die neuen Wahlgesetze vom Kaiser sanktioniert. Es entbrannte nun ein Wahlkampf, dessen Wucht bis dato in Österreich ohne Beispiel war. Eines zeichnete sich dabei klar ab. Die Politik war eine Sache der breiten Masse der Bevölkerung geworden: Die Sozialisten zogen als beinahe stärkste Gruppe in das neue Haus ein. Nach Jahren der Obstruktion war in Österreich nun wieder ein Klima der Arbeitswilligkeit und patriotischen Grundstimmung im neuen Parlament zu konstatieren.

Franz Joseph hatte sein ganzes Leben lang ressortfremde Interventionen seiner engsten Umgebung verurteilt, und doch sollte er mitten im Ersten Weltkrieg in seinem letzten Lebensjahr erleben, dass sich ein Obersthofmeister ungefragt und ungebeten auf politisches Terrain begab. Alfred Montenuovo wagte das bisher Unmögliche und verließ als erster Obersthofmeister sein eng gestecktes, genau definiertes Aufgabengebiet bei Hof. Er wollte einen Regierungswechsel herbeiführen und den amtierenden Ministerpräsidenten Graf Stürgkh, der seit 1914 unter Ausschaltung des Parlaments mit dem Notverordnungsrecht regierte, stürzen und Ernst Koerber als Nachfolger durchsetzen.

Montenuovos Motive für einen Regierungswechsel waren einerseits die Sorge um die Konstitutionalität oder zumindest die Rücksicht auf die öffentliche Meinung, die immer erhitzter wurde, andererseits die Durchsetzung einer besseren Lebensmittelversorgung der österreichischen Reichshälfte, die immer bedenklicher unter der Lebensmittelknappheit litt. Ministerpräsident Stürgkh deckte im Interesse des inneren Friedens die „Politik der agrarischen Bereicherung" die die ungarischen Vertreter betrieben. Die Mangel- und Teuerungsverhältnisse auf österreichischem Gebiet hatten nicht nur den Widerstand Montenuovos, sondern auch jenen von Mitgliedern des Herrenhauses hervorgerufen. Eine Herrenhausverschwörung, über die der Obersthofmeister bestens informiert war, blieb ohne Erfolg, und auch der letzte Versuch der Gruppe, Montenuovo beim Kaiser vorstellig werden zu lassen, blieb erfolglos. Franz Joseph hielt an seinem Ministerpräsidenten fest. Bemerkenswert bleibt der einzige Versuch eines Regierungswechsels durch einen Obersthofmeister des Kaisers allemal und bestätigte einmal mehr, dass Franz Joseph bis zu seinem Tod seine politischen Entscheidungen völlig unabhängig und von seiner engsten Umgebung unbeeinflusst traf.

XIII
Zeitenwechsel – der Hof in der Krise

*Der kranke Obersthofmeister schult seinen Nachfolger
ein – Prinz Rudolf Liechtenstein – Obersthofmeister
Konstantin Hohenlohe stirbt – Korruption in der Hofwirtschaft – Der Kanzleidirektor greift hart durch – Der Selbstmord des Oberstküchenmeisters – Alle Hofabteilungen
werden streng geprüft – Verwarnungen wegen der schmutzi-
gen Hofwäsche – Sparmaßnahmen – Die Küchenkatzen
fallen dem Sparpaket zum Opfer – Mäuseplage in der
Hofburg – Schlägerei in der Generalintendanz – Unstandesgemäße Vermählungen – Der Kaiser im Zwiespalt zwischen
Tradition und Öffnung – Die Hofwürdenträger kritisieren
die jungen Habsburger scharf*

Kurz vor der Jahrhundertwende schlitterte der Hof nicht nur in
eine schwere Verwaltungskrise, auch durch die kaiserliche Familie ging ein Generationenriss, der zu massiven staatsrechtlichen
und zeremoniellen Konflikten führte. Obersthofmeister Konstantin
Hohenlohe, der für mehr als 25 Jahre die Hofverwaltung straff in
seinen Händen gehalten hatte, wurde zu Beginn der 1890er Jahre
schwer herzkrank. Er versuchte zwar durch ausgiebige Kuren in
Karlsbad und Marienbad sowie durch ständig steigende tägliche
Dosen von Digitalis, dem einzigen Herzmittel, das die Medizin
des 19. Jahrhunderts kannte, seine Krankheit so weit unter Kontrolle zu haben, dass er seiner Arbeit nachgehen konnte, um 1895
aber war der schwerkranke Mann gesundheitlich nicht mehr in
der Lage, weiterhin 15 bis 18 Stunden täglich zu arbeiten.

In seinen letzten Lebensjahren versuchte Hohenlohe deshalb seinen präsumtiven Nachfolger Prinz Rudolf Liechtenstein
immer mehr in die Tätigkeiten des Obersthofmeisteramtes einzubinden. Schon seit einigen Jahren gab es ein unausgesprochenes
Einverständnis, dass Liechtenstein einst der nächste Obersthofmeister werden würde. Er stand sowohl mit dem Kaiser als auch
mit der Kaiserin in freundschaftlichem Kontakt, war loyal, hatte
ein freundliches Wesen und war – was für einen Obersthofmeister wichtig war – von höchster Abstammung. Als Mitglied eines

Konstantin Hohenlohe in seinen letzten Lebensjahren

fürstlichen Hauses würde er wie Hohenlohe die Spitzenposition des Hofes unangefochten einnehmen können. Die de facto noch nicht ausgesprochene, aber selbst dem letzten Diener bekannte bevorstehende Ernennung Rudolf Liechtensteins zum nächsten Obersthofmeister war ein reiner Freundschaftsdienst des Kaisers.

„Rudi", wie er vom Kaiserpaar liebevoll genannt wurde, hatte dem Kaiser und der Kaiserin unzählige Freundschaftsdienste erwiesen, er war ihnen eine Stütze nach dem Tod des Kronprinzen, wurde häufig für vertrauliche Missionen eingesetzt und lebte ganz für seinen Monarchen. An den Hof selbst banden ihn neben seiner Treue für das Kaiserpaar weder Hoffnung auf Einfluss oder Macht, sondern eher noch finanzielle Motive. Denn Liechtenstein entstammte zwar der vermögenden Nebenlinie des Hauses, war aber nur der zweitgeborene Sohn und hatte dadurch keinen Anspruch auf das große Erbe.[194] Er lebte von einer kleinen Apanage, die ihm sein nach einer schweren Kopfverletzung sonderlich gewordener Bruder gewährte, der entgegen dem letzten Willen seines Vaters nicht zugunsten Rudolfs auf sein Erstgeburtsrecht verzichtete, sondern seinen jüngeren Bruder extrem kurz hielt. Jedermann bei Hof wusste um die engen finanziellen Verhältnisse Rudolf Liechtensteins. Wegen seiner bescheidenen und liebenswürdigen Art wurde er allgemein bedauert, ob seiner persönlichen Genügsamkeit aber auch hoch respektiert. Elisabeths Hofdame über die Wahrnehmung Liechtensteins durch die Höflinge: *„Er lebte nun sehr einfach in seinem Hause in Pardubitz mit verschlissenen Tapeten, aber er hatte sich, um mich so auszudrücken, einen philosophischen Frack angeschafft, das heißt, er schwang sich zu voller Genügsamkeit empor, erklärte, seine Bedürfnisse seien nicht größer, und gewann so jedermann durch seine Vornehmheit."* [195]

Der Kaiser, der von der schlechten finanziellen Lage Liechtensteins wusste, wollte seinen Vertrauten absichern und übergab ihm zuerst die Stelle des Oberststallmeisters, womit er zumindest ein Einkommen von ungefähr 6.000 Gulden erhielt, und baute ihn gleichzeitig zum präsumtiven Nachfolger Hohenlohes auf. Liechtenstein war mit Hohenlohe eng befreundet, er ging in seinem Haus ein und aus. Es gab keinerlei Eifersucht von Seiten Hohenlohes, dieser versuchte im Gegenteil Rudolf Liechtenstein immer mehr in die Arbeit eines Obersthofmeisters einzubinden. Liechtenstein jedoch konnte sich mit dem enormen Arbeitspensum eines Obersthofmeisters nicht anfreunden: Er interessierte sich schlicht nicht für die Agenden.

Rudolf Liechtenstein mag einer der liebenswürdigsten und treuesten Männer um den Kaiser gewesen sein, eines war er leider definitiv nicht: ein guter Verwalter. Er hatte – anders als Hohenlohe – nicht einmal ein minimales Interesse für den administrativen Ablauf des Hofes. Er gedachte seine Rolle als Obersthofmeister wie vor 100 Jahren zu spielen, als Vorsteher seines Stabes, der von administrativem Kleinkram verschont war. Die Freundschaft zum fleißigen, in seiner überkorrekten Leitung des Obersthofmeisteramtes berüchtigten Hohenlohe färbte auf Liechtenstein nicht ab. Liechtenstein zählte auf die von Hohenlohe herangezogenen Spitzenbeamten, die das Tagesgeschäft führen würden, und widmete sich weiterhin ausschließlich der einzigen Tätigkeit, die ihn interessierte: der Leitung des kaiserlichen Marstalls.

Im Februar 1896 starb Prinz Hohenlohe. Er hatte dem Kaiser 30 Jahre als dessen Obersthofmeister gedient. Der deutsche Botschafter Eulenburg schrieb nach der Todesnachricht in sein Tagebuch: *„Ein schwerer Schlag für Kaiser Franz Joseph, dessen Freund er durch alle traurigen Zeiten seiner Regierung war."* [196] Hohenlohes Begräbnis fand vier Tage nach seinem Tod in Wien statt. Seine Beerdigung war ein diplomatisches Großtreffen. Konstantin Hohenlohes Bruder, der deutsche Reichskanzler, Chlodwig Hohenlohe-Schillingsfürst kam zum Begräbnis, und Kaiser Wilhelm II. schickte seinen Botschafter. Trauerkundgebungen kamen aus Künstler- und Schriftstellerkreisen. Das Protokoll zu den Begräbnisfeierlichkeiten wurde in der Wiener Zeitung veröffentlicht, denn das Begräbnis eines kaiserlichen Obersthofmeisters war ein zeremonielles Großereignis. [197]

Konstantin Hohenlohe war der Bedeutendste aller Obersthofmeister unter Kaiser Franz Joseph. Mit seinem Tod endete auch die Hochblüte des Hofes unter Kaiser Franz Joseph. Schon mit Hohenlohes krankheitsbedingtem Rückzug hatte sich gezeigt, wie sehr er über mehr als 30 Jahre sämtliche Fäden des Hofes fest in seiner Hand gehalten hatte. Er allein hatte garantiert, dass bis ins kleinste Eckchen der Hof funktionierte, gut wirtschaftete und jegliche Auswüchse und Korruptionen verhindert wurden. Sein Nachfolger Liechtenstein war zwar beliebt, schnell zeigte sich aber, dass die Fußstapfen seines Vorgängers zu groß für ihn waren. Selbst seine Freunde sagten: *„Als Obersthofmeister war er eigentlich nicht auf seinem Platze. Er hatte eine zu große Denkungsart für dieses Amt. Es war ihm innerlich vollständig gleichgiltig (sic), ob die Fürstin X bei Hofe der Fürstin Y voran ging und ob die Etikette mehr oder weniger eingehalten wurde. In dieser Hinsicht war er das gerade Gegenteil des Fürsten Hohenlohe."* [198]

Der Tod Hohenlohes führte zu einer schweren Krise des Hofes, die zeigte, dass die Persönlichkeit Hohenlohes bisher garantiert hatte, dass Verschwendung, Misswirtschaft und Korruption nicht greifen konnten. Der neue Obersthofmeister Fürst Liechtenstein verließ sich ganz auf die Beamten seines Vorgängers. Seit Beginn der Krankheit Hohenlohes hatte die Direktion des Obersthofmeisteramtes, in der ausschließlich seine bürgerlichen Vertrauensleute saßen – Männer, die er über die Jahre gezielt an den Hof gezogen und ausgebildet hatte –, die eigentliche Leitung des Hofes inne. Selbstständig wie nie zuvor verwalteten und überwachten Hohenlohes Beamte, die nicht mehr als zehn Personen zählten, alle Abteilungen ganz im Sinne ihres verstorbenen Herren, und griffen bei Bedarf selbstständig und hart durch – gedeckt vom neuen Obersthofmeister, gehasst von den adeligen Hofwürdenträgern, denen es übel aufstieß, dass Bürgerliche ihre Arbeitsweise überprüfen wollten.

An der Spitze der Direktionsbeamten stand Hofrat Franz Wetschl, genannt „der Sparmeister". Er hatte damals bereits seit einiger Zeit das Hofwirtschaftsamt und die Hofküche im Verdacht, nicht ordentlich zu wirtschaften. Die Abrechnungen zeigten immer mehr Ungenauigkeiten, die Kosten explodierten. Wetschl setzte verstärkt den Hofcontrollor auf den Oberstküchenmeister Graf Heinrich Wolkenstein an, den er verdächtigte, seine eigenen Beamten und Angestellten nicht mehr unter Kontrolle zu haben. Im Hofwirtschaftsamt waren massive Unregelmäßigkeiten im Einkauf und der allgemeinen Verrechnung festgestellt worden. Bei den Einkaufsabrechnungen stach eine Diskrepanz förmlich ins Auge: Die Ausgaben blieben gleich hoch, die Menge der teureren Lebensmittel blieb seit einiger Zeit jedoch auf einem niedrigeren Niveau als sonst – durch Nachkäufe mussten Engpässe vermieden werden. Für den gleichen Betrag wurde offenbar weniger geliefert.

Eine Überprüfung der Lieferscheine zeigte jedoch, dass in letzter Zeit stets die gleiche Menge an Fleisch und Gemüse geliefert worden war, immer abgezeichnet vom Chefkoch, der bei der Lieferung stets anwesend zu sein hatte, um die Qualität der gelieferten Waren und die Richtigkeit der Liefermenge zu kontrollieren. Diebstahl in so großen Mengen war eigentlich ausgeschlossen, da nur der Chefkoch, die Offizien des Hofzehrgaden, also die Arbeiter, die in der höfischen Speisekammer ihren Dienst versahen, und der Hofcontrollor Zutritt zum Lagerraum mit den immens teuren Zutaten hatten. Auch mussten jene Köche, die im Auftrag der Küche Zutaten aus dem Hofzehrgaden holten, die Übergabe jedes Mal abzeichnen lassen. Dass sich Diener oder hoffremde Personen heimlich Zugang in die streng versperrte Speisekammer verschaffen konnten, war fast unmöglich.

Nach intensiven Nachforschungen und Beobachtungen stellte sich heraus, dass der Chefkoch des Hofes selbst gemeinsam mit einem Fleischzulieferer und Mitarbeitern des Hofzehrgadens bereits über einen längeren Zeitraum hinweg den Hof betrogen hatte. Sie zweigten in großem Umfang Fleischlieferungen ab, indem der Hof stets den vollen Betrag bezahlte, jedoch weniger geliefert bekam. Da der Chefkoch die Waren persönlich übernahm, konnte niemand merken, dass weniger Waren geliefert als bezahlt wurden, die Arbeiter der Hofspeisekammer waren eingeweiht. Das nicht gelieferte, aber vom Hof bezahlte Fleisch wurde vom Chefkoch und dem Lieferanten unter der Hand an Restaurants verkauft, was beiden ein mehr als einträgliches Zusatzgeschäft einbrachte. Die Mitwisser im Hofzehrgaden wurden mit kleineren Beträgen zum Schweigen verpflichtet.

Auch die anderen Abrechnungen zeigten, nachdem sie erst einer Sonderprüfung unterzogen worden waren, beträchtliche Ungereimtheiten. Vor allem aber stellte sich heraus, dass die Rechnungsprüfung von den Beamten des Oberstküchenmeisters sehr nachlässig geführt wurde und erst dies zu derart groben Auswüchsen führen konnte.

Der Erste Chefkoch und seine Mitwisser wurden sofort pensioniert. Man versuchte, die peinliche Angelegenheit nicht nach außen dringen zu lassen. Der Hof schaltete weder die Polizei ein, noch wurden die Betreffenden unehrenhaft entlassen. Der Hofkoch erhielt seinen vollen Pensionsanspruch und wurde ohne gröbere Konsequenzen von seiner Tätigkeit enthoben.[199] Die Mitschuldigen aus der Vorratskammer, die beweisen konnten, dass der Betrug nicht ihrer Eigeninitiative entstammte, wurden nicht entlassen, sondern sofort nach Schönbrunn in eine andere Tätigkeit gewiesen. Mit diversen Dienern aus anderen Hofstäben wurde ein neues Team in der kaiserlichen Vorratskammer zusammengestellt – alte Seilschaften wurden somit komplett zerschlagen.[200]

Als dieser Korruptionsfall im Obersthofmeisteramt bekannt wurde, war die Direktion wie aufgeschreckt. Wenn es möglich war, dass unter den Augen von mehreren Vorgesetzten derartige Dinge geschehen konnten, dann deutete dies auf eine massive Führungsschwäche des Oberstküchenmeisters, dem die Hofküche und der Hofzehrgaden unterstanden, hin. Hofrat Wetschl ging hart gegen das Büro des Oberstküchenmeisters vor. Über den Kopf von Graf Wolkenstein hinweg ließ Hofrat Wetschl nicht nur sämtliche wesentlichen Agenden der Hofküche von seinen eigenen Beamten überprüfen und Wolkensteins Beamte, denen nichts von dem Betrug aufgefallen war, pensionieren, er leitete auch den gesamten Geschäftsverkehr des Obersthofmeisteramtes direkt an den Hofcontrollor – der Oberstküchenmeister war also kalt- und deutlich bloßgestellt.[201] Die Stellung Graf Wolkensteins, der persönlich nichts mit den Betrügereien in der Hofküche zu tun hatte, war durch das harte Vorgehen Hofrat Wetschls (der allerdings stets im Einverständnis mit dem Obersthofmeister gehandelt hatte), der ihm jede amtliche Kompetenz in seinem Departement genommen hatte, unhaltbar geworden. Er trat zurück, wurde vom Kaiser aber mit einem anderen Hofamt sowie einer Lohn-erhöhung bedacht. Franz Joseph wollte nicht, dass Wolkenstein, dessen Fehler schlicht Überforderung in seinem Amt war, unter einer üblen Nachrede zu leiden habe. Doch nur wenige Wochen nach Wolkensteins Ernennung zum Oberstjägermeister platzte bei Hof und in der Gesellschaft eine Bombe: Der ehemalige Oberstküchenmeister hatte sich umgebracht! Verschiedene Gründe hatten zu dieser Tat geführt. Wolkenstein hatte sich in seinem neuen Ressort, dem Oberstjägermeisteramt, überfordert gefühlt, die Schande über die Unordnung und Verschwendung, die in seinem alten Ressort aufgedeckt worden waren, hatten immer noch nachgewirkt. Hinzu waren finanzielle Schwierigkeiten gekommen. Dass sich ein hoher Würdenträger des Hofes umbrachte, war für den apostolischen Hof extrem peinlich, die Berichterstattung war allerdings erstaunlich zurückhaltend, als ob der Hof alles getan hätte, um den Tratsch über den tragischen Selbstmord und die Hintergründe im Zaum zu halten.

Die Folge der aufgedeckten Missstände im Hofwirtschaftsamt war eine durchgreifende Kontrolle aller Abteilungen bei Hof. Die Jahresabschlüsse mussten nun pünktlichst abgegeben werden, bei jeder einzelnen Transaktion musste der Name des betreffenden Beamten angeführt sein, um künftig rasch einen Geschäftsgang nachvollziehen zu können.[202] Die Abrechnungsbücher aller Abteilungen wurden einer gründlichen Kontrolle unterzogen. Es stellten sich zwar nirgends mehr finanzielle Ungereimtheiten heraus, allerdings konnte festgestellt werden, dass der Umgang mit Hofvermögen als durchaus leger zu bezeichnen war. Alte oder nicht mehr intakte Gegenstände wurden nach Gutdünken der Diener selbst ausgemustert – was hieß, dass sie ungefragt in Privatbesitz übernommen wurden.[203]

Vielerorts wurde mit Hofvermögen derart nachlässig umgegangen, dass Hofrat Wetschl eine scharfe Verwarnung aussprach. Bei der Inventur der kaiserlichen Wäschekammer, die nun ebenfalls über ihren Wäschestand genauestens Buch führen musste, zeigte sich, dass das Personal derart schleißig mit der Hofwäsche umging, dass der Großteil der sehr teuren Stücke völlig verschmutzt und zerrissen wieder zurückkam. Hofrat Wetschl schrieb einen scharfen Vortrag an sämtliche Abteilungen des Hofes und verfügte, dass ab sofort bei der Ausleihe der Name des Betreffenden dazugeschrieben werden müsse, um bei unnötiger Beschädigung die Kosten vom Verursacher zu holen.[204]

Hofrat Wetschl nahm die Generalüberprüfung auch zum Anlass, die Hofkosten, die im letzten Jahrzehnt deutlich gestiegen waren, wieder einmal zu senken. In den folgenden drei Jahren versuchte Wetschl durch verschiedenste Maßnahmen, Einsparungen vorzunehmen. Neben den üblichen Einsparungen bei den einzelnen Stäben, die oft nur minimal sein konnten, ging Wetschl nach Meinung vieler Hofbediensteten zu weit und erließ oft kleinliche und kaum einträgliche Maßnahmen. So durfte bei Hofdiners nur eine Flasche Champagner eingeplant und gekühlt werden – bis bei einem Diner zu Ehren des Deutschen Kaisers mehr als üblich getrunken wurde, aber einfach kein Nachschub da war. Eine zweite, leider warme, Flasche musste erst aus dem Keller geholt werden. Bei den Gästen entstand der Eindruck eines knausrigen Hofes, der nicht einmal zwei Flaschen Champagner für einen Kaiser spendieren wollte. Dass Wetschl nun ebenfalls die Reste der Hofdiners extra verkaufen ließ, *„ein Hühnerbeim um 60 Heller"*, sorgte außer für Spott für keine nennenswerten Einnahmen. Auch abgebrannte Kerzenstümpfe aus den Zimmern der hohen Gäste (denn kein hoher Gast bekam halb abgebrannte Kerzen) mussten nun abgeliefert und verwertet werden – bis dahin bedienten sich stets die Lakaien und Diener an den Kerzenresten.[205]

Eine viel belachte Sparmaßnahme Wetschls war die Reduktion der Katzen in den Höfen der Hofburg, die die Küche hielt, um der Mäuseplage Herr zu werden. Wetschl befand, dass das Futter der Katzen (das aus Küchenresten bestand) dem Hof zu teuer käme, und ließ die Katzen entfernen. Schon nach wenigen Wochen wimmelte es nur so vor Mäusen, deren Population sich in Ermangelung ihrer bisherigen natürlichen Feinde vervielfacht hatte. Zum Stadtgespräch wurde die Mäuseplage und damit Hofrat Wetschls Sparprogramm, als anlässlich eines Hofkonzerts, bei dem die gesamte Hofgesellschaft im Zeremoniensaal versammelt war, eines der Mäuschen für Wirbel sorgte. Die Damen, die spürten, wie etwas unter ihren Röcken herumlief, sprangen mitten im Konzert auf und störten die Darbietungen, ein Raunen ging durch die Menge, hin und wieder gab es einen Aufschrei, dazwischen verhaltenes Gelächter. Der Oberstzeremonienmeister, der neben dem Kaiser stand und sich über das eigenartige Verhalten der Zuseher wunderte, wusste nach einigen Minuten, was der Grund für die Unruhe war: Plötzlich saß nämlich ein Mäuschen vor dem Thronsessel des Kaisers und blickte diesen ruhig an. Der Oberstzeremonienmeister verjagte mit einer noblen Geste die Maus, die sich glücklicherweise zurückzog. Die Wiener, die so gerne jeglichen Tratsch vertonten, verpackten die Geschichte von der Maus vor dem Kaiser in ein Couplet, das in Wien in Runde ging. Der Schluss des langen Gesangs-Gedichts war:

> *„Ein Herr sprach nach dem Konzerte*
> *Zu einer Dame voller Huld:*
> *An allem, meine Verehrte,*
> *ist Hofrat Wetschl schuld.*
> *Das Mäuslein konnte finden*
> *Den Weg in die Hofburg glatt,*
> *weil er aus Ersparungsgründen*
> *die Katzen entlassen hat!"* [206]

Nicht nur im Hofwirtschaftsamt gab es Probleme, auch in der Generalintendanz der Hoftheater, die dem Obersthofmeisteramt unterstand, kam es zu einigen peinlichen Zwischenfällen. Zwischen Generalintendanz, Direktoren und Schauspielern gab es stets wechselnde Streitigkeiten und Gejammer bezüglich Bevorzugungen. Gegen Ende der 1890er Jahre nahmen die ewigen Streitereien und Eifersüchteleien Ausmaße an, die das öffentliche Ansehen der Hofbehörden schwächten. Protektionsvorwürfe in der Besetzungspolitik hielten sich nun schon einige Zeit, Beschwerdebriefe über die Eigenmächtigkeiten des Generalintendanten trudelten in großer Zahl beim Obersthofmeister ein. Der Hof hielt seinem Generalintendanten, Hofrat Eduard von Wlassack, einem Protegé von Obersthofmeister Hohenlohe, stets die Stange. Doch ein privater Zwischenfall führte zu heftigem Klatsch in der Kulturszene: Der Generalintendant hatte in seinem Büro den Hofopernsänger Sommer während eines Streits mit einem Schlagring verletzt –

Der Kanzleidirektor des Obersthofmeisteramtes Hofrat Franz Wetschl in seinem Büro

ein Vorfall, der sogar zu einem Gerichtsverfahren wegen Körperverletzung führte.[207] Wlassack wurde trotzdem nicht abgesetzt.

Nicht nur Vorgänge in der Hofverwaltung, auch jene in seiner Familie bereiteten dem Kaiser Sorgen. Um die Jahrhundertwende mehrten sich die unstandesgemäßen Heiraten unter den Habsburgern. Der Wunsch nach individuellem Lebensglück abseits des Hofes, aber auch der rein pragmatische Aspekt, dass die Zahl der regierenden Häuser (die als Einzige Heiratspartner für Habsburger stellen durften) und dadurch die Zahl der potentiellen Heiratspartner immer mehr abnahm, führte zu einer steigenden Anzahl an morganatischen Ehen und daraus folgenden Kaiserhausaustritten. Dass mehrere Enkelinnen des Kaisers unebenbürtig heirateten, fiel nicht so stark ins Gewicht wie die morganatischen Ehen der männlichen Habsburger.

Die große Anzahl der unebenbürtigen Vermählungen stellten den Kaiser und den Hof vor einen Scheideweg. Sollte man die Ebenbürtigkeitsfrage gelassener betrachten und sich öffnen? Damit musste man aber auch zugeben, dass die Sonderstellung, die teils mystische Erhöhung des Erzhauses, die sich vor allem im Zeremoniell sichtbar niederschlug, nicht mehr aufrechtzuerhalten war. Je mehr sich der hohe Anspruch auf Abgrenzung verwässerte, desto mehr wurden die althergebrachten Traditionen bei Hof zur Zielscheibe der Kritik. Franz Joseph erkannte die Gefahr, die in der Lockerung der Hausgesetze steckte – die Folgeschäden dieser individuellen, nur auf das persönliche Glück ausgerichteten Selbstverwirklichung. Das Haus Habsburg und der Hof mussten mit zunehmender Kritik rechnen – würden die hohen Ansprüche, die eine exklusive Sonderstellung verlangten, nicht erfüllt werden, würde der Sinn dieser Vorrechte in Zukunft massiv in Frage gestellt werden.

Kaiser Franz Joseph erschien vielen zu hart in diesen Fragen, denn er verlangte ausnahmslos von jedem Mitglied des Kaiserhauses, das sich nicht an seine Beschlüsse hielt und ohne vorherige Zustimmung heiratete, eine Verzichtserklärung auf die Zugehörigkeit zum Erzhaus. Lediglich bei den weiblichen Mitgliedern seines Hauses war Franz Joseph etwas sanfter. Sie durften heiraten und oftmals auch den Titel „kaiserliche Hoheit" behalten. Doch seinen männlichen Neffen und Großneffen, die sich nicht an die habsburgischen Ehebestimmungen hielten, grollte er. Der Kaiser konnte ein bedingungsloses Beharren auf persönliches Glück abseits der Hausgesetze nicht nachvollziehen. Er selbst war ein Vorbild an Pflichterfüllung, ein Meister der Selbstdisziplin, der niemals die Vorteile seiner Stellung ausnutzte. Er verzichtete auf jegliches Privatleben zugunsten seiner Dynastie, er lebte nur mehr für den Erhalt der Monarchie.

Neben dieser rigorosen Amtsauffassung des Kaisers mussten jene Erzherzöge, die sich den Familienstatuten durch unstandesgemäße Heiraten entzogen, in den Augen der Hofwürdenträger schlecht abschneiden. Für sie war das Streben nach individuellem Lebensglück reine Pflichtvergessenheit und Mitgliedern des Kaiserhauses nicht würdig. Sie hielten mit ihrer Kritik nicht zurück. Obersthofmeister Liechtensteins giftiger Kommentar über eine weitere unstandesgemäße Heirat innerhalb der kaiserlichen Familie (diesmal handelte es sich um Erzherzog Ferdinand, den jüngsten Bruder des Thronfolgers Franz Ferdinand, der eine Bürgerliche heiraten wollte): *Also hätten wir wieder eine unerquickliche Heirath zu behandeln, aber Gott sei Dank ohne meine Intervention.*

Diesmal ist der Versuch gemacht worden, den Bock zum Gärtner zu machen (denn Franz Ferdinand, der selbst eine unstandesgemäße Ehe führte, sollte seinen Bruder zum Verzicht seiner Heirat überreden, Anm.), *und es würde wahrscheinlich nicht schaden, wenn der Bock den ganzen Garten auffressen würde, in dem doch nur Unkraut wächst ... Mir ist schon einerlei, wer noch Alles dumme Heirathen macht, denn die Gefahr für die Zukunft wird nicht mehr dadurch vergrößert und wenn auch Eh. Ferdinand eine ebenbürtige Heirath macht, würden höchstens einige Alkohol-Kinder mehr da sein und das ist wirklich ein minderer Gewinn.*" [208]

Diese scharfen Worte von einem der treuesten Gefährten des alten Kaisers zeigen die Risse, die auch in den Beziehungen zwischen den Hofwürdenträgern und der nachkommenden Generation des Kaiserhauses immer deutlicher sichtbar wurden. Derart harte Worte gegenüber Mitgliedern des Kaiserhauses wären 50 Jahre davor undenkbar gewesen. Nicht einmal in ihren Tagebüchern hätten die Aristokraten es gewagt, so über Mitglieder der kaiserlichen Familie zu schreiben. Doch die Weigerung vieler junger Erzherzöge, sich gemäß ihrer Stellung zu verhalten, führte zu Loyalitätskonflikten mit der Hofgesellschaft. Dass der Adel derart treu und loyal seinem Monarchen ergeben war, hing nicht zuletzt mit der Tatsache zusammen, dass Franz Joseph eine unvorstellbare Vorbildwirkung hatte. Gegenüber einer nachkommenden Generation, die sich – so musste es zumindest vielen vorkommen – aus ihrer Verantwortung stahl, fiel die bedingungslose Ergebenheit, die man Franz Joseph noch so leicht entgegenbrachte, natürlich wesentlich schwerer.

XIV
Die letzten Jahre unter Kaiser Franz Joseph

Der alte Kaiser vereinsamt – Obersthofmeister Liechtenstein beschwichtigt die beleidigte Katharina Schratt – Fürst Alfred Montenuovo wird letzter Obersthofmeister – Die Feindschaft zwischen Obersthofmeister und Thronfolger – Die unstandesgemäße Heirat Franz Ferdinands sorgt für zeremonielle Schwierigkeiten – Unüberbrückbare Differenzen spalten den Hof – Schwere gesundheitliche Krise des Kaisers – Der Kontakt mit dem Kaiser wird beschränkt – Das Begräbnis des ermordeten Thronfolgers sorgt für Unmut – Öffentliche Kritik am strengen Hofzeremoniell – Die sozialistische Arbeiterzeitung verteidigt Kaiser und Hof – Der ganze Hof kümmert sich um den alten Kaiser – Der Tod Kaiser Franz Josephs

Kurz vor dem Jahrhundertwechsel begann eine schwere private Krise des Kaisers. Kaiserin Elisabeth, trotz aller Extravaganzen immer seine große Liebe, war im Vorjahr ermordet worden. Sein einziger Sohn war tot, seine Töchter fern von Wien verheiratet, seine geliebten Enkelkinder sah er nur an hohen Festtagen. Der einzige persönliche Kontakt, der den Kaiser zumindest kurzweilig aus seiner trüben Stimmung reißen konnte, war die Burgschauspielerin Katharina Schratt, die „gnädige Frau", die „liebe, gute" Freundin des Kaisers. Doch diese einzige Freundschaft, die der Kaiser gezielt suchte – der sich ansonsten die meisten Menschen auf Distanz hielt, teils damit niemand die Nähe zum Kaiser ausnutzen konnte, teils weil Franz Joseph Schwierigkeiten hatte, in näheren Kontakt zu anderen Menschen zu treten –, drohte um die Jahrhundertwende zu zerbrechen.

Als nach dem Tod der Kaiserin, unter deren Patronanz die Freundschaft zwischen dem Kaiser und der Schauspielerin gedeihen konnte, Katharina Schratts Position bei Hof unhaltbar wurde, lief der Kaiser Gefahr, seinen einzig verbliebenen Sozialkontakt zu verlieren. Die Kaisertochter Marie Valerie zog sich vom Verkehr mit der Schauspielerin zurück. Sie wollte die Stelle einer Patronin der platonischen Freundschaft Kaiser–Schratt nicht einnehmen. Katharina Schratt bestärkte diese Haltung in ihrem Glauben, dass der Hof gegen sie arbeite, und wollte die Freundschaft mit dem Kaiser beenden, vor allem, weil sie sich ohne Rückendeckung der kaiserlichen Familie in einer peinlichen Situation wähnte – was für eine Frau der damaligen Zeit durchaus verständlich war.

Katharina Schratts Rückzug wurde von vielen mit Freude, teils auch Häme beobachtet. Die Freundschaft zwischen dem Monarchen und der Schratt war vielen ein Dorn im Auge. Der Angst um das Ansehen des Kaisers, Befürchtungen, dass die Schauspielerin ihre Position ausnutzen würde, aber auch simple Eifersucht, dass es ausgerechnet eine einfache Schauspielerin war, die einen persönlichen Zugang zum Kaiser hatte, führten zu einer Stimmungsmache gegen Katharina Schratt. Die Schauspielerin hatte nach dem Tod Elisabeths keinen Rückhalt mehr bei Hof. Sie begann sich vom Kaiser zu lösen, ging lange auf Reisen und ließ einen alten, vereinsamten Franz Joseph zurück.

In dieser Situation wurde Obersthofmeister Liechtenstein, seit 1896 Erster Mann am Hof, aktiv. Rudolf Liechtenstein war wohl nicht der Bedeutendste aller Obersthofmeister unter Franz Joseph, dafür interessierte er sich einfach zu wenig für die Verwaltung und das Zeremoniell. Er war aber definitiv derjenige, dem der Mensch Franz Joseph am meisten am Herzen lag. Liechtenstein sagte über sich selbst, er sei *„gern in der Nähe des Kaisers, nicht aus Patriotismus, sondern aus menschlicher Zuneigung"*[209]. Sah sich sein Vorgänger Hohenlohe als Erster Beamter seines Herrn, dessen Privatleben für ihn tabu war, der vor allem auch die Freundschaft mit der Schauspielerin Katharina Schratt ablehnte, so war Liechtenstein im Umgang mit der Freundin Franz Josephs wesentlich gelassener. Er versuchte als Einziger, die Differenzen zwischen dem Kaiser und Schratt zu bereinigen, vor allem als er sah, wie sehr der Kaiser unter dem Verlust seiner guten Freundin litt. Ihm tat sein Herr unendlich leid, er schrieb der Freundin der verstorbenen Kaiserin: *„Seine Majestät ist desperat und wird den Mangel an Erheiterung schwer ertragen ... Mir ist so bange vor dem Winter ... bei dem öden Leben noch die einzige Zerstreuung verlieren."*[210]

Liechtenstein ließ sich vom berühmt disziplinierten Auftreten des Kaisers nicht täuschen, er scheute sich nicht, die Kammerdiener Franz Josephs nach ihren Eindrücken über den Zustand

Obersthofmeister Prinz Rudolf Liechtenstein

des alten Kaisers zu fragen und berichtete: „*Von außen merkt man nichts, und das Publikum glaubt ihn gut aufgelegt, wenn man aber die Leute in der Kammer befragt, bekommt man etwas anderes zu hören.*"[211] Liechtenstein beschloss zu handeln. Er fühlte sich der verstorbenen Kaiserin verpflichtet, dem Monarchen das bisschen Sozialleben, das er brauchte, zu sichern. Wenn der Kaiser den täglichen Gugelhupf-Plausch im Wohnzimmer der „gnädigen Frau" als Kompensation seines einsamen Lebens brauchte, dann sollten alle Beteiligten angehalten werden, ihm dieses wieder zu ermöglichen.

Es entstand nun die skurrile Situation, dass ein Prinz Liechtenstein zwischen dem Kaiser, der Kaisertochter und einer Schauspielerin vermittelte. Die Kaisertochter Marie Valerie schrieb in ihr Tagebuch, dass Rudolf Liechtenstein brieflich angefragt hatte, inwieweit sie „*mitwirke, um Papa die in Sachen Schratt stets wiederkehrenden Aufregungen zu ersparen ... So steht er auf Seite des Mitleids für Papa ...*"[212] Er verhandelte mit der Kaisertochter, beschwor Katharina Schratt, weiterhin den Kaiser zu kontaktieren und informierte zwischendurch den Kaiser über seine Erfolge. Dieser schrieb an Katharina Schratt: *„Gestern kam Fürst Liechtenstein ... und gab mir beruhigende Auskünfte."* [213]

Liechtenstein konnte die gekränkte Schauspielerin endlich dazu bringen, den Kaffeeplausch wieder aufleben zu lassen. Um auch nach außen deutlich zu demonstrieren, wie anerkannt die Position der „Freundin" des Kaisers war, aber auch um zu verhindern, dass sich die Schauspielerin beim ersten Tratsch wieder vom Kaiser zurückzog, verkehrte er, Obersthofmeister Liechtenstein, der Erste Mann der Aristokratie, oft und für alle ersichtlich als Gast in der Hietzinger Villa der Schauspielerin. Er sah sich als Bindeglied zwischen dem Kaiser und der Schauspielerin – wohl auch, um bei den berüchtigten Krisen der Schauspielerin, die als letztes Druckmittel immer wieder lange Reisen einsetzte und so den Kaiser einsam zurückließ, rechtzeitig regulierend eingreifen zu können. [214] Liechtenstein verteidigte in der Öffentlichkeit stets die Freundschaft des Kaisers zur Schratt und nannte jene, die schlecht darüber dachten, *„oberflächliche, schablonenhafte Denker. Jeder, wie er kann ..."* [215]

Obersthofmeister Liechtenstein war zwar nominell der Erste Obersthofmeister, der wirkliche Verwalter des Hofes war seit 1898 aber Fürst Alfred Montenuovo, angeheirateter Neffe von Liechtenstein und entfernter Verwandter des Kaisers. Montenuovo war „Zweiter Obersthofmeister", eine Stelle, die es bis dahin am Wiener Hof nie gegeben hatte und deren Gründung einzig der Bequemlichkeit Liechtensteins und der Versorgung Montenuovos galt.[216] Die wirkliche Verwaltungsarbeit erledigte Montenuovo, Liechtenstein selbst präsidierte sein Amt – schreibend in der Direktion des Obersthofmeisteramtes wie seinen Vorgänger Hohenlohe sah man ihn nie, sondern nur Montenuovo, der alle Fäden in der Hand hielt.

Alfred Montenuovo, bis zum Tod Liechtensteins im Jahr 1908 Zweiter, ab diesem Zeitpunkt Erster Obersthofmeister, war der unbeliebteste Würdenträger, den der Hof je hatte. Interessanterweise lehnten nur die kaiserliche Familie und die Aristokratie Montenuovo ab, die Beamten und Diener schätzten ihn für seinen korrekten Arbeitsstil, vor allem aber dafür, dass er stets seine schützende Hand über sie hielt und bei Beschwerden und Einmischungen von dritter Seite stets auf ihrer Seite stand. Alfred Montenuovos Schwierigkeit im Umgang mit der Aristokratie wurzelte in seiner Herkunft, die eine genau definierte Stellung in der höfischen

Der letzte Obersthofmeister Kaiser Franz Josephs –
Fürst Alfred Montenuovo

Hierarchie schwierig machte. Denn Montenuovo war einerseits durch seine Großmutter Erzherzogin Marie Louise, die Tochter von Kaiser Franz und zweite Frau Napoleons, mit Kaiser Franz Joseph blutsverwandt – er war dessen Großneffe –, hatte aber doch für die Hofgesellschaft den Makel der illegitimen Geburt. Marie Louise, aus Gründen der Staatsräson blutjung mit Napoleon verheiratet, wurde nach Napoleons Verbannung nach St. Helena vom Wiener Kongress mit dem Herzogtum Parma bedacht. Getrennt von ihrem Sohn, der unter der Aufsicht des Wiener Hofes blieb, fühlte sich Marie Louise zu jung, um die trauernde Strohwitwe zu sein. Sie vergnügte sich mit einem der ihr zugeteilten Militärs, dem stattlichen Graf Adam Neipperg. Böse Zungen behaupteten freilich, es war Metternich selbst, der der berühmt männerfreundlichen Herzogin, deren Schwäche am Wiener Hof bekannt war, den schmucken Neipperg zuteilte, in der Hoffnung dass eine mit Liebesdingen beschäftigte Marie Louise eine fügsame Figur auf dem politischen Schachbrett wäre. Marie Louise gab sich den

Vergnügungen mit Neipperg aber zu schnell hin und stürzte ihren kaiserlichen Vater damit in ein Dilemma. Sie schenkte Neipperg zwei Kinder, während ihr noch immer rechtskräftig angetrauter Ehemann auf St. Helena schmorte (er sollte erst 1821 sterben). Die Kinder erhielten die Namen Montenuovo (die italisierte Form von Neippberg), und mit Alfreds Vater wurde die Familie 1864 auch in den Fürstenstand erhoben.

Die Familie Montenuovo nahm also eine eigenartige Zwischenposition in der höfischen Gesellschaft ein. Weder waren die Montenuovos als ebenbürtige Nachkommen der Habsburger noch als Aristokraten zu betrachten beziehungsweise wollten sie sich auch nicht auf einer Stufe mit dem Adel sehen, da sie habsburgisches Blut in sich hatten. Nicht wenige spätere Verurteilungen Alfred Montenuovos durch die Aristokratie sollten in dem Umstand wurzeln, dass er nie Teil der miteinander verschwägerten Aristokratie war. Seinen erbittertsten Feind hatte Montenuovo aber ausgerechnet im zukünftigen Kaiser. Thronfolger Franz Ferdinand hasste Montenuovo abgrundtief, denn dieser schmetterte jeden Versuch des Thronfolgers nach Mitsprache bei Hofagenden kühl ab. Franz Ferdinand hasste Montenuovo aber auch, weil er ihn als Obersthofmeister dafür verantwortlich machte, dass seine morganatische Ehefrau unter dem strengen Zeremoniell zu leiden hatte. Die Feindschaft zwischen Franz Ferdinand und Montenuovo war der Hofgesellschaft, aber auch der breiten Öffentlichkeit bekannt, und doch handelte es sich dabei um einen reinen Stellvertreterkrieg. Denn es war Kaiser Franz Joseph, der den ungeliebten Neffen von jeglicher Mitsprache fernhalten wollte. Spätestens seit Franz Ferdinands ertrotzter morganatischer Heirat wollte Franz Joseph so wenig Berührungspunkte wie möglich.

Der Anfang des schwierigen Verhältnisses zwischen Franz Ferdinand und den Hofchargen seines Onkels lag in der völlig unsensiblen Vorgangsweise des Hofes während der schweren Tuberkuloseerkrankung des Thronfolgers. Während Franz Ferdinand fern von Wien mit großer Disziplin gegen seine schwere Krankheit ankämpfte, bauten die Entscheidungsträger in Wien bereits dessen Bruder Erzherzog Otto zum nächsten Thronfolger auf. Er bekam einen vergrößerten Hofstaat, erhielt als Wohnsitz das repräsentative Augartenpalais, das nach dem Tod von Konstantin Hohenlohe verwaist war, und wurde mit Repräsentationsaufgaben überschüttet, so dass in der Öffentlichkeit nun der Eindruck einer völligen Ausschaltung Franz Ferdinands aus der Thronfolge entstand. Franz Ferdinand musste erleben, dass man ihn in Wien schon zu den Toten zählte. *„Ich bin physisch und vor allem moralisch gebrochen"* [217], schrieb der schwerkranke Thronfolger an eine Freundin.

Doch Franz Ferdinand verfügte über einen eisernen Willen. Nicht wenige waren überrascht, als er gesund wieder nach Wien zurückkehrte. Die Krankheit und die damit einhergehenden Kränkungen hatten Franz Ferdinands angeborenen Kampfgeist nur noch mehr gestärkt. Kaum zurück am Hof, begann er, sein Privatleben zu ordnen und mit aggressivem Verhalten seine Macht als Thronfolger auszuspielen. Um die Heirat mit seiner großen Liebe, der böhmischen Gräfin Sophie Chotek durchzusetzen, ging er sogar auf Konfrontation mit dem Kaiser. Er war weder bereit, seine Heiratspläne aufzugeben, noch auf seinen Thronanspruch zu verzichten. Er wollte beides; kein Zureden, keine Drohung konnten ihn von seinem Lebensplan abhalten. Franz Ferdinands Weigerung, sich an die Heiratsgesetze der Habsburger zu halten, stürzte den Kaiser in staatsrechtliche Probleme und den Hof in zeremonielle Komplikationen. Das Verhältnis zu seinem Onkel wurde durch seine ertrotzte Heirat nachhaltig und dauerhaft gestört. Eine morganatische Ehe des nächsten Kaisers von Österreich war für Franz Joseph keine persönliche Angelegenheit mehr, sondern warf grundlegende Fragen über die Zukunft des Hauses auf. Selbst die Kaisertochter Marie Valerie, die den strengen Heiratsvorschriften ihrer Familie stets kritisch gegenüberstand, sagte über die Heirat, sie wäre *„das Einzige, was noch fehlte, um den Fortbestand Österreichs und der Dynastie unmöglich zu machen"* [218].

Kaiser Franz Joseph fand sich nach vielen Diskussionen und Kämpfen zwar mit der unstandesgemäßen Hochzeit seines Neffen ab, er ließ Franz Ferdinand aber die vollen Konsequenzen seiner Entscheidung tragen. Seine Frau Sophie galt nicht als Mitglied des Kaiserhauses, sie stand im Rang hinter der jüngsten unverheirateten Erzherzogin und durfte deshalb bei offiziellen Auftritten nicht neben ihrem Mann auftreten. Verständlich, dass Franz Ferdinand entgegen seinem Versprechen doch immer wieder versuchte, für seine Frau, die unter den starren Rangvorschriften litt, eine Sonderstellung bei Hof zu erreichen – denn das höfische Zeremoniell ließ für derartige Sonderfälle keinen Spielraum.

Auch in der Öffentlichkeit führte die eigenartige Situation des Thronfolgers und seiner unebenbürtigen Frau zu Diskussionen, die nicht zuletzt die Frage aufwarfen, ob die Sonderstellung des Erzhauses und der höfischen Gesellschaft in einem modernen Verfassungsstaat nicht bereits anachronistisch war. Genau diese Fragen und Diskussionen über die Notwendigkeit eines überhöhten Erzhauses und eines Hofes, die durch das schwierige öffentliche Auftreten eines unstandesgemäß verheirateten Thronfolgers ausgelöst wurden, wollte man durch die strenge Einhaltung der Heiratsgesetze der Habsburger vermeiden. Wenn das Erzhaus nach außen demonstrierte, dass es den eigenen hohen Vorgaben nicht standhielt, konnten öffentliche Diskussionen, die durchaus auch dynastiefeindlichen Charakter hatten, nicht ausbleiben.

Obersthofmeister Montenuovo wurde oft unterstellt, Franz Ferdinand kränken zu wollen, indem er das strenge Zeremoniell gegen seine Frau ausspielte. Solche Urteile konnten jedoch nur aus mangelnder Kenntnis des höfischen Rangsystems resultieren. Das Zeremoniell konnte nicht willkürlich von seinen Hütern gebeugt werden. Macht und Legitimation des berühmten Zeremoniells lagen einzig in der strikten Einhaltung seiner Spielregeln. Der Zweck des strengen Wiener Hofzeremoniells war die Aufrechterhaltung einer Gesellschaftsordnung, die ein Rangwesen institutionalisiert hatte, um den Glanz und die Stellung des Herrscherhauses zu erhöhen. Wurde dieses strenge System, das die Herrscherfamilie weit über seine Umwelt hinaus in eine mystisch überhöhte Stellung brachte, von innen ausgehöhlt, so wurde sein Zweck vor den Augen aller ad absurdum geführt.

Franz Ferdinand forderte aber auch in seinem persönlichen Auftreten seiner Umgebung viel ab. Er war scharf im Umgang, fühlte sich schnell hintergangen und duldete nur Untertanenmentalität. Obersthofmeister Montenuovo wiederum brachte dem Thronfolger das gewünschte devote Verhalten einfach nicht entgegen. Er sah sich nur Franz Joseph gegenüber verpflichtet. Das Verhältnis zwischen Obersthofmeister Montenuovo – der sich als einer der wenigen nicht vor dem Thronfolger fürchtete und ihm gelassen gegenübertrat, was diesen wiederum bis aufs Blut reizte – und Franz Ferdinand wurde von Jahr zu Jahr schlechter.

Der Thronfolger war über die Härte und Konsequenz, die der Hof in zeremoniellen Angelegenheiten zeigte, verbittert. Er litt aber auch unter der Distanz, die Franz Joseph zu ihm hielt. Der Kaiser hielt seinen Nachfolger von allen politischen Aufgaben fern und schloss ihn von politischen Entscheidungen aus. Trotz aller Differenzen brachte Franz Ferdinand seinem Onkel scheue Ergebenheit entgegen, doch der Kaiser reduzierte die Kontakte zu seinem Neffen auf das Mindestmaß. Der Thronfolger, voller Tatendrang, aber zu Passivität verurteilt, versuchte als Kompensation wenigstens im höfischen und familiären Bereich an Einfluss zu gewinnen – wodurch er Montenuovo und den treuen Beamten seines Onkels ins Gehege geriet, die jeden Griff nach dem Einflussgebiet ihres Herrn kühl abschmetterten. Vor allem dass der Thronfolger schon zu Lebzeiten Franz Josephs versuchte, die Hand auf Bereiche zu legen, die stets nur dem regierenden Familienchef zustanden, verurteilten Montenuovo und sein Team. Sie lehnten die Vorgangsweise Franz Ferdinands geschlossen ab, was dieser spürte und seinen Hass auf die Hofchargen seines Onkels nur noch verstärkte.

Franz Ferdinand begann sich massiv für den Familienfonds, das kaiserliche Privatvermögen, zu interessieren und überschüttete die Fondsverwaltung und das Obersthofmeisteramt mit Vorwürfen, verschiedene Familienmitglieder hätten unrechtmäßig eine Extradotation erhalten. Gleichzeitig beanspruchte er für sich selbst eine finanzielle Bevorzugung aus dem Familienfonds, was jedoch gegen die Statuten des Fonds verstieß, da der Familienfonds mit quotenmäßig gleichen Anteilen der Versorgung sämtlicher Familienmitglieder diente. Franz Ferdinand versuchte immer mehr finanzielle Vorteile aus seiner Stellung als Thronfolger zu schlagen, was durchaus nachvollziehbare Gründe hatte. Seine drei Kinder hatten – da morganatisch – keinen Anspruch auf spätere Versorgung aus dem Familienfonds, und Franz Ferdinand versuchte zu Lebzeiten, seine Kinder abzusichern (was sich, wie die Geschichte zeigen sollte, als überaus klug erwies). Bei seinem Onkel, anderen Familienmitgliedern, aber auch den Beamten stieß dieses Vorgehen auf scharfe Ablehnung.

Im Lauf der Zeit übte Franz Ferdinand eine regelrechte Überwachungs- und Kontrolltätigkeit über den Hof aus, die die kaiserliche Familie und selbst den Kaiser nicht ausschloss. Dass Montenuovo, der Franz Joseph treu ergeben war, diesen Griffen nach der Macht feindlich gegenüberstand, ist nicht verwunderlich. Bezeichnend war Montenuovos Antwort auf eine der vielen schriftlichen

Interventionen Franz Ferdinands, als sich dieser wieder einmal beim Direktor des Obersthofmeisteramts beschwerte, über Vorgänge nicht informiert worden zu sein: *„Über das Faktum, dass der Erzherzog nicht informiert wurde, sollte er sich nicht aufhalten. Das allerhöchste Familienstatut kennt nur ein Oberhaupt."*[219]

Franz Ferdinand beklagte den vermeintlich mangelnden Gehorsam, den man ihm von Seiten der Beamten seines Onkels entgegenbrachte. Der Thronfolger stürzte die Beamten aber nicht selten in Loyalitätskonflikte, wenn er ihnen direkte Befehle erteilte, ohne diese mit Montenuovo als Chef des Hofes abgesprochen zu haben. Die Beamten wunderten sich auch über die teils übertriebenen Forderungen Franz Ferdinands, so zum Beispiel, als er die Strafverfolgung eines Taxichauffeurs verlangte, der bei der Einfahrt in den Hoflogentrakt das Leihauto des Erzherzogs blockiert hatte – Empfindlichkeiten, die sie vom Kaiser nicht kannten.[220] Vor allem aber litten sie unter den übertriebenen Emotionsausbrüchen des Thronfolgers, im Zuge derer er die Hofbeamten mit Vorwürfen überschüttete. Diese zum Teil harsche und launische Behandlung waren die Hofbeamten nicht gewöhnt. Der alte Kaiser war ein ungemein nachsichtiger und äußerst höflicher Vorgesetzter. Von seinen Hofbediensteten wurde er gerade im Alter regelrecht verehrt.

Die Beamten standen also völlig auf Seiten des alten Kaisers. Franz Ferdinand wiederum kränkte die Beobachtung, dass es der Kaiser war, der allen Respekt und Zuneigung erhielt, und das verstärkte seinen Hass auf die Würdenträger und Beamten seines Onkels nur noch mehr. So manch hoher Beamter des Obersthofmeisteramtes wusste, dass mit dem Tod des alten Kaisers auch seine Karriere beendet sein würde, und dementsprechend selbstbewusst traten sie dem Thronfolger gegenüber auf. Sie konnten beim bekannt nachtragenden Franz Ferdinand auf kein Verständnis für ihre eigene schwierige Position zwischen altem und künftigem Kaiser hoffen. Aus diesem Wissen heraus standen sie noch mehr auf Seiten ihres Chefs, Obersthofmeister Montenuovo, und agierten nicht selten kühl und unwillig gegenüber Franz Ferdinands Sonderwünschen. Franz Ferdinands Leibarzt berichtet über das Selbstvertrauen der hohen Beamten, die sich dem Thronfolger regelmäßig in den Weg stellten: *„Wetschl (der Direktor des Obersthofmeisteramtes, Anm.) sagte mir einmal mit anerkennenswerter Offenheit: ›Der Erzherzog geht uns eigentlich gar nichts an.‹"*[221]

Für die hohen Hofämter und Minister seines Onkels hatte Franz Ferdinand nur Zynismus übrig. Einen Vertrauten ließ er wissen, dass er sich ein Motto für den Umgang mit ihnen zugelegt habe: *„Selig sind die Armen im Geiste, denn ihrer ist das Himmelreich."*[222]

Im Jahr 1909, als Montenuovo nach dem Tode seines Onkels Rudolf Liechtenstein auch formal zum Ersten Würdenträger bei Hof aufstieg, setzten erste Gerüchte ein, der neue Obersthofmeister würde den Kaiser von der Außenwelt abschotten und beginnen, eine Machtposition aufzubauen. Wenn es auch nicht stimmte, dass Montenuovo versuchte, seinen Einflussbereich zu vergrößern, so gibt es eine interessante zeitliche Übereinstimmung zwischen dem Auftreten der Vorwürfe und den privaten Veränderungen um Kaiser Franz Joseph. Ab dem Jahr 1909 wurde der persönliche Kreis um den knapp 80-jährigen Franz Joseph immer kleiner. Sein letzter Vertrauter aus jungen Tagen, „Rudi" Liechtenstein, starb. Mit dessen Tod wurde auch die Stellung Katharina Schratts – der letzte persönliche Kontakt des Kaisers außerhalb des Hofes – wieder schwieriger, da Montenuovo nicht daran dachte, die Rolle seines Onkels als Beschützer dieser Freundschaft zu übernehmen. Der Kaiser vereinsamte zusehends und im gleichen Maß wuchs die Bedeutung seiner unmittelbaren Umgebung, der einzigen Menschen, die nunmehr seine Sozialkontakte waren – jener Personen bei Hof, die täglich um den Kaiser waren, allen voran sein Obersthofmeister.

Dazu kam im selben Jahr noch eine schwere gesundheitliche Krise des Kaisers, die seine Umgebung und die Spitzen der Gesellschaft an das Schlimmste denken ließ. In Scharen stürmten sie den nächsten Hofball *„um unseren guten alten Kaiser noch zu sehen",* wie eine Aristokratin berichtete.[223] Nach der Genesung des Kaisers, dessen starke Konstitution wieder einmal gewonnen hatte, begann Montenuovo, den Kaiser zur Schonung zu drängen. Die Kontakte mit den Kabinettschefs, Ministern und Fachreferenten wurden zugunsten seiner Gesundheit deutlich eingeschränkt. Ungestörte politische Konversation fand in den letzten Jahren des Kaisers oft über lange Zeiträume nicht mehr statt. Franz Joseph verkehrte mit der Außenwelt überwiegend nur mehr schriftlich – die Audienzen wurden gegen Ende seines Lebens fast gänzlich eingestellt. Montenuovo wurde zum einzigen Verbindungsglied zwischen dem Staatsoberhaupt und seinen Ministern. Dass sich

Der alte Kaiser an seinem Schreibtisch –
ein Bild, das für sein ganzes Leben steht

der Hof in einer ängstlichen Überreaktion nur mehr der Gesundheit des Kaisers widmete und die Notwendigkeit eines Austauschs mit seinen Ministern nicht mehr erkannte, wurde von etlichen Aristokraten bissig kommentiert:*"Der Kaiser scheint sehr wohl und frisch, wird sich nun wieder in den Winterschlaf in Schönbrunn einpuppen, wo Kerzl* (sein Leibarzt, Anm.) *ihn sorglich hütet wie eine Treibhauspflanze."* [224]

Die Öffentlichkeit beurteilte die Abschottung des Kaisers vor jeglicher Konfrontation, wenn sie auch gesundheitlichen Gründen dienen mochte, negativ: *„Nicht nur jeder atmosphärische, sondern auch jeder frische politische Luftzug wird durch den obersthofmeisterlichen, hausmilitärisch und medizinischen Ring, der den Monarchen umgibt, von ihm ferngehalten. Das mit Macht dahinflutende Leben unserer Zeit dringt kaum wie ein fernes Rauschen an das Ohr unseres Kaisers."* [225]

Während der Kaiser immer älter wurde und sich immer mehr von der Außenwelt zurückzog, der Thronfolger nun schon 25 Jahre darauf wartete, seine politischen Ziele umsetzen zu können, braute sich über der Monarchie ein Sturm zusammen, dessen Schäden niemand vorausahnte. Der große Krieg, den alle seit Jahren fürchteten, wurde durch die Ermordung Franz Ferdinands und seiner Frau ausgelöst. Das mit Bekanntwerden der Einzelheiten über den Attentatshergang und mit den Vorbereitungen des Begräbnisses einsetzende Gerede sollte den Wiener Hof und Obersthofmeister Montenuovo noch in der Nachwelt diskreditieren. Der Hof hätte die Reise des Thronfolgers so schlecht vorbereitet, dass das Unglück geradezu vorhergesagt werden konnte, und aus lauter Hass würde der Obersthofmeister dem Thronfolger nun ein dürftiges Begräbnis ausrichten, bei dem auch noch die Unebenbürtigkeit seiner Ehefrau betont würde, hieß es. Doch alle Vorwürfe, die sich zum Teil bis heute gehalten haben, lösen sich bei genauer Quellenanalyse in Luft auf.

Schon mit den Vorbereitungen der bosnischen Reise, die bereits Züge von bedenklicher Fahrlässigkeit trugen, hatte, entgegen mancher späterer Memoiren, das Obersthofmeisteramt nichts zu tun, denn die Programmgestaltung von Militärreisen fiel nicht in dessen Ressort. Die Ausrichtung hatten Franz Ferdinands eigene Militärkanzlei und der Landeschef zu verantworten. Deren Fehleinschätzung der politischen Lage kam in völlig unzureichenden Sicherheitsvorkehrungen zum Ausdruck. Die Schutzmaßnahmen in der bosnischen Hauptstadt wurden auf Bitten der Landesregierung bewusst eingeschränkt, um die als loyal geltende Bevölkerung nicht durch verstärkte militärische Maßnahmen zu provozieren – eine fatale Entscheidung. Auch der Einzug des Erzherzogs in Sarajevo am Vidovdan, dem Nationalfeiertag der Serben, wurde trotz nachhaltiger Warnungen des serbischen Gesandten in Wien beibehalten.

Die Vorbereitungen für das Begräbnis in Wien begannen für den Hof mit einer Erleichterung. Kurz vor der Ankunft der Leichname in Wien wurde Franz Ferdinands letzter Wille bekannt, wonach er eine Bestattung in Artstetten wünschte. Der ermordete Thronfolger hatte den Kaiser von einer heiklen, aber unabwendbaren Handlung erlöst. Die Herzogin hätte niemals in der Kapuzinergruft beerdigt werden können – nicht, weil man die Ermordete noch im Tode als nicht ebenbürtig schmähen wollte, sondern weil dies einer nachträglichen Aufhebung der fehlenden Ebenbürtigkeit gleichgekommen wäre und damit einen juristischen Präzedenzfall für die Zukunft geschaffen hätte. Die Ebenbürtigkeitsbestimmungen, auf denen die Erbfolge des Hauses Habsburg beruhte, wären für die Zukunft nicht mehr aufrechtzuerhalten gewesen. Das hätte diversen nachträglichen Ansprüchen ausgetretener oder unebenbürtig verheirateter Habsburger Tür und Tor geöffnet. Man wollte auch den zukünftigen Kaiser Karl schützen, indem man seiner nahen Regentschaft keine derartige Hypothek mitgab. Die Herrschaft des nächsten Kaisers, der sich in allem stets an die Hausgesetze gehalten hatte, sollte nicht mit einer Aushöhlung seiner Hausmacht beginnen, indem man jene Regeln, auf die sich seine zukünftige Hausmacht stützte, bereits vor seinem Antritt aufhob.

Nachdem die erb- und hausrechtlich relevante Frage des Beisetzungsortes durch das Testament Franz Ferdinands gegenstandslos geworden war, verfügte Franz Joseph in einer großzügigen Auslegung der Familiengesetze, dass Sophie bei den weiteren Trauerfeierlichkeiten alle Ehrung zuteil werde, die nach Tradition und Protokoll auch für Mitglieder des Erzhauses vorgesehen war. Die Darstellung der Zeitungen, dass die Begräbnisfeierlichkeiten mit Rücksicht auf die Unebenbürtigkeit der Herzogin deutlich eingeschränkt wurden, stimmt ebenso wenig wie die Darstellung der späteren Franz-Ferdinand-Literatur, dass man dem Thronfolger ein seiner Stellung zustehendes Begräbnis verweigert hatte. Es wurde weder der morganatische Charakter seiner Ehe hervorgehoben, noch das Ausmaß der Feierlichkeit reduziert, sondern sogar eine großzügigere Auslegung der zeremoniellen Bestimmungen getroffen, als protokollarisch festgesetzt war.

Kaiser Franz Joseph hatte die Trauerfeierlichkeiten auf die III. Rangklasse erhöht, die bei formaler Anwendung des Zeremoniells nur dem Sohn eines Monarchen zustand. Feierlichkeiten der Rangklassen I und II standen nur einem gekrönten Kaiser und einer Kaiserin zu. Für die Frau des Thronfolgers wurde die inoffizielle Hoftrauer ausgerufen, die für die Mitglieder des Kaiserhauses galt – der einzige Hinweis auf ihre Unebenbürtigkeit, und selbst diese inoffizielle Hoftrauer kam nicht bei den Feierlichkeiten, sondern nur im amtlichen Schriftverkehr zum Ausdruck. Auch der sich bis in die heutige Literatur haltende Vorwurf, der Sarg der Herzogin sei tiefer als jener ihres Ehemannes gestellt worden, um die ungleiche Stellung der beiden zu dokumentieren, ist falsch – beide Särge standen in der Hofburgkappelle nebeneinander auf einem mit Goldstoff bedeckten Katafalk. Auch die Tatsache, dass der Sarg der Herzogin kleiner und weniger pompös war, ist nicht den Hofbehörden anzulasten. Die Auswahl der Särge oblag Franz Ferdinands eigenem Obersthofmeister, und es ist völlig auszuschließen, dass dieser dem Thronfolger tief ergebene Mann auch nur die geringste herabsetzende Deutung im Sinn hatte. Die auf dem Sarg der Herzogin ausgelegten Requisiten, ein paar weiße Handschuhe und ein Fächer, waren ebenfalls keine bösartige Anspielung Montenuovos auf die frühere Stellung Sophies als Hofdame, wie einige Zeitgenossen vermuteten, sondern stellten die üblichen Abzeichen der Frauenwürde dar, die allen weiblichen Habsburgern als Insignien mitgegeben wurden. Auch die bescheidene Kranzniederlegung war kein boshafter Akt der Hofbeamten. Um mehr Besuchern Platz zu machen, hatte man nur die Kränze der Kinder aufgestellt, alle anderen Blumenspenden wurden im Redoutensaal der Hofburg öffentlich aufgestellt.[226] Alle sich in der Literatur bis heute haltenden Vorwürfe der bewusst verminderten Leichenfeierlichkeiten können nach Überprüfung der Quellen nicht aufrechterhalten werden.

Das Begräbnis des ermordeten Thronfolgers wurde von öffentlichen Meinungsbildnern und großen Teilen der Presse missbraucht, um in völliger Unkenntnis der alten Riten des Kaiserhofes in einer aufgehetzten Stimmung gegen einen unbeliebten und in der Vergangenheit oftmals auch unbequemen Obersthofmeister zu agitieren. Die massiven Vorwürfe an Montenuovo können aber auch als die einzig mögliche öffentliche Kritik an der von vielen Zeitgenossen bereits als anachronistisch betrachteten Sonderstellung der Institution Hof und seiner Gesellschaft betrachtet werden. Jede andere kritische Bemerkung über die Sonderrechte der Dynastie wäre unverzüglich der Zensur zum Opfer gefallen. Unter dem Deckmantel der kollektiven Trauer wagten sich die Kritiker wesentlich weiter hervor als jemals zuvor. Dabei wurde selbst aus dem familiären Umfeld der ermordeten Frau Franz Ferdinands Unverständnis über die öffentlichen Vorwürfe an den Hof artikuliert. Sophies Schwager, Graf Jaroslav Thun, Vormund der verwaisten Kinder, wunderte sich über die Kritik und verteidigte Montenuovo: *„Alle schimpfen über den armen Mann, den treu ehrlichen Diener seines Herrn, der ängstlich am Zeremoniell hält, ohne besonderen Schwung, ohne übermäßig viel Verstand, aber ehrlich und gut."*[227]

Was bleibt, ist die Frage, warum die Tragik des politischen Mordes nicht durch eine imposantere Trauerfeier abseits aller Hofvorschriften ausgedrückt wurde. Denn schließlich war Franz Ferdinand in Erfüllung seiner Pflichten als Thronfolger und als Repräsentant des Hauses Österreich ermordet worden. Auch als Generalinspektor der gesamten bewaffneten Macht hätte dem Thronfolger ein militärisches Ehrenbegräbnis gebührt. Der Verzicht auf ausländische Staatsoberhäupter beim Begräbnis war nicht nur unangemessen, sondern auch ein politischer Fehler. Die Betonung der politischen Komponente der Tragödie – der Mord an einem künftigen Staatsoberhaupt durch Anarchisten – hätte bei einer Trauerfeier in Anwesenheit aller europäischer Staatsoberhäupter Signalwirkung gehabt. In einer schon völlig aufgeheizten Vorkriegsstimmung wurde die letzte Chance auf einen gemeinsamen Auftritt der europäischen Staatsoberhäupter vertan.

Auch für die kurze öffentliche Leichenaufbahrung von nur vier Stunden findet sich keine stichhaltige Erklärung, konnten die Wiener bei Kronprinz Rudolf und Erzherzog Albrecht doch bis in die Nachtstunden Abschied nehmen. Die beschränkte Anzahl der Besucher wurde von vielen als provokant empfunden. Vor allem die Aristokraten standen der kurz anberaumten höfischen Trauerfeier ablehnend gegenüber und fühlten sich von den Feierlichkeiten ferngehalten. Demonstrativ schlossen sie sich einem privaten Leichenzug zum Westbahnhof an, von wo aus die Särge nach Artstetten gebracht wurden. Dieser Adelskondukt wurde in fast allen Pressemeldungen als Kritik am Hof und seinem Bürokratismus verstanden. In Gegendarstellungen versuchten die Teilnehmer klarzustellen, dass ihre Motive keinen Protest gegen die höfische Organisation darstellten, sondern einem tiefen Bedürfnis nach einer Trauerkundgebung entsprungen waren. Eine Spitze auf Montenuovo war freilich dabei: Einflussreiche Persönlichkeiten bei Hof hätten alles getan, um ihre Absichten durchzusetzen; nicht einmal vor der Majestät des Todes wären alle vorsintflutlichen Zeremoniellbestimmungen wenigstens für einen Tag vergessen worden. Dies war eine mehr als ungerechte Beurteilung Montenuovos, in der sich seine lebenslange Distanz zur Aristokratie und sein kühler, oft zynischer Umgang mit seinen Standesgenossen nun kanalisierten.

Was darauf folgte, hätte der Hof am wenigsten erwartet. Ausgerechnet die Arbeiterzeitung, das Organ der Sozialisten, verteidigte den kaiserlichen Hof, natürlich nicht ohne gegen den Adel zu wettern. „Die höchstvermögenden Herren" hätten „wohl viel Courage gegen den Fürsten Montenuovo, aber herzlich wenig gegenüber dem Grafen Stürgkh" (den Ministerpräsidenten, der seit einem halben Jahr das Parlament nicht mehr einberufen hatte, Anm.). Denn „wenn es der Aristokratie ernst gewesen wäre in ihrer Trauer, hätten sie eine Sitzung des Herrenhauses im Parlament erzwungen, dem einzig würdigen Ort zur Kundgebung von Trauer, ernster und würdiger als das Sacher" (wo sich der Adel vorher getroffen hatte, Anm.). Was die Arbeiterzeitung boshaft folgerte, hätten wohl auch der Hof und seine Würdenträger unterschrieben: „Und so vergnügen wir uns an dem folgenden Kontrast: Sonst heischen die, die sich jetzt darüber aufregen, dass das heilige Zeremoniell beachtet wurde, für dieses Zeremoniell die größte Ehrerbietung der Menge und wehe dem, der über die geringste dieser Zeremonien lächeln würde! Sonst ist ihnen das ›Zeremoniell‹ das höchste, und sich in die spanische Etikette einzufügen, ist oberstes Ideal! Und nun murren sie, dass es gehalten wird!"[228]

Kaiser Franz Joseph stellte sich demonstrativ hinter seinen Ersten Obersthofmeister. Um die öffentliche Kritik an Montenuovo zum Verstummen zu bringen, sprach ihm der Kaiser in einem Handschreiben öffentlichen Dank und die Billigung für die beim Begräbnis geleisteten Dienste aus. Der Kaiser übernahm damit offiziell die Verantwortung für die Ausrichtung der Trauerfeierlichkeiten – eine seltene Geste, mit der der Kaiser demonstrierte, was Kritiker anscheinend nicht wussten: Der Obersthofmeister erfüllte stets nur den Willen seines Herrn.

Der Kriegsausbruch 1914 veränderte das Leben des Kaisers und seines Hofes nicht wesentlich, außer dass er nun noch öfter die Spitzen seiner Armee sah. Franz Joseph arbeitete weiterhin von der Früh bis abends um neun Uhr. Die anstrengenden Diners wurden bereits mit Kriegsbeginn aufgehoben. Seine letzten beiden Lebensjahre verbrachte der Kaiser in Schönbrunn. Schon in den letzten Jahren drängte ihn seine Umgebung, dauerhaft nach Schönbrunn zu ziehen. Die für den alten Kaiser renovierten Appartements waren den Erfordernissen seines hohen Alters angepasst. Vor allem aber war seine Wohnung in Schönbrunn wesentlich heller als jene in der Hofburg, außerdem leichter zu heizen, zudem war die Luft besser als mitten im Getümmel des ersten Bezirks. Auch die Spaziergänge wurden dem Kaiser durch einen dauerhaften Aufenthalt in Schönbrunn erleichtert. Er musste nur das Schloss verlassen, um sich im Grünen ein bisschen bewegen zu können, und nicht erst eine für einen 86-jährigen Mann bereits anstrengende Kutschen- oder Automobilfahrt unternehmen, um ein bisschen Natur erleben zu können.

Kaiser Franz Joseph war bis zuletzt in ausgezeichneter geistiger Verfassung. Die Auswirkungen seines hohen Alters zeigten sich nur in körperlicher Hinsicht. Trotzdem fielen dem Kaiser seine 17-Stunden-Tage immer schwerer. Im Herbst des Jahres 1916 begann der Kaiser zunehmend schwächer zu werden. Den Vorschlag seines Leibarztes, Krankenschwestern zu seiner Pflege zu berufen, wies Kaiser Franz Joseph brüsk ab mit den Worten: *„Meine drei Diener, die dem gesunden Kaiser treu dienten, sollen auch den kranken betreuen.“* [229] Sein Obersthofmeister, seine Tochter Valerie, vor allem aber sein treuer Leibkammerdiener Eugen Ketterl drängten ihn, sich Ruhepausen zu gönnen. Seine Umgebung umsorgte und überwachte ihn, jeder Besucher wurde gebeten, sich kurz zu fassen, den Kaiser nicht zu überanstrengen. Auch wurden alle auf die Glocke hingewiesen, die man unter dem Schreibtisch des Kaisers installierte hatte, um schnell nach Hilfe läuten zu können. Trotzdem er fast keine Kraft mehr hatte, stand der Kaiser täglich um halb vier Uhr auf, setzte sich an den Schreibtisch und begann zu arbeiten. Doch oftmals musste er mitten am Tag eine Pause in seinem Ohrensessel machen – bis dahin undenkbar für den Kaiser. Immer wieder sahen die Adjutanten Franz Josephs, die sich einen Spiegel in ihrem Vorraum so gestellt hatten, dass sie den Kaiser stets im Blick hatten, wie er vor lauter Müdigkeit mitten am Tag an seinem Schreibtisch zusammensank und den Kopf in die Arme vergrub – stets nur einige Minuten, bis er wieder die Kraft hatte, weiterzuarbeiten.

Am 21. November 1916 starb Kaiser Franz Joseph um neun Uhr abends. Er arbeitete selbst noch an seinem letzten Lebenstag – freilich unterbrochen von Schwächeanfällen. Bevor er sich von seinem Kammerdiener zu Bett bringen ließ, gab er noch den allabendlichen Befehl, ihn am nächsten Tag wieder pünktlich um halb vier Uhr morgens zu wecken. Bei seinem Tod waren nicht nur seine Tochter, der nächste Kaiser und dessen Frau anwesend, sondern auch jene Menschen, die seine engste Umgebung gebildet hatten: Sein Obersthofmeister, seine Adjutanten und seine Kammerdiener.

Als der Leibarzt offiziell den Tod des Kaisers festgestellt hatte, liefen Lakaien über den Schlosshof, um den Schlosshauptmann über das Ableben des Kaisers zu informieren. Die vielen Menschen, die vor Schönbrunn ausgeharrt hatten, um etwas über den Zustand des Kaisers zu erfahren, hörten als Erstes von seinem Tod. Der Obersthofmeister informierte die Spitzen des Staates, doch schneller als jede offizielle Verlautbarung hatte sich bei Hof selbst in kürzester Zeit herumgesprochen, dass Kaiser Franz Joseph, der Vater aller Hofbediensteten, tot war. Nach 68 Regierungsjahren gab es keinen einzigen aktiven Beamten oder Diener mehr, der nicht unter Kaiser Franz Joseph gearbeitet hatte. Nur mehr einzelne steinalte Pensionisten konnten sich dunkel erinnern, dass es vor langer, langer Zeit einmal einen anderen Kaiser gegeben hatte.

XV
Das Ende des Hofes

Das Begräbnis von Kaiser Franz Joseph – Änderung
bei Hof unter Kaiser Karl – Das Ende der Monarchie –
Die Republik übernimmt den Hof – Der Hof erhält einen
staatlichen Verwalter – Die Auflösung der vier Obersten
Hofämter – Probleme mit der Verwertung von Hofver-
mögen – Niemand braucht die ehemaligen Hofbediensteten –
Der Verlust der sozialen Sicherheiten – Die Liquidierung
des Hofes 1921 – Das Ende der „Backhendl-Zeit"

Nachdem Kaiser Franz Joseph verstorben war, begannen sein letzter Obersthofmeister und die Mitarbeiter des Zeremonielldepartements mit den Vorbereitungen ihres letzten Dienstes an ihrem
Herrn. Es galt, dem verstorbenen Kaiser ein Begräbnis auszurich-
ten – nach dem höchsten Rang, den das Hofzeremoniell kannte:
das berühmte Begräbnis I. Klasse, das nur einem gekrönten Kaiser
zustand. Das letzte wirkliche Kaiserbegräbnis hatte 1835 stattge-
funden, für Kaiser Franz I. (II.). Der unmittelbare Vorgänger Franz
Josephs, Kaiser Ferdinand, war in Prag gestorben und lediglich
in die Kapuzinergruft überführt worden, zwar auch mit großem
Pomp, jedoch deutlich bescheidener.

Franz Joseph hatte 68 Jahre regiert, es gab keinen Mitarbeiter
des Obersthofmeisteramtes mehr, der sich noch an die Zeremoniellbestimmungen für ein Begräbnis I. Klasse erinnern konnte.
Das Zeremonielldepartement arbeitete schon seit Jahrhunderten
nach einer Mischung aus festgeschriebenem Grundablauf eines
zeremoniellen Ereignisses und an die jeweilige Situation ange-
passten feineren Abläufen. Viele Feinheiten der Zeremoniellaus-
arbeitung wurden mündlich von Generation zu Generation weitergegeben, doch das letzte Kaiserbegräbnis war schon zu lange her,
es gab keinen Zeremoniellspezialisten mehr, der noch die Feinheiten eines echten Kaiserbegräbnisses kannte. Obersthofmeister
Montenuovo ließ aus den Akten des Jahres 1835 das Protokoll des
Begräbnisses ausheben und daraus ein zeitgemäßes Zeremoniell für
den letzten Weg Franz Josephs erstellen. Doch es war nicht mehr
nur Montenuovo zuständig, der neue Kaiser Karl brachte seine

eigenen Ideen ein. Er wollte nicht nur mit Kaiserin Zita, sondern auch mit dem kleinen Kronprinzen Otto hinter dem Sarg gehen.

Am 30. November 1916, an einem sonnigen Herbsttag, trat Franz Joseph seine letzte Reise an. Die Straßen, die der Leichenzug passieren sollte, waren gesteckt voll, jedes Fenster war besetzt mit Zusehern. Jeder wollte einen Blick auf den Trauerzug jenes Mannes werfen, während dessen Lebenszeit fast jeder Wiener geboren worden war. Mit dem prächtigen schwarzen Galawagen, gezogen von acht Rappen, wurde der Leichnam des Kaisers durch den Äußeren Burghof geführt und über einen weiten Bogen über den Kai zum Stephansdom gebracht. Vor dem Leichenwagen fuhren unzählige Kranzwagen und die Kutschen der höchsten Würdenträger, hinter ihm die Wagen mit der kaiserlichen Familie. Dahinter folgten die offiziellen Abordnungen, die Leibgarden und die Hofbediensteten. Der Wiener Fürsterzbischof vollzog die Trauerzeremonie. Vom Stephansdom aus setzte der Trauerzug zu Fuß seinen Weg in die Kapuzinergruft fort. Hinter dem Sarg gingen Kaiser Karl und Kaiserin Zita, zwischen ihnen der blondgelockte und weiß gekleidete Thronfolger. Die Bilder des kleinen Knaben, der einzige helle Fleck in diesem pompösen und dunklen Trauerzug, gingen in das kollektive Gedächtnis ein. Kein moderner PR-Experte hätte eine bessere Inszenierung von Kontinuität ersinnen können. Hinter dem Sarg Franz Josephs, der die Personifizierung von Bestand und Erhalt des Kaisertums war, dessen Ende zwar viele gefürchtet, aber im Grunde für viele unvorstellbar war, ging leicht, hell und unbekümmert die Zukunft des Reiches, der kleine Kronprinz, der vielen wie ein positives Zeichen für die Zukunft schien.

Am Tor der Kapuzinergruft begehrte Obersthofmeister Montenuovo beim Pater Guardian um Einlass für seinen Herrn. Nachdem die Kapuzinermönche den ihnen anvertrauten Sarg übernommen, den Kaiser zwischen seiner Frau und seinem Sohn gebettet und die engsten Familienmitglieder Abschied genommen hatten, versperrten die Kapuziner die Gruft. Kaiser Franz Joseph war an seiner letzten Ruhestätte angelangt, er lag inmitten seiner Vorfahren – als längstregierender Monarch, den die Habsburger je hervorgebracht hatten.

Nach dem Begräbnis ging das Leben bei Hof weiter. Es gab einen neuen Kaiser, der nun für die Rechte der Hofbediensteten garantierte. An der Spitze des Hofes gab es freilich einige Änderungen. Traditionell endete der Dienst der obersten Hofbeamten mit dem Tod ihres Herrn. Jeder neue Kaiser hatte seine eigenen Vertrauten, die nun den Hof im Sinne ihres Herrn führten. Obersthofmeister Montenuovo räumte seinen Sessel. Er zog sich ganz ins Privatleben zurück, für den Kriegsdienst war er bereits zu alt. Alfred Montenuovo starb im September 1927 im Alter von 78 Jahren in Wien. Er hinterließ keine Erinnerungen, sprach nicht mit der Presse und versuchte niemals, Kapital aus seinem Wissen über den untergegangenen Hof zu schlagen. Die Verleger mussten auf einen der bestinformiertesten Zeitzeugen aus der engsten Umgebung Kaiser Franz Josephs verzichten. Fürst Montenuovo schwieg bis zuletzt und ließ wesentliche Teile seiner Korrespondenz und seiner persönlichen Schriftstücke nach seinem Tod verbrennen.

Neuer Obersthofmeister unter Kaiser Karl wurde der älteste Sohn des ehemaligen Obersthofmeisters Konstantin Hohenlohe – Konrad Hohenlohe, ein offener, moderner, sehr kritischer Mann, der bereits eine beachtliche Karriere hinter sich hatte. Er war Ministerpräsident, Statthalter von Triest und einer breiten Öffentlichkeit als „roter Prinz" bekannt, weil er keinerlei Berührungsängste mit den Sozialisten hatte und als aufgeklärter Aristokrat galt. Konrad Hohenlohes Ernennung war ein Zeichen für den Aufbruch, wirklich viele Akzente konnte er freilich nicht setzen.

Zu Kaiser Karls Thronbesteigung tobte bereits zwei Jahre lang der Krieg. Die Lebensmittelknappheit hatte bereits den Hof erreicht. Es gab zwar nach wie vor Nahrung, die Hofküche zu Zeiten Kaiser Franz Josephs war aber längst Vergangenheit. Der neue Kaiser war selbst völlig bedürfnislos, es gab einfache Speisen, billigen Wein und selten Fleisch. Noch hatten die Hofbediensteten die Sicherheit auf eine sichere Bleibe, auf genügend Holz für den Winter und zumindest elementare Versorgung mit Lebensmittel für sich und ihre Familien. Doch der Hof hatte sich verändert. Alle jungen und kräftigen Männer waren im Krieg, bei Hof fanden sich Alte und Versehrte in der Überzahl.

Die Hofführung Kaiser Karls änderte sich weniger in der Verwaltung – dafür hatte ein Kaiser, der mitten im Krieg stand, keinen Kopf – als in einer Lockerung des Zutritts. Der Umgang Kaiser

Karls mit seinen Vertrauten und Ministern war völlig anders als jener Kaiser Franz Josephs. Die Herren, und zwar alle, wurden eingeladen zu sitzen, und Gespräche mit dem neuen Kaiser dauerten nicht selten einige Stunden – unter Franz Joseph undenkbar. Karl forcierte ein offenes Gespräch und ermunterte sein Gegenüber, die eigene Meinung zu formulieren. Audienzzeiten hatten bald überhaupt keine Bedeutung mehr, da sich die Termine mit dem Kaiser oft weit nach hinten verschoben. Wichtige Gespräche mit dem Kaiser dauerten eben so lange wie sie dauerten. Kaiser Karl war wesentlich offener als sein Vorgänger, dadurch aber auch verwundbarer, denn der verstorbene Kaiser hatte nicht zuletzt deshalb extreme Distanz zu seiner Umwelt gewahrt, weil er nicht wollte, dass irgendjemand in den Glauben kommen konnte, ihn beeinflussen zu können. Mit dem neuen Kaiser fiel der persönliche Kontakt leichter, und nicht wenige glaubten, dass sie deswegen Einfluss auf den jungen Kaiser nehmen konnten.

Die letzten beiden Jahre der Monarchie vollzog sich das tägliche Leben bei Hof wie auch in der Vergangenheit – mit dem Unterschied, dass alles einfacher, ruhiger, leiser war. Es gab keine pompösen Hoffeste und keine Unterhaltung. Im Herbst 1918 war der Krieg für Österreich und seine Verbündeten verloren, ebenso hatte die innere Auflösung der Donaumonarchie begonnen. Am 11. November 1918 verzichtete Kaiser Karl auf jeden Anteil an den Staatsgeschäften, dankte aber nicht ab. Am gleichen Abend verließ Karl den Hof Richtung Eckartsau – er sollte nie wieder zurückkehren.

Am 12. November wurde die Republik Deutschösterreich proklamiert. Die junge Republik legte sofort ihre Hand auf den Hof. Das deutschösterreichische Staatsnotariat wurde als Verwalter des Hofes eingesetzt, ein Monat später wurde jedoch das deutschösterreichische Staatssiegelamt mit dieser Aufgabe betraut. Zu Beginn des Jahres 1919 wurde der gesamte Hof dem „obersten Verwalter des Hofärars", Sektionschef Freiherr von Beck-Mannagetta, unterstellt. Die vier althergebrachten Hauptabteilungen des Hofes wurden zwar beibehalten, ihre Namen aber sofort geändert. Aus dem Obersthofmeisteramt, dem Oberstkämmereramt, dem Obersthofmarschallamt und dem Oberststallmeisteramt wurden die Abteilungen I–IV. Nichts sollte mehr an das alte Regime erinnern. Die Abteilung III, das Obersthofmarschallamt, wurde noch im Mai 1919 liquidiert, die Rechtsabteilung der kaiserlichen

Familie wurde nicht mehr gebraucht. Die übrigen Abteilungen blieben bestehen und arbeiteten unter der Leitung des obersten Verwalters weiter. [230]

Die Aufgabe des Hofverwalters war, den kaiserlichen Hof rasch zu liquidieren, gleichzeitig aber dafür zu sorgen, dass die ehemaligen Besitzungen des Hofes möglichst viel Gewinn für die junge Republik abwarfen, die jede Einnahme bitter nötig hatte. Zu Beginn gab es noch große Pläne, was man alles allein mit der Verwertung der Hofgebäude erreichen konnte, doch schnell stand der Hofverwalter den gleichen Problemen gegenüber wie seinerzeit der Obersthofmeister. Der Großteil des hofärarischen Vermögens konnte nur mit großen Geldmitteln für die Nachwelt erhalten bleiben, erwirtschaften konnte man mit den hofeigenen Besitzungen fast gar nichts. Die Erhaltung der Gebäude und Sammlungen kostete von jeher mehr als sie einbrachten. Die Regierung hatte einige Ideen zur Verwertung von Schloss Schönbrunn, die jedoch alle vom Hofverwalter mit dem Hinweis abgeschmettert wurden, dass für einen kurzfristig finanziellen Gewinn kulturelle Vermögenswerte geopfert würden. Eine der ersten Ideen war, die Rechte am Park von Schönbrunn einer Filmfirma zu überschreiben. Der Hofverwaltung legte sich sofort quer. Nicht nur wurde bekannt, dass die teils 200 Jahre alten Bäume zugunsten von Außenstudios gefällt werden sollten, die Verantwortlichen für die Filmfirma wollten auch den Großteil des Parks für die Wiener sperren lassen – was sofort mit dem Hinweis auf die Notwendigkeit des Parks vor allem für die Kinder der Umgebung abgelehnt wurde. Das Hauptargument des Hofverwalters war vor allem, dass bei einem Bankrott der Filmfirma und einer darauf folgenden Exekution von Gläubigerseite auf hofärarisches Vermögen zurückgegriffen werden konnte.[231]

Die gewinnbringende Verwertung des ehemaligen Hofvermögens blieb ein Traum. Auch die genaue Aufteilung – welches neue Bundesministerium welche Vermögenswerte bekam – dauerte Jahre. Lediglich die Behandlung der Frage des Privatvermögens der Habsburger wurde schnell erledigt. Da sich Kaiser Karl weigerte, eine endgültige Verzichtserklärung abzugeben, zog Staatskanzler Dr. Karl Renner den Familienversorgungsfonds, der immer unter der Verantwortung des Familienoberhauptes stand, sofort ein. Sämtliche Vermögenswerte gingen in den Kriegsgeschädigtenfonds über. Auch das kleine Privatvermögen des ehemaligen Herrschers (jene Teile, die er persönlich geerbt hatte und die in keinem Zusammenhang mit seinen ehemaligen Herrscherrechten standen) wurde enteignet – im Gegensatz zu jenen Familienmitgliedern, die offiziell auf ihre Zugehörigkeit zum Hause Habsburg verzichtet hatten und deshalb ihr Vermögen behalten durften.

Der Hofverwalter hatte sich auch mit einem weiteren heiklen Problem zu beschäftigen: den vielen ehemaligen Hofbediensteten, die es nun galt in ihre neuen Heimatländer zurückzuschicken oder zu versorgen. Unter den Liquidationsakten finden sich vorgedruckte Zettel, die Auskunft geben über die erste Auslese, welche die neue Hofverwaltung vornahm. Unter den zu beantwortenden Fragen wie „Name" und „Profession" gab es auch die Frage nach der Nationalität, die jeder beantworten musste. Bei vielen stand in dieser Rubrik *„tschechisch"*, daneben oft *„geht in sein Heimatland zurück!"*. Menschen, die nebeneinander unter einem Kaiser gedient hatten, galten nun als Fremde, denen nahegebracht wurde, in ihre neuen Heimatländer zu gehen. War der Hof in seiner Geschichte stets übernational, so wurden nun ehemalige Kollegen in Österreicher und Tschechen auseinanderdividiert.

Der Rest der ehemaligen Hofbediensteten, viele Hundert, musste nun versorgt werden. Doch der Verwalter stand vor einem fast unlösbaren Problem: Die meisten der Hofbediensteten waren praktisch nicht vermittelbar. Die Beamten, die über eine höhere Ausbildung verfügten, konnten in den Bundesministerien untergebracht werden, doch auch hier gab es kaum Bedarf. Die Hausoffiziere und Diener hingegen hatten überhaupt keine Chancen auf eine Beschäftigung. Selbst jene, die eine fundierte Handwerksausbildung besaßen, konnten bei der schlechten Wirtschaftslage nichts finden. Nur für zwei Berufsgruppen gab es eine wirkliche Nachfrage: für die Chauffeure des Hofes, die sofort von reichen Privatleuten oder Aristokraten abgeworben wurden, und für die erfahrenen Hofköche, die ebenfalls für die reichen Privathäuser oder exklusiven Restaurants gesucht waren – mit einem ehemaligen k. u. k. Chefkoch schmückte man sich auch in der jungen Republik gerne.

Alle anderen ehemaligen Hofbediensteten konnten nur hoffen, dass der neue Staat für sie nun ebenso sorgte wie früher der Kaiser. Der Hofverwalter stand vor einer schwierigen Aufgabe. Die Einzigen, die vermittelbar waren, suchten sich selbst eine neue Arbeit, doch die, die blieben, waren jene, für die es keinerlei Chancen am Arbeitsmarkt gab. Zurück blieben Hunderte Menschen, die bisher, auch wenn sie nicht immer gebraucht wurden bei Hof, auch wenn ihre Arbeitsleistung mehr als dürftig war, immer damit rechnen konnten, als Teil der kaiserlichen Hausgemeinschaft ein Anrecht auf Arbeit und Versorgung durch den Kaiser zu haben. Für die vielen Diener, Portiere, Kutscher, Träger, die Weg- und Zeugwärter, das Wasch- und Putzpersonal gab es keine Alternative zu einer Beschäftigung bei Hof.

Das Liquidationsbüro des Hofverwalters versuchte, den Hofbediensteten einen Ausstieg aus ihren bisherigen Arbeitsverträgen schmackhaft zu machen, doch selbst die einfachsten Diener wussten, dass dies nur zu ihrem Nachteil sein konnte, denn schließlich hatten sie seit 1914 ebenso wie die Staatsbeamten eine eigene Dienstpragmatik. Für den Hofverwalter bedeutete dies, dass der Staat die Hofbeamten, aber auch Diener eins zu eins übernehmen musste. Außerdem waren sämtliche Wohnungen in der Hofburg und den Schlössern mit ehemaligen Hofbediensteten und Pensionisten besetzt – nicht einmal eine gewinnbringende Vermietung der Hofgebäude konnte vorgenommen werden.

Der Zusammenbruch der Monarchie bedeutete für die ehemaligen Hofangestellten aber mehr als nur einen Neuanfang in Staatsdiensten. Eine Arbeit bei Hof hatte nicht nur Sicherheit bedeutet, auch ein bescheidener Aufstieg war stets garantiert. Alle paar Jahre rückte man in die nächste Rangklasse, Loyalität und lebenslange Zugehörigkeit wurden regelmäßig honoriert, eine Anstellung für die Kinder war immer gesichert. Auch die vielen sozialen Unterstützungen, die Hof und Kaiser stets garantierten, fielen nun weg. Es gab keine Unterstützungsgelder mehr, keinen Kaiser mit Privatschatulle mehr, an den man sich wenden konnte, wenn man in Not geriet. Nun bekamen zum Beispiel nur mehr jene Wohnungen innerhalb der Hofgebäude Holz geliefert, deren Parteien im Voraus die Rechnungen bezahlten, wer dies nicht konnte, erhielt nur mehr in echten Härtefällen gratis Holz.[232] Von einer selbstverständlichen Gratisverteilung wie früher konnte keine Rede mehr sein. Jene ehemaligen Hofbediensteten, die auf Hofwohnungen verzichtet hatten (oder für die keine freien Wohnungen verfügbar war) und die stattdessen Quartiergeld bezogen, waren die größten

Verlierer. Sie konnten meist ihre Wohnungen nicht mehr halten Das Bekanntwerden der Friedensbedingungen führte zu einem Absturz der Kronenwährung, die Inflation betrug von nun an fast 100 Prozent monatlich. Von den kargen Löhnen und Pensionen konnten die ehemaligen Hofbediensteten fast nicht mehr leben.

Ende 1921 war die Liquidierung des Hofes abgeschlossen. Das ehemalige Hofvermögen war aufgeteilt worden. Das Bundesministerium für Unterricht erhielt die Theater und die Kunstsammlungen, das Ministerium für Land- und Fortwirtschaft erhielt die Gestüte und die Spanische Hofreitschule, das Ministerium für Handel, Gewerbe und öffentliche Bauten sämtliche Gebäude, alle Pferde und Fuhrwerke mitsamt der Wagenburg und die Hofgewehr- und Sattelkammer. Das Ministerium für soziale Verwaltung bekam die Hofapotheke.[233] Mit der endgültigen Auflösung des Hofes erlosch auch gleichzeitig das Amt des obersten Verwalters.

Die Zeit vor dem Ersten Weltkrieg wurde im Nachhinein liebevoll-ironisch als „Backhendl-Zeit" beschrieben. Vor allem für die Menschen bei Hof waren die letzten Jahre der Monarchie eine Zeit der absoluten Sicherheit gewesen. Der Hof versprach sichere Arbeit, soziale Sicherheit, den Genuss vieler sozialer Zusatzleistungen, und ab 1914 waren diese Rechte durch die Dienstpragmatik sogar niedergeschrieben. Hofstaatsbeamte und Hofstaatsdiener wurden damit quasi unkündbar gestellt. Nichts, so dachte man, konnte das abgesicherte Leben bei Hof ändern. Selbst wenn der greise Kaiser Franz Joseph eines Tages doch sterben sollte, würde sein Nachfolger weiterhin in der althergebrachten Tradition eines kaiserlichen Patriarchen agieren. Der Hof würde stets das letzte Überbleibsel an überlebter Versorgungstradition bleiben.

Doch die „Backhendl"-Zeit endete abrupt mit dem Ersten Weltkrieg. Für vier Jahre hatten die Menschen bei Hof noch eine Schonfrist, konnten noch eine restliche Sicherheit genießen, irgendwann musste ja der Krieg zu Ende sein, und auch wenn der Hofaufwand vielleicht nicht mehr so groß sein würde wie unter Franz Joseph, würde doch zumindest die alte Allianz von Herrscher und Hausgemeinschaft bestehen bleiben. Nach dem Ende der Monarchie war den Menschen, die bei Hof gelebt und gearbeitet hatten, schnell klar, dass für sie mehr als eine Staatsform untergegangen war. Für sie war eine Lebenswelt zu Grabe getragen worden, die ihnen, unabhängig von ihrer persönlichen Leistung, Arbeit, ein Zuhause, Nahrung und Sicherheit geboten hatte – und einen letzten Rettungsanker, der stets helfend eingriff, wenn ein Mitglied des Hofes Hilfe brauchte: den alten Kaiser, der sich seinen Hofbediensteten gegenüber bis zu seinem Ende als Patriarch sah.

Danksagung

Zu danken gilt es nach solch einer Arbeit vielen. An erster Stelle jenen Menschen, die in großzügiger Weise ihre Privatarchive geöffnet haben:

Dem Chef des Hauses Wittelsbach, S. K. H. Herzog Franz von Bayern danke ich herzlich für die Erlaubnis zur Benützung des Geheimen Hausarchivs. Bei Dr. Gerhard Immler, dem Leiter des Geheimen Hausarchivs, bedanke ich mich für die Beratung und die Hilfe bei der Suche nach interessanten Quellen. Die Korrespondenz der Erzherzogin Sophie mit ihrem Bruder König Ludwig I. von Bayern lieferte interessante Einblicke in das Hofleben aus Sicht der Herrscherfamilie.

Das wichtigste Privatarchiv zu Forschungen des Hof- und Gesellschaftslebens unter Kaiser Franz Joseph stellt das Österreichische Familienarchiv der Fürsten Hohenlohe-Schillingsfürst in Wien dar. Dessen Besitzer Karl Hohenlohe hat nicht nur in großzügiger Weise erstmals den gesamten Bestand zur Durchsicht freigegeben, sondern auch noch umfangreiches Bildmaterial für dieses Buch zur Verfügung gestellt. Vor allem die Nachlässe von Obersthofmeister Prinz Konstantin Hohenlohe-Schillingsfürst sowie seiner Söhne, Ministerpräsident Konrad Hohenlohe-Schillingsfürst und Gottfried Hohenlohe-Schillingsfürst, österreichischer Botschafter in Berlin, ermöglichen einen Blick auf Kaiser Franz Josephs Hof aus dem innersten Machtzirkel heraus.

Dipl.-Ing. Hans Hoyos, Besitzer des Familien- und Herrschaftsarchivs der Grafen Hoyos in Horn, danke ich für die Erlaubnis, den Nachlass von Graf Heinrich Hoyos, Flügeladjutant bei Kaiser Franz Joseph, sichten zu dürfen. Dessen umfangreiche Korrespondenz barg interessante Beobachtungen und Betrachtungen über den Hof des alten Kaisers.

Frau Elisabeth Hiller stellte die handschriftlichen Erinnerungen ihres Urgroßvaters Franz Ritter von Srbik zur Verfügung und erleichterte dadurch das Vorhaben, die Lebenssituation der Spitzenbeamten des Wiener Hofes unter Kaiser Franz Joseph zu zeichnen, von denen zum Großteil fast keine privaten Quellen vorliegen.

Frau Dr. Ingrid Haslinger überließ mir für die Bebilderung des Buches dankenswerterweise nicht nur umfangreiches Bildmaterial aus ihrem persönlichen Besitz, sondern auch Auswertungen ihrer eigenen Forschungen über die Tafelkultur des Hofes sowie über die Hofküche.

Frau Gabrielle Lobmeyr hat aus ihrem Privatarchiv Bilder für das vorliegende Buch zur Verfügung gestellt, wofür ich mich herzlich bedanke.

Den Referenten der Staatlichen Archive gilt mein Dank für die Hilfe bei der Suche in deren umfangreichen Beständen nach den für diese Arbeit aussagekräftigsten Quellen.

Frau Mag. Irmgard Pangerl, Referentin für die Hofarchive im Wiener Haus-, Hof- und Staatsarchiv war eine stete Hilfe im Archiv, ebenso Dr. Gerhard Gonsa. Im Mährischen Landesarchiv in Brünn war Dr. Thomas Cernusak ein ebenso wichtiger wie hilfsbereiter Ansprechpartner.

Außerdem ist all jenen zu danken, die durch persönliche Gespräche, Hinweise und Erläuterungen wesentlich zur wissenschaftlichen Aufarbeitung des Themenkomplexes „Kaiser Franz Joseph und sein Hof" beigetragen haben.

Univ.-Prof. Dr. Lothar Höbelt danke ich nicht nur für viele Hinweise auf interessante Quellen in tschechischen Archiven, sondern auch für die Geduld mit der er die vielen Rückfragen und Bitten um Präzisierungen zur innenpolitischen Geschichte der franziskojosephinischen Ära beantwortet hat. Zusätzlicher Dank gebührt ihm für das wissenschaftliche Korrekturlesen des Manuskriptes.

Univ.-Prof. PhDr. Milan Hlavačka , CSc., Ordinarius des Instituts für Geschichte Tschechiens an der Karls-Universität in Prag, verdanke ich Hinweise und Anstöße für die Suche nach Quellen, welche die bis heute noch immer nicht restlos geklärte Beziehung Kaiser Franz Josephs zu seinem in Prag lebenden Vorgänger Exkaiser Ferdinand I. neu beleuchten konnten. Meinem geschätzten Kollegen PhDr. Lubos Velek, Assistent des Instituts für Geschichte Tschechiens an der Karls-Universität in Prag, danke ich für die Erlaubnis, seine Forschungsergebnisse zum böhmischen Ausgleich in diesem Buch verwenden zu dürfen.

Frau Dr. Elfriede Iby, Leiterin der wissenschaftlichen Abteilung der Schönbrunn Betriebsgesellschaft, gab wertvolle Hinweise zur Lebens- und Wohnsituation der Hofbediensteten. Ihr Mitarbeiter Herr Michael Wohlfart half bei der Sichtung der alten Herbergspläne von Schönbrunn.

Burghauptmann Hofrat Dipl.-Ing. Wolfgang Beer ermöglichte Einsicht in die Pläne der Hofwohnungen der Wiener Hofburg und gab wertvolle Hinweise zur Beschaffenheit der Wohnungen zu Zeiten Kaiser Franz Josephs.

Der Direktor des Heeresgeschichtlichen Museums in Wien, Mag. Dr. Christian Ortner, trug durch seine ausführlichen Erläuterungen wesentlich zum Verständnis der Stellung der Militärs bei Hof in der franzisko-josephinischen Ära bei.

Hofrat Dr. Karl Megner, Spezialist für die Geschichte der Staatsbeamten der österreichischen Monarchie, stellte nicht nur eigenes Forschungsmaterial zur Verfügung, sondern gab auch viele Anregungen für das Herausarbeiten der individuellen Stellung der Hofbeamten innerhalb des k. u. k. Beamtenkomplexes.

Dr. Mario Döberl, Hofexperte und Mitarbeiter eines FWF-Projekts zur Erforschung des k. k. Oberststallmeisteramts unter der Leitung von Dr. Monica Kurzel-Runtscheiner, Direktorin der Wagenburg des Kunsthistorischen Museums, war ein wichtiger und durch seine eigene wissenschaftliche Beschäftigung mit einer Hauptabteilung des Hofes äußerst versierter Ansprechpartner – so manche eigenen Forschungsergebnisse konnten durch Gespräche bestätigt, Unsicherheiten ausgeräumt werden.

Mit Mag. Silvia Hölbl und Mag. Martin Kreutz, beide durch ihre Dissertationsforschungen ebenfalls im Themenkomplex Hof und Hofgesellschaft beheimatet, konnten durch regelmäßigen Forschungsaustausch einige schwierige Quelleninterpretationen gemeinsam geklärt werden.

Frau Caroline Haug de Monchy hat die Verbindung zu einigen bedeutenden Privatarchiven hergestellt, wofür ich ihr herzlich danke.

Abschließend muss ich jenen danken, die es überhaupt erst möglich machen, dass die vorliegenden Forschungsergebnisse nicht nur Historikern vorbehalten bleiben, sondern einem breiten Publikum zugänglich gemacht werden können: meinem Verleger, Dr. Herbert Fleissner, sowie der Verlagsleiterin Dr. Brigitte Sinhuber-Harenberg, die sich nicht nur wärmstens des Themas „Kaiser Franz Joseph und sein Hof" angenommen haben, sondern auch mithelfen, dass neuen Forschungsergebnissen zur Geschichte der k. u. k. Monarchie das dafür nötige Forum geboten wird.

Quellen- und Literaturverzeichnis

Staatliche Archive in Österreich

Haus-, Hof- und Staatsarchiv Wien
— OMeA = Bestand Obersthofmeisteramt
— OKäA = Bestand Oberstkämmereramt
— OStA = Bestand Oberststallmeisteramt
— HWA = Bestand Hofwirtschaftsamt
— HÄL = Bestand Hofärarische Liquidationsakten

Wiener Stadt- und Landesbibliothek – Handschriftensammlung: Nachlass Heinrich Friedjung
— Friedjung, Interview Festetics = Wiener Stadtbibliothek/Handschriftensammlung Nachlass Heinrich Friedjung – Interview mit Gräfin Marie Festetics am 27. und 28. Mai 1909 in Campiglio
— Friedjung, Interview Fürstenberg = Wiener Stadtbibliothek/Handschriftensammlung, Nachlass Heinrich Friedjung – Handschriftliche Zusammenfassung des Interviews mit Therese Landgräfin Fürstenberg im Februar 1908

Staatliche Archive in Deutschland

— Geh.HA = Bayrisches Hauptstaatsarchiv, Abt. III – Geheimes Hausarchiv, Nachlass König Ludwig I. 89/2/XII – Korrespondenz Erzherzogin Sophie

Staatliche Archive in der Tschechischen Republik

NA Prag = Staatliches Nationalarchiv Prag
— FA Metternich = Familienarchiv Metternich, Nachlass Richard Metternich (Richardiana), Korrespondenzen
— Polizeidirektion Prag = Geheime Korrespondenz/Kanzleischreiben K.14 Z.6/1872

ML Brünn = Mährisches Landesarchiv Brünn
— FA Liechtenstein Mährisch Krumau = Mährisches Landesarchiv Brünn, Familienarchiv Liechtenstein, Nachlass Rudolf Liechtenstein

SRA Leitmeritz, Tetschen = Staatliches Regionalarchiv Leitmeritz, Außenstelle Tetschen
— FA Thun = Familienarchiv Thun, Nachlass Jaroslav Thun, Tagebuch

Private Archive

ÖFAFH Wien = Österreichisches Familienarchiv der Fürsten Hohenlohe-Schillingsfürst in Wien
— Nachlass Konstantin Hohenlohe-Schillingsfürst, Korrespondenz

- Nachlass Gottfried Hohenlohe-Schillingsfürst, Korrespondenz
- Nachlass Marie Hohenlohe-Schillingsfürst, Korrespondenz

GFAH Horn = Gräfliches Familienarchiv Hoyos in Horn
- Nachlass Heinrich Hoyos, Korrespondenz

FA Hiller = Familienarchiv Elisabeth Hiller
- Nachlass Franz von Srbik, diktierte Erinnerungen

Gedruckte Quellen

Beust, Erinnerungen = Friedrich-Ferdinand Graf von Beust,
    Aus drei Viertel Jahrhunderten. Erinnerungen und
    Aufzeichnungen, Stuttgart 1887

Bittner, Archiv = L. Bittner, Inventare des Wiener Haus-,
    Hof- und Staatsarchiv, V., Wien 1937

Eulenburg, Erlebnisse = Eulenburg-Hertefeld Philip Fürst zu,
    Erlebnisse an deutschen und fremden Höfen, Band 2, Leipzig 1934

Fellner, Redlich = Fritz Fellner, Schicksalsjahre Österreichs 1908–1919.
    Das politische Tagebuch Josef Redlichs, Graz/Köln 1953/1954

Hamann, Briefe = Brigitte Hamann, Meine liebe, gute Freundin.
    Die Briefe Kaiser Franz Josephs an Katharina Schratt; aus dem
    Besitz der Österreichischen Nationalbibliothek, Wien 1992

Mayr, Tagebuch Kempen = Mayr, Josef Karl (Hg), Das Tagebuch des
    Polizeiministers Kempen von 1848–1859, Wien 1931

Nostitz, Briefe = Nostitz-Rieneck Georg, Briefe Kaiser Franz Josephs
    an Kaiserin Elisabeth, 1859–1898, Band 1, Wien 1966

Skedl, Nachlass = Skedl, Arthur, Der politische Nachlaß des Grafen
    Eduard Taaffe, Wien 1922

Tornau, Tagebuch = F. F. Tornau, Ein Russe im k. u. k. Wien.
    Das Wiener Tagebuch des Barons F. F, Tornau (Hg: Gennadi E.
    Kagan), Wien 2002

Hof- und Staats-Handbuch des Kaiserthumes Österreich für die
    Jahre 1847–1848, 1856–1860, 1866, 1868, 1874, 1876–1882, 1884–1916
    (Die Jahre 1849–1852, 1855, 1861–1865, 1897, 1869–1873, 1875 sind
    nicht erschienen)

Literatur

Bettelheim, Marie Hohenlohe = Bettelheim Anton, Marie Fürstin
    zu Hohenlohe-Schillingsfürst (= Neue Österreichische Biographie
    1815–1918, Biographien, 4. Band), Wien 1927

Böhmer, Faber = Peter Böhmer, Ronald Faber, Die Erben des Kaisers.
    Wem gehört das Habsburgvermögen, Wien 2004

Corti-Sokol, Kaiser = Egon Ceasar Conte Corti, Hans Sokol,
    Der alte Kaiser, Wien 1955

Eisenmenger, Erzherzog = Victor Eisenmenger, Erzherzog
    Franz Ferdinand. Seinem Andenken gewidmet von seinem
    Leibarzt, Wien 1930

Fugger, Glanz = Fugger Fürstin Nora, Im Glanz der Kaiserzeit,
2. Auflage, Wien 1980

Haslinger, Tafel = Ingrid Haslinger, Tafeln wie ein Kaiser. Franz
Joseph und die kulinarische Welt des Wiener Hofes, Wien 1999

Ketterl = Eugen Ketterl, Der alte Kaiser wie ihn nur einer sah.
Der wahrheitsgetreue Bericht des Leibkammerdieners Kaiser
Franz Joseph I., Wien 1929

Kletecka, Kunstförderung = Thomas Kletecka, Staatliche
Kunstförderung zu Beginn der franzisko-josephinischen Epoche.
In: Jenseits und diesseits der Leitha. Elekronische Festschrift für
Eva Somagyi zum 70. Geburtstag, Herausgeber: Imre Res-Szabo
Daniel, Budapest 2007

Luedin, Leibgarden = Maja Luedin, Die Leibgarden am Wiener Hof,
Phil. Diss., Wien 1965

Megner, Beamte = Karl Megner, Beamte. Wirtschafts- und
sozialgeschichtliche Aspekte des k. k. Beamtentums,
2. unveränderte Auflage, Wien 1986

Redwitz, Hofchronik = Marie Redwitz, Hofchronik 1888–1921,
München 1924

Rust Reichskanzler = Rust Hermann, Reichskanzler Fürst Clodwig
zu Hohenlohe-Schillingsfürst und seine Brüder Herzog von
Ratibor, Cardinal Hohenlohe und Prinz Konstantin Hohenlohe,
Düsseldorf 1897

Sandgruber, Konsumverbrauch = Roman Sandgruber,
Konsumgüterverbrauch, Lebensstandard und Alltagskultur im
Österreich des 18. und 19. Jahrhunderts, Habil. Univ. Wien,
Wien 1980, S. 471–475

Silber, Montenuovo = Silber Margit, Obersthofméister Fürst
Alfred Montenuovo, phil. Diss, Wien 1991

Sokop = Brigitte Sokop, Jene Gräfin Larisch, Wien 1985

Stekl, Aristokratie = Hannes Stekl, Österreichs Aristokratie im
Vormärz. Herrschaftsstil und Lebensformen der Fürstenhäuser
Liechtenstein und Schwarzenberg, Wien 1973

Vasili, la Société = Comte Paul Vasili, La Société de Vienne.
Augmenté de Lettre Inédites, Paris 1885

Velek, Staatsrecht = Lubos Velek, Böhmisches Staatsrecht auf
„Weichem Papier", In: Zeitschrift für Geschichte und Kultur der
böhmischen Länder, Band 47, Heft 1, München 2006/2007

Winkelhofer, Hofbeamte = Martina Winkelhofer, Die obersten
Hofbeamten unter Kaiser Franz Joseph, Dipl., Wien 2005

Wölfling, Habsburger = Leopold Wölfling, Habsburger unter sich.
Freimütige Aufzeichnungen eines ehemaligen Erzherzogs, Wien
1921

Zolger = Ivan Zolger, Der Hofstaat des Hauses Oesterreich,
Freiburg i. Br. 1917

Anmerkungen

I Ein Tag am Hof des alten Kaisers

1   Ketterl, Der alte Kaiser, 24–25
2   GFAH Horn Fach 393 Karton 59 – NL Heinrich Hoyos, Flügeladjutant 1908–1916, Korrespondenz, Ischl, 29. 6. 1908
3   Friedjung, Interview Festetics
4   Redwitz, Hofchronik, 79
5   GFAH Horn, Korr. Ischl, 29. 6. 1908
6   Fugger, Kaiserzeit, 164
7   Zolger, Hofstaat, 91–104; sowie Luedin, Leibgarden, 69–70
8   Ketterl, Der alte Kaiser, 28
9   GFAH Horn, Fach 393, Karton 59 – NL Heinrich Hoyos, Korr. 26. 6. 1908
10   GFAH Horn, Fach 393, Karton 59 – NL Heinrich Hoyos, Korr.
11   Haslinger, Tafeln, 33

II Ein junger Kaiser übernimmt einen alten Hof

12   ÖFAFH Wien, NL Marie Hohenlohe, Karton III, Brief an Marietta Coudenhove vom 29. 1. 1913 Friedstein
13   OMeA r121/6/1849
14   OMeA r121/6/1849
15   OMeA r1/16/1842
16   Friedjung, Interview Fürstenberg
17   OMeA r121/12/1849
18   OMeA r121/12/1849
19   OMeA r1/23/1849 sowie Kabinettskanzlei-Index a-l / 627 /849
20   OMeA r14/3/201851/1871
21   OMeA r121/12 ex 1849
22   Geh. HA, Erzherzogin Sophie 21. 5. 1854
23   OMeA r121/12 ex 49
24   Ich bedanke mich bei Prof. Milan Hlavačka, Ordinarius für böhmische Geschichte an der Karls-Universität Prag für die Hinweise
25   Wr. Stadtbibliotek, M09H, Brief Karl Graf Grünnes vom 6. 9. 1849
26   Tornau, Tagebuch, 46
27   Winkelhofer, Hofbeamte, 29–31
28   OMeA r8/4/1849
29   OMeA SR 204 Status I 1850–1873/1867
30   OMeA r8/3/1849
31   OMeA SR 373/4

III Der Aufbau des Hofes

32 Siehe Hof- und Staats-Handbuch des Kaiserthumes Österreich für die Jahre 1847–1848, 1856–1860, 1866, 1868, 1874, 1876–1882, 1884–1916 (Die Jahre 1849–1852, 1855, 1861–1865, 1897, 1869–1873, 1875 sind nicht erschienen)

33 Siehe HVZ des HHStA, Bittner sowie OMeA Rubrikenweiser im HHSTA

34 OMeA r1/15/1865 sowie r1/1851

35 OMeA SR 163/31

36 OMeA SR 163/54

37 HWA r23/1896

38 HWA r23/1896

39 OMeA Ah.Schreiben 11. 9. 1910 Z. 10815 1910

40 OMeA SR 163/60

41 OMeA SR 163/50

42 (RGBl 1895/113)

43 OMeA r14/7 1858

IV Beamte, Hausoffiziere und Diener –
Leben und Arbeit bei Hof

44 OMeA r289/1/1851

45 Sandgruber, Konsumgüterverbrauch, 471–475

46 Neue freie Presse 1871, Nr. 155 vom 6. 6. 1871

47 Megner, Beamte, 154

48 OMeA r121/1839–1875

49 OMeA SR 163/31

50 OMeA SR 163/31

51 OMeA r289/1851

52 OMeA r1/10 1852

53 OMeA SR 163/47

54 Kabinettskanzei-Index a-l/1849/627

55 OMeA r18/1848

56 OMeA r41/1850

57 OMeA r342/1816

58 OMeA r3/4/1849

59 OMeA r121 sowie 14/1873

60 OMeA r271/1905

61 Freundliche Mitteilung von Burghauptmann Hofrat DI Beer

62 OMeA r28/11 1861

63 OMeA r68/11 1848

64 OMeA r25/88 1850

65 OMeA SR 163 Nr. 28

66 OMeA r53 1853

67 OMeA r8/12 1898

68   OMeA r128/a/6 1853
69   OMeA SR 119

V Glanz und Repräsentation – die Hofgesellschaft

70   Stekl, Aristokratie, 127–129
71   Zolger, Hofstaat, 143
72   Zolger, Hofstaat, 141
73   Zolger, Hofstaat, 141
74   Zolger, Hofstaat, 146–150
75   Zolger, Hofstaat, 144–145
76   Stekl, Adel und Bürgertum, 16 sowie Bruckmüller,
      Sozialgeschichte, 329
77   Kielmansegg, Kaiserhaus, 50
78   Kielmansegg, Kaiserhaus, 51
79   Kielmansegg, Kaiserhaus, 50
80   OMeA NL Hohenlohe Notiz Nr. 92 Jän 86 Franz Joseph
      an Konstantin Hohenlohe
81   OMeA NL Hohenlohe Notiz Nr. 95 Franz Joseph
      an Konstantin Hohenlohe Feb. 86
82   Fugger, Kaiserzeit, 94
83   Fugger, Kaiserzeit, 94–95
84   Fugger, Kaiserzeit, 96
85   OFAFH, Karton 3 Konstantin Hohenlohe I,
      Korr. Gottfried Hohenlohe, vom 25. 1. 1891, St. Petersburg
86   Fugger, Kaiserzeit, 183
87   Kielmansegg, Kaiserhaus, 26–27
88   Zeremoniellprotokolle der 1880er Jahre
89   Fugger, Kaiserzeit, 184
90   Freundlicher Hinweis von Dr. Lubos Velek, Karls-Universität
      Prag, der in unzähligen (noch nicht veröffentlichten) Tagebüchern
      auf die immer gleichen Beschwerden der Ballbesucher stieß
91   OMeA NL Hohenlohe, Notiz vom 8. 3. 1888 Franz Joseph an
      Konstantin Hohenlohe
92   Fugger, Kaiserzeit, 77

VI Die Schicksalsjahre 1866/1867

93   Vasili, la Société, 56–57
94   Bettelheim, Marie Hohenlohe, 58–76
95   OMeA r97/1 2427/1865
96   OMeA r121/14, 9/1866
97   Rust, Reichskanzler, 913–931
98   OMeA r121/7/1866 Ah. Schreiben vom 5. 8. 1866
99   OStA Karton 156 Zl 518/ex 1870, unfol.

100   OStA, B, Karton 144, Zl. 631/ex 1866, unfol.

101   OStA, B, Karton 144, Zl. 631/ex 1866, unfol.

102   OMeA r121/7 1866

103   Nostitz, Briefe, Franz Joseph an Elisabeth vom 10. 8. 1866,
      Schönbrunn

104   OMeA r121/9/ 1866

105   OMeA r121/1/ 1867

106   OMeA r121/1 2586, 26321867

107   Bettelheim, Marie Hohenlohe, 75

108   Friedjung, Festetics Interview 27. und 28. 5. 1909

109   OMeA SR 398 vom 23. 8. 1883

VII Die goldenen Jahre

110   FA Hiller, Nachlass Heinrich von Srbik,
      diktierte Erinnerungen

111   OMeA r121/1/1869

112   OMeA r25/ 1869

113   OMeA r121/1/c/1872

114   OMeA r121/1875

115   OMeA r121/1/1872

116   OMeA r25/1873 sowie OMeA r25/1874

117   OMeA r25/1875

118   Freundlicher Hinweis von Dr. Mario Döberl – Näheres siehe
      abgeschlossenes FWF-Projekt der Wagenburg unter der Leitung
      von Dr. Monika Kurzel-Runtscheiner – Hinweise zum kaiserl.
      Kindergarten aber auch bei OMeA SR 163 ad 1217

119   OMeA SR 163 Zahl 1536

120   OMeA r125/37/1887

121   OMeA SR 163

122   OMeA SR 163 Zahl 10.562

123   OMeA SR 163 Zahl 23 sowie OMeA SR 163 Ad 1217

124   OMeA SR 163

125   OMeA SR 163

126   HWA r76/18 96

127   Haslinger, Tafeln, 25

128   OMeA SR 163/28 Nr. 4912

129   OMeA SR 163 Zahl 23

130   GFAH, Fach 393 Karton 59 Nachlass Heinrich Hoyos
      Flügeladjutant 1908–1916 an seine Frau, Schönbrunn 10. 7. 1909

131   OMeA r1/E/11 1881

VIII Die Finanzierung des Hofes

132 Zolger, Hofstaat, 245
133 Bittner, Band V, 346
134 OMeA r2/1849–1866 sowie r 121/1866
135 Statistisches Zentralamt Umrechnungswert 1850–1860
     1 Gulden = 15 Euro
136 OMeA r2/1849–1866
137 OMeA r2/13/1852
138 Zolger, Hofstaat 250–253
139 OMeA SR 163/54
140 Zolger, Hofstaat, 260–270
141 Böhmer, Faber, Habsburgvermögen, 22
142 Sokop, Larisch, 335
143 Böhmer, Faber, Habsburgvermögen, 11–16

IX Kunst und Kultur am Hof Kaiser Franz Josephs

144 Kletecka, Kunstförderung 33–49
145 Winkelhofer, Hofbeamte, 33
146 Wiener Zeitung vom 25. 12. 1873
147 OKäA 1875/76, Heft 4, 546 ex 1876
148 OKäA 1875/76, Heft 4, 546 ex 1876
149 OMeA r19/A726/1905
150 Silber, Montenuovo, 107
151 Fremdenblatt vom 20. 5. 1911
152 OMeA r19/A/24/1898
153 OMeA r19/A/24/1898
154 Silber, Montenuovo, 171

X Die kaiserliche Familie – der Versuch eines Privatlebens

155 Wölfling, Habsburger, 114
156 Wolfling, Habsburger, 121
157 Wölfling, Habsburger, 115
158 OMeA SR 398 Nachlass Hohenlohe Constantin,
     Notiz vom 5. 1. 1870 an den Kaiser
159 Wölfling, Habsburger, 113
160 Wölfling, Habsburger, 155
161 ÖFAFH Wien, Karton 3 – Konstantin Hohenlohe I,
     Brief Gottfried Hohenlohe vom 27. 1. 1894, Wien
162 ÖFAFH Wien, Karton 3 – Konstantin Hohenlohe I ,
     Brief Gottfried Hohenlohe vom 30. 1. 1894, Wien

XI Skandale bei Hof

163 OMeA r1/17/1849 sowie r1/7/1852

164 OMeA SR 373/4

165 Zitiert nach Bohemia vom 15. 9. 1871 (Morgenausgabe)

166 Velek, Staatsrecht, 103–118

167 Velek, Staatsrecht, 112

168 Velek, Staatsrecht, 116

169 NA Policejni reditelstvi v praze-tajne, K.14 Z.6/1872
vom 22. 2. 1872

170 Skedl, Nachlass, Confident Breitenfeld an Eduard Taaffe
am 8. 11. 1886

171 Nostitz, Briefe, Franz Joseph vom 3. 2. 1894

172 Silber, Montenuovo, 400

173 Silber, Montenuovo, 525 Ministerium des k. u. k. Hauses,
„Einzelne Abhandlungen" Karton 14, Referat Departement 1.
bei Silber 525

174 Silber, 404–418

175 Silber, 419

176 Silber, Montenuovo 433 NL Aehrenthal, Karton 4,
Franz Graf Thun an Alois Lexa von Aehrenthal vom 2. 2. 1903

177 Goldinger, Kielmansegg, 145

XII Hof und Politik

178 Kielmansegg, Kaiserhaus, 32

179 Mayr, Tagebuch Kempen, 326, vom 16. 4. 1854

180 Mayr, Tagebuch Kempen, 380, vom 1. 12. 1855

181 Mayr, Tagebuch Kempen, 364, vom 15. 5. 1855

182 Kielmansegg, Kaiserhaus, 31

183 Kielmansegg, Kaiserhaus, 31

184 Wölfling, Habsburger, 159

185 Mayr, Tagebuch Kempen, 404, vom 11. 7. 1856

186 Mayr, Tagebuch Kempen, 374, vom 13. 10. 1855

187 Mayr, Tagebuch Kempen 374, vom 18. 10. 1855

188 Beust, Erinnerungen, 325

189 NA Prag, FA Metternich (Richardiana), Karton 6
Korrespondenzen, Brief Ferdinand Trauttmannstorff
an Richard Metternich vom 3. 1. 1878

190 Kielmansegg, Kaiserhaus, 32

191 Rust, Reichskanzler, 926

192 Rust, Reichskanzler, 928

193 Eulenburg, Erlebnisse, 231

XIII Zeitenwechsel – der Hof in der Krise

194 ML Brünn, FA Liechtenstein Mährisch Kromau: G 409,
   Karton 16 + 17 Nachlass Rudolf Liechtenstein
195 Friedjung, Festetics Interview 27. und 28. 5. 1909
196 Eulenburg, Erlebnisse 100, Tagebuchnotiz vom 14. 2. 1896
197 Wiener Zeitung vom 17. 2. 1896
198 Friedjung, Festetics Interview 27. und 28. 5. 1909
199 HWA 69 /1896
200 HWA 69 /1896
201 Silber, Montenuovo, 590
202 HWA 24 /86
203 OMeA r1/1/1893
204 HWA r76 /1896
205 Eisenmenger, Erzherzog, 147–148
206 Fugger, Kaiserzeit, 203–205
207 Silber, Montenuovo, 60
208 ÖFAFH Wien, Karton 10 Gottfried Hohenlohe II,
   Korrespondenz Rudolf Liechtenstein, Brief vom 6. 3. 1903

XIV Die letzten Jahre unter Kaiser Franz Joseph

209 ÖFAFH Wien, Karton 10 Gottfried Hohenlohe II,
   Korrespondenz Rudolf Liechtenstein, Brief vom 23. 10. 1893
210 Corti-Sokol, Kaiser, 264, Rudolf Liechtenstein an Ida Ferenczy,
   Archiv Farkas/Felsöbabád, abgedruckt ohne Datierung
211 Corti-Sokol, Kaiser, 264, Rudolf Liechtenstein an Ida Ferenczy,
   Archiv Farkas/Felsöbabád, abgedruckt ohne Datierung
212 Hamann, Briefe, 453
213 Hamann, Briefe, 24. 2. 1899, Schönbrunn
214 Fugger, Kaiserzeit, 402
215 Corti-Sokol, Kaiser, 264, Rudolf Liechtenstein an Ida Ferenczy,
   Archiv Farkas/Felsöbabád, abgedruckt ohne Datierung
216 OMeA r121/1898
217 Fugger, Kaiserzeit, 311
218 Silber, Montenuovo, 609, Tagebuch Marie Valerie vom 29. 6. 1900
219 Silber, Montenuovo, 522, HHSTA Nachlass Schiessl, Konvolut 2,
   eh. Brief Montenuovos an Schiessl vom 26. 7. 1911
220 Silber, Montenuovo, 626, Kriegsarchiv Wien, NL B/800/85,
   OMeA vom 16. 11. 1912
221 Eisenmenger, Erzherzog, 150
222 Silber, Montenuovo, 653, Nachlass Ferdinand, II, Faszikel 8a,
   Franz Ferdinand an Beck vom 8. 8. 1896
223 ÖFAFH Wien, Karton Wien, Karton Marie Hohenlohe II,
   Brief an Marietta Coudenhove vom 15. 1. 1910, Friedstein

224   SRA Leitmeritz, Tetschen, FA Thun, Tagebuch Jaroslav Thun,
      Eintrag vom 11. 9. 1919
225   Fellner, Redlich, 444
226   Silber, Montenuovo, 772–801
227   SRA Leitmeritz, Tetschen, FA Thun, Tagebuch Jaroslav Thun,
      Eintrag vom 3. 7. 1914
228   Arbeiterzeitung vom 5. 7. 1914
229   Ketterl, Der alte Kaiser, 173

XV Das Ende des Hofes
230   Bittner, Archiv, 368
231   HÄL, Karton 25, Schriftwechsel vom 9. 8. 1921
232   HÄL, Karton 25, Ankündigung Okt. 1919
233   Bittner, Archiv, 369

Abbildungen

Österreichische Nationalbibliothek: S. 223, 225
Alle anderen Abbildungen stammen aus Privatbesitz.

Register